Arte da cozinha brasileira

FUNDAÇÃO EDITORA DA UNESP

Presidente do Conselho Curador
Mário Sérgio Vasconcelos

Diretor-Presidente
José Castilho Marques Neto

Editor-Executivo
Jézio Hernani Bomfim Gutierre

Superintendente Administrativo e Financeiro
William de Souza Agostinho

Assessores Editoriais
João Luís Ceccantini
Maria Candida Soares Del Masso

Conselho Editorial Acadêmico
Áureo Busetto
Carlos Magno Castelo Branco Fortaleza
Elisabete Maniglia
Henrique Nunes de Oliveira
João Francisco Galera Monico
José Leonardo do Nascimento
Lourenço Chacon Jurado Filho
Maria de Lourdes Ortiz Gandini Baldan
Paula da Cruz Landim
Rogério Rosenfeld

Editores-Assistentes
Anderson Nobara
Jorge Pereira Filho
Leandro Rodrigues

Arte da cozinha brasileira

Leonardo Arroyo
Rosa Belluzzo

© 2009 Editora Unesp

Direitos de publicação reservados à:

Fundação Editora da Unesp (FEU)
Praça da Sé, 108
01001-900 – São Paulo – SP
Tel.: (0xx11) 3242-7171
Fax: (0xx11) 3242-7172
www.editoraunesp.com.br
www.livrariaunesp.com.br
feu@editora.unesp.br

CIP – Brasil. Catalogação na fonte
Sindicato Nacional dos Editores de Livros, RJ

A812a

Arroyo, Leonardo

Arte da cozinha brasileira / Leonardo Arroyo, Rosa Belluzzo. – 1. ed. – São Paulo: Editora Unesp, 2013.

ISBN 978-85-393-0221-5

1. Culinária brasileira. I. Belluzzo, Rosa. II. Título.

13-02582

CDD: 641.568
CDU: 641.59

Editora afiliada:

Para
Brasil Bandecchi
João de Scantimburgo
J. F. de Almeida Prado
Luís Gonzaga Melo
Marcelino de Carvalho
Olyntho de Moura
Paulo Ayres

Que vão morrer, gloriosamente, pela boca,
como o irmão peixe e todos nós.

As coisas que são muito necessárias e mais usadas,
é necessário que sejam muito sabidas.

Garcia da Orta
Colóquio dos simples e drogas da Índia

[…] e rogo cuide cada um de emendar as faltas que achar, de
sorte que nos aproveitemos todos das suas advertências.

Frei João de Sousa
Vestígios da Língua Arábica em Portugal

Sumário

Prefácio .... *xi*

Apresentação .... *xv*

Dicionário *1*

Referências bibliográficas *289*

Índice remissivo *297*

Prefácio

> *"Pois somente em comunidade se faz justiça ao comer; [...] é assombroso, inversamente, que a sociabilidade se torna crítica sem a refeição."*
>
> *Walter Benjamin*

Jornalista, escritor, educador, crítico literário, membro da Academia Paulista de Letras, profícuo pesquisador da História e da Literatura Brasileira. Esses são alguns dos justos atributos públicos de Leonardo Arroyo. Entretanto, sua figura nunca se resumiu, para mim, à do destacado intelectual. Apreciador de bons vinhos, conhecedor das mais insólitas referências culinárias, era um conviva encantador, requisitado e assíduo em meu ambiente familiar.

De fato, não foram poucas as refeições que compartilhamos com seu amigo inseparável de meu tio, Luís Gonzaga Melo, meu pai, Luiz Gonzaga Belluzzo, e o economista Rui Granziera. Em muitas ocasiões, coube-me o desafio de organizar jantares de degustação para tal quarteto exigente. E se a partilha da mesa e do encontro embalava as mais variadas reflexões por horas a fio, a gastronomia era ali mais que mero pretexto, tema próprio da diversidade da cultura brasileira, marca subterrânea das tradições e dos costumes que permanecem, tudo em constante embate com a deplorável tendência contemporânea da massificação dos hábitos e sabores.

É desse período, quando desfrutei da companhia de Arroyo, que data minha vocação como pesquisadora da história da alimentação. Assim, não é difícil entender por que se tornou irrecusável a generosa proposta — feita pelo já falecido médico e enófilo Sérgio de Paula Santos — de complementar e revisar um original inacabado de Arroyo sobre a gastronomia brasileira.

Irrecusável, sim; mas nem por isso menos inquietante. Os quatro anos em que me submeti a essa aventura não me fazem crer que ela tenha se encerrado. E muito disso se deve ao próprio perfil deste riquíssimo trabalho iniciado por Leonardo Arroyo, pesquisa que abraçava anseio característico de uma época e que procurava uma fotografia, cuja atualização exige permanente tarefa de reconstrução. Escrito na década de 1960, o texto-base de *Arte da cozinha brasileira* se propôs a assinalar a evolução do vocabulário da culinária nacional, com ênfase em suas matrizes culturais, suas particularidades e curiosidades. Paralelamente ao registro do corriqueiro, Arroyo embrenhou-se em dialetos indígenas e africanos, documentações bibliográficas hoje raras, para compilar um leque diversificado de expressões e da terminologia empregada nos hábitos culinários. Algumas dessas palavras não chegaram a ser dicionarizadas, o que por si só dá relevo à publicação desta investigação para a história cultural brasileira.

A tarefa que me coube foi contribuir com esse variado acervo deixado por Arroyo. Com a parcimônia possível, procurei arrematar definições incompletas, incorporar palavras que à época não eram usuais, acrescer novos sentidos para termos já utilizados; meu objetivo, enfim, foi revisitar o léxico compilado por Arroyo, preservando seu conteúdo, mas não descurando o presente e a própria dinâmica transformadora da língua e da cultura.

Cabe-me, porém, a esta altura, fazer um imprescindível alerta sobre o livro resultante dessa empreitada: o leitor não deve esperar encontrar aqui uma genealogia vocabular da gastronomia nacional ou um rigoroso estudo etimológico (ou antropológico, ou historiográfico) do nosso falar à mesa. Não se pretende apresentar uma investigação científica e exaustiva dos usos linguísticos associados à nossa culinária. Não é descabido pensar que um trabalho como o presente possa talvez fornecer alguns elementos úteis para pesquisadores futuros que tenham objetivos mais acadêmicos e sistemáticos. Mas acredito que os resultados imediatos deste volume sejam mais modestos e distintos e se restrinjam a evidenciar afeição pelo seu objeto e a afirmar o respeito por essa faceta da cultura de nosso país. Antes de tudo, esta é uma obra marcadamente subjetiva e pessoal, e que poderia seguir critérios bem diferentes, seja na seleção de verbetes ou na definição do conteúdo das entradas. O que procuramos construir foi um olhar, um recorte afetivo de alguns elementos constituintes de nossos costumes e nossas práticas linguísticas relacionadas ao comer e beber; uma contida e parcial declaração de amor à gastronomia brasileira.

Fechando este rápido preâmbulo, não poderia deixar de agradecer aos filhos de Arroyo, por acreditarem nesse trabalho e permitirem acesso aos pesquisadores em gastronomia e ao público em geral. Deixo ainda uma reverência especial a Sérgio Paula Santos, pela sua sensibilidade e respeito para com a obra de Leonardo Arroyo.

Advertências

Para preservar a pesquisa realizada por Arroyo, grafamos em preto tanto os verbetes como as descrições por ele redigidas. Acréscimos ou reformulações feitas por mim estão assinalados em laranja. Ao todo, são cerca de duas mil entradas principais. Procurei, sempre que possível, manter-me fiel à proposta original: definições diretas, simples, relatando uma ou outra curiosidade, sem fatigar o leitor com referências numerosas. As obras dos autores citados estão relacionadas na listagem que se encontra ao fim do volume. O livro contém, ainda, um "Índice remissivo", relacionando mais de quatro mil termos cujas definições foram contempladas nas entradas principais.

Rosa Belluzzo
São Paulo, agosto de 2013

Apresentação

Livro de divertimento e instrução, incluindo lições de culinária, termos curiosos e inusitados, [...] em que entram as três correntes principais da formação da cozinha brasileira, a saber: a indígena, a africana e a europeia, e sem presunções de antropologia cultural, [atento a] suas especialidades regionais e aculturadas. Com uma breve notícia da cozinha brasileira no espaço e no tempo e suas curiosidades múltiplas.

Leonardo Arroyo
(1918-1985)
São Paulo, 1969

AARU – Termo de origem tupi. Espécie de bolo de origem indígena, da região central do Mato Grosso, feito com tatu moqueado, inteiramente socado em pilão, misturado à massa de mandioca. Prato característico dos índios cocozus e usado por populações sertanejas do centro do Mato Grosso.

ABACATE – Do vocábulo asteca *ahuacatl*, do tupi-guarani *abacati*, fruto do *abacatiyba*. Fruto do abacateiro, oriundo do México e de outras partes da faixa intertropical das Américas. Sua casca é verde-oliva brilhante, sua polpa é carnosa, amarelo-esverdeada, rica em gordura e com baixo teor de açúcar, envolvendo um único caroço. Notável pelo sabor, geralmente é usado como sobremesa no Brasil, em forma de creme ou sorvete, não sendo estranho seu uso para fins medicinais. Em outros países, o abacate é utilizado em saladas, temperado com sal, azeite e pimenta-do-reino. O abacateiro foi introduzido no Brasil no tempo de D. João VI, por João Severiano Maciel da Costa, quando governador da Guiana Francesa tomada por tropas brasileiras. Por meio dele também se deu a introdução da palmeira-real, fruta-pão e cana-caiana.

ABACAXI – Do tupi *ibá* = fruta, *cati* = cheirosa. A planta, de mesmo nome, é da família das bromeliáceas, nativas do Brasil, que contam com numerosas espécies. É uma variedade de ananás originária da América tropical. Seu formato é cilíndrico, com casca espinhosa, de cor amarela quando maduro. A polpa é branca ou amarela, suculenta e pode ser doce ou ácida. Consumido

Abacaxi

{ ABACÉ }

ao natural, também pode ser usado no preparo de sobremesas, geleias, compotas, sorvetes e sucos. Informa Beaurepaire-Rohan que, de início, o fruto era cultivado no Pará e Maranhão e que, deste último estado, Manuel Arruda da Câmara, em suas excursões botânicas, o levou para Pernambuco, de onde se irradiou para todo o Brasil. O abacaxi encontrado em algumas praias recebe o nome de "gravatá de rede", segundo A. Sampaio.

ABACÉ – Termo de origem africana. Cozinheira ou cada uma das mulheres que auxiliam as filhas de santo e que são responsáveis pela preparação das oferendas aos orixás, enquanto as outras estão em transe. O mesmo que *iabá*.

ABAFADOR – Peça de depósito de líquido, destinada a conservar sua temperatura, como no caso do café, chá ou chocolate. Florival Serraine destaca que a capa exterior da peça é quase sempre trabalhada com motivos ornamentais. Termo familiar, usado principalmente na região do Nordeste.

ABAFAR – 1. Termo originariamente usado para indicar a utilização do toucinho derretido na panela aquecida. 2. O vocábulo é empregado para se referir ao cozimento que aproveita o próprio calor da peça cozida: panela fechada com tampa e, se possível, coberta com um pano para evitar a fuga do calor. O mesmo que *afogar*.

ABARÁ – Quitute de origem afro-baiana. Preparado com massa de feijão-fradinho, azeite de dendê, e temperado com pimenta--da-costa ou pijerecum. A massa consistente é frita em azeite de dendê e, em seguida, em forma de bolinhos, é envolvida em frescos pedaços de folha de bananeira, para depois ser levada ao banho-maria. Beaurepaire-Rohan localiza o uso desse prato na Bahia e no Rio de Janeiro, servido por negras, quituteiras, geralmente filhas de santo, em determinados pontos da cidade. Nina Rodrigues não o distingue do acarajé. Um traço característico do abará: o feijão-fradinho deve ser ralado na pedra com cebola e sal. O mesmo que *abalá*, com algumas variações.

ABATIGUANIBA – Espécie de milho silvestre que, torrado e moído, servia para fazer uma variedade de pão comum entre os indígenas (principalmente entre os Guaranis). Também era bastante utilizado por populações sertanejas.

ABATUMADO – Pão ou bolo cuja massa está dura e compacta, não crescida.

ABEBERAR – Conservar o ensopado quente, junto ao fogo ou a um braseiro mortiço, conforme Annette Lisard.

ABERÉM – De origem africana, *iorubá*. Bolinho de massa de milho ou de arroz, ralado na pedra, amolecido em água e cozido em banho-maria, embrulhado em folha de bananeira. Não leva temperos, nem mesmo sal. O prato é servido com caruru, vatapá ou efó. Dissolvida em água, a massa é também usada como refrigerante. O mesmo que *abarém*.

ABIO – Fruto do abieiro, originário da América tropical, de cor amarela, polpa gelatinosa e doce, com até quatro sementes escuras. Consumido ao natural ou preparado em compotas, geleias, refrescos e sorvetes. Também conhecido como *abiurana* ou *caimito*.

ABÓBORA – Fruto da aboboreira, cultivada no sul da Ásia há mais de 2 mil anos. Quando os colonizadores chegaram ao Brasil, os nativos já cultivavam algumas variedades. Há inúmeros formatos: achatadas, alongadas com "pescoço", esféricas, cilíndricas e ovoides. Pode ser consumida verde ou madura e é muito versátil, utilizada no preparo de diversos pratos salgados e doces. O fruto maduro pode ser utilizado como hortaliça no preparo de quibebe, purê ou sopa. Como fruta, em compotas, doces e tortas. Assadas e salgadas, são consumidas como aperitivo. A abóbora-moranga (*Corcubitacea pepo*) é uma das espécies mais apreciadas na alimentação. O mesmo que *jerimum* no Nordeste.

ABOBORAR – Engrossar no fogo um caldo ou molho, como se lê no primeiro livro do gênero publicado no Brasil, em 1840, *O cozinheiro imperial*.

ABOBRADA – Prato típico do Piauí. Mistura de abóbora, ovos, leite, açúcar e canela, formando uma espécie de purê.

ABOBRINHA – Fruto da família das cucurbitáceas, geralmente longa e roliça. Possui casca lisa, verde-clara, com pequenas manchas verde-escuras. Sua polpa é verde-clara ou amarela. Preparada em refogados, sopas, tigeladas e suflês. A flor também é comestível, geralmente frita.

À BOLONHESA – Molho de origem italiana (de Bolonha), em cuja receita original predomina a carne, adubada com *pancetta*, cebola, cenoura e salsão. Deve ser cozido durante muitas horas, até a carne desfiar. Pode ou não levar tomate. Acompanha massas, polenta ou lasanha.

ABRICÓ – Cultivado na Amazônia e em outros estados brasileiros, seu fruto é uma drupa volumosa e arredondada, com até 20 centímetros de diâmetro e peso médio entre 650 e 750 gramas, podendo chegar até 2 quilos. A polpa é consistente, de cor alaranjada e sabor agridoce, utilizada em doces, compotas, geleias e no preparo de licor. O abricó se distingue do damasco ou abricô e faz referência ao termo francês *abricot*. O mesmo que *abricó-do-pará*.

ABRIDEIRA – Nome dado à aguardente de cana servida como aperitivo para abrir o apetite.

ABROLHO – Erva da família das compostas, nativa do Mediterrâneo. Serve como condimento, e as folhas, quando novas, são comestíveis. O mesmo que *abrojo, cardo-estrelado, calcatripa, calcitrapa, centáurea-calcitrapa*.

ABRÓTEA – Designação dada a diversos peixes teleósteos gadiformes. Encontrada no Atlântico Sul, sua carne é parecida com a do bacalhau, preparada assada, cozida ou ensopada. Também conhecida como *bacalhau brasileiro*.

ABUNÃ – Prato de origem indígena consumido no Amazonas. Pirão de ovos de quelônios (tartaruga, tracajá, muçuã, mucanguê, arapuçá) misturado com farinha-d'água e açúcar. Não é cozido. Geralmente é preparado nas estações secas, na época das virações. Dizem que é muito indigesto. Também conhecido como *arabu*.

{ AÇAÍ }

ABUSO – Regionalismo da Paraíba. L. F. R. Clerot registra o vocábulo com o significado de "aborrecimento ou enjoo de qualquer coisa, comida ou bebida".

ACAÇÁ – Prato de origem africana, *iorubá*. Bolo de arroz ou milho ralado em pedra, passado na peneira de urupema. Cozido no ponto de gelatina, com os temperos tradicionais. Acompanha o vatapá, o efó e o caruru, para os quais serve de pirão, conforme Sodré Vianna e Jacques Raimundo. Beaurepaire-Rohan informa que o acaçá, dissolvido em água e açúcar, é excelente refresco, denominado garapa de acaçá. Existe também o acaçá de leite, feito com fubá de arroz, açúcar e leite de coco, cozido até o ponto gelatinoso. Em Pernambuco, denomina-se *pamonha de acaçá*.

AÇAFRÃO – Especiaria extraída do estame da lilácea (*Crocus sativus L.*), originária da Ásia Menor – Pérsia, Caxemira e Macedônia –, sendo utilizada desde a Antiguidade no Oriente. O açafrão foi levado pelos árabes para a Espanha e atualmente é cultivado na região mediterrânea da Europa. Trata-se de um condimento corante de sabor especial e cor amarelada, utilizado principalmente na culinária mediterrânea, em pratos à base de arroz, peixes, aves e molhos.

AÇAFRÃO-DO-MATO – Nome popular de uma planta da família das escrofulariáceas, cujas raízes fornecem um corante amarelo para fins culinários. Nativo da América do Sul, encontrado no Planalto Central do Brasil, é também conhecido como *açafrão- -do-campo*.

AÇAÍ – Do tupi *iá-çaí*, fruta que chora. 1. Fruto do açaizeiro, palmeira típica do Pará e Amazonas, que se disseminou por toda a região, alcançando o Maranhão e as Guianas. Os frutos são drupas arredondadas, com entre 1 e 1,5 centímetro de diâmetro, casca fina, e de coloração violácea, quase negra. Tem rica polpa e caroço duro. O suco tem a densidade de um creme e é designado de vinho, geralmente consumido com tapioca ou farinha de mandioca. Também serve como acompanhamento de peixe frito ou camarão seco, em forma de mingau, pudim, mousse, sorvete, geleia ou licor. Em Belém, o açaí é encontrado em quase

{ **ACALENTA-MENINO** }

todas as esquinas e os pontos de venda são identificados com uma plaquinha vermelha. O vinho de açaí é um complemento básico na alimentação das classes populares. Desse fruto nasceu a proverbial sentença folclórica: "Foi ao Pará, parou; bebeu açaí, ficou". Também conhecido como *açaí-do-pará*. 2. Da mesma palmeira se obtém um tipo de palmito comestível, com a vantagem de não matar a planta depois que o vegetal é extraído.

ACALENTA-MENINO – Espécie de feijão do Nordeste, de ótimo sabor e de rápido cozimento, muito usado na alimentação das crianças. Em Minas Gerais, é conhecido como *valentão*.

ACARAJÉ – Bolinho de origem africana, típico da culinária baiana, servido durante os rituais de candomblé como oferenda aos orixás (sobretudo Iansã e Oxum). Muito popular em Salvador, vendido nas ruas nos tabuleiros das baianas. *Vide* a receita tradicional, de Manuel Querino, publicada em 1928, no livro *A arte culinária na Bahia*: "A principal substância empregada é o feijão-fradinho, depositado em água fria até que facilite a retirada do envoltório exterior, sendo o fruto ralado na pedra. Isto posto, revolve-se a massa com uma colher de madeira, e quando a massa toma a forma de pasta, adicionam-se-lhe, como temperos, a cebola e o sal ralados. Depois de bem aquecida uma frigideira de barro, aí se derrama certa quantidade de azeite de cheiro (azeite de dendê) e, com a colher de madeira, vão-se deitando pequenos nacos da massa, e com um ponteiro ou garfo são rolados na frigideira até cozer a massa. O azeite é renovado todas as vezes que é absorvido pela massa, a qual toma exteriormente a cor do azeite. Ao acarajé acompanha um molho, preparado com pimenta-malagueta seca, cebola e camarões, moído tudo isso na pedra e frigido em azeite de cheiro, em outro vaso de barro".

ACARI – Nome de várias espécies de peixe de água doce muito apreciado na culinária do Nordeste brasileiro. É de carne amarelada, muito saborosa. O mesmo que *cari*, nome geral dos peixes cascudos.

ACELGA – Conhecida entre os celtas, foi levada para a Europa no Império Romano. Foi mencionada no livro *Le Viandier de Taille-*

vent, no século XIV. Hortaliça de folha verde-clara e crespa com nervuras, consumida em saladas, refogada, em sopas, ao molho branco gratinada.

ACÉM – Parte da carne bovina, entre o cachaço e a pá, isto é, entre a primeira costela e o vazio. É considerada carne de segunda, ideal para ensopados. Também conhecida como *agulha* e *aloió*.

ACEPIPES – Petiscos servidos antes das refeições principais.

ACEROLA – Fruta cultivada principalmente no Norte e Nordeste do Brasil, tem de 3 a 6 centímetros de diâmetro, polpa de coloração vermelho-escura, carnosa e suculenta, de sabor agridoce. Consumida ao natural e utilizada em sucos e sorvetes.

ACHAR – Espécie de conserva de frutos verdes, feita com vinagre de palmeira, ou salmoura de sal, vinagre e especiarias. Usado para preservar carnes ou legumes, o achar tem origem indiana e foi trazido pelos portugueses. Termo em desuso.

ACIDEZ – De sabor acre.

ACIDULADO – Levemente ácido.

AÇORDA – Migas de pão ensopadas em água fervente e azeite, temperadas com muito alho, sal e coentro. Pode ser preparada com ovos cozidos ou escalfados (poché), sardinhas assadas, camarões, peixes e não poucas vezes com açúcar. É prato emblemático do Alentejo. Segundo Manuel Fialho, sua origem "vem da harissa árabe, sopa na qual se migava o pão e que se comia com qualquer alimento que estivesse disponível".

AÇOUGUE – Vocábulo de origem árabe, tinha significação mais ampla antigamente. Frei João de Sousa ensina que os árabes entendiam o açougue como lugar onde se vendia não apenas carne bovina, mas também peixe, fruta, hortaliças etc. Também conhecido como *talho*.

{ AÇÚCAR }

AÇÚCAR – Substância doce extraída sobretudo da cana-de-açúcar (*Saccharum officinarum L.*), planta originária da Nova Guiné, cultivada em Java antes de chegar à Índia. Disseminada pelos árabes na Europa, chegou ao Novo Mundo pelos colonizadores portugueses e espanhóis. Na Idade Média, o açúcar era considerado uma especiaria. Encontrado em boticas em forma de xaropes e balas medicinais, também era considerado medicamento. Algumas variedades: 1. mascavo – de cor marrom-escura e úmido, extraído depois do cozimento do caldo de cana; 2. demerara – açúcar bruto, seus grãos são marrom-claros em razão da camada de melado que envolve seus cristais; 3. cristal – açúcar com cristais transparentes, usado para caldas e compotas, pois confere melhor espessamento e tem poder adoçante maior que os outros; 4. refinado – passa por processamento de purificação com enxofre ou sulfito para retirar as impurezas, indicado para adoçar bebidas frias, pois dissolve mais facilmente; 5. confeiteiro – grânulos de açúcar muito finos, misturados com amido para evitar a formação de cristais; é utilizado em confeitaria; 6. cândi – cristalizado em pequenos pedaços. São inúmeras as aplicações do açúcar, sobretudo em doces e, com parcimônia, em pratos salgados, principalmente na confecção de molhos. Há várias designações para a evaporação do caldo de cana em forma pastosa: mel de engenho, mel de furo, mel de barro, mel de coco-de-nazaré, mel de tanque, que é o mesmo que mel de furo e popularmente conhecido como *cabaú*. Tais são as lições de Beaurepaire-Rohan.

AÇÚCAR DE BAUNILHA – É utilizado na confecção de doces e sobremesas. Colocam-se favas de baunilha misturadas ao açúcar, em potes fechados, guardados por pelo menos uma semana.

AÇÚCAR DE BETERRABA – Mistura de beterraba triturada e aquecida em água quente, que se evapora e produz um xarope espesso e resulta em minúsculos cristais. É utilizado na Europa e geralmente comercializado em pó ou em pequenos cubos.

ADELGAR – Feitura, no fogo, de caldo ou molho mais ralo ou menos espesso. Termo em desuso, muito raramente usado hoje.

{ AFOGADO }

ADEM – Pato selvagem originário da Ásia, Europa e América do Norte. Pode ser preparado assado, cozido ou ensopado e é também usado como recheio de empadas ou ravióli.

ADIAFA – 1. Termo árabe que designa banquete, convite. 2. Esse mesmo termo designava a comida que se dava aos trabalhadores, além do salário pago por seu trabalho. 3. Em Portugal, é a festa de encerramento de qualquer atividade agrícola, inclusive a vindima. Também conhecido como *diafa*.

ADO – Milho torrado reduzido a pó, temperado com azeite de dendê e, não poucas vezes, com mel, formando um tipo de creme. Oferecido em cultos religiosos, sobretudo no candomblé em homenagem à deusa Oxum. Também conhecido como *adum*.

ADOÇANTE – Substituto do açúcar. Pode ser natural (mel, melado) ou artificial (sacarina, aspartame, ciclamato).

ADOÇAR – Tornar doce, pôr açúcar.

À DORÊ – Alimento empanado e frito.

ADUBO – Antigamente, o cravo e a pimenta eram chamados de adubos pretos. Frei João de Sousa diz que esta é uma palavra de origem árabe, entendida como especiaria. O mesmo que *adobe* ou *adobo*, isto é, tempero.

AFERVENTAR – Submeter o alimento a uma rápida fervura, sem deixar que cozinhe.

AFIAMBRADO – Semelhante a fiambre. Preparar a carne à maneira de fiambre.

AFOGADO – 1. Prato tradicional do Vale do Paraíba, que consiste de um ensopado preparado com acém ou paleta de boi, acrescido de toucinho, colorau e temperos variados, cozido em água quente até a carne ficar desfiada. É servido em prato fundo, com farinha de mandioca e caldo por cima da carne. 2. O mesmo que *refogado*.

AFRONTADO – Farto, repleto.

AFURÁ – 1. Bebida de origem africana preparada com arroz ralado em pedra, fermentado e diluído em água e açúcar. No candomblé, o afurá tem função ritual e é servido em cuias durante as festas em homenagem aos orixás. É também considerado um ótimo refrigerante. 2. Beaurepaire-Rohan relata que no Maranhão é um bolo e também conhecido por *mocororó*. 3. Na região Norte, principalmente no Pará, é um cozido com um pouco de açúcar, preparado por meio de infusão em potes de barro. 4. O mesmo que *aluá*.

AGBÉ – O mesmo que *caruru de folhas*, no ritual afro-brasileiro.

AGBÔ – Carneiro branco e velho sacrificado em homenagem a Ogum, oferecido em rituais afro-brasileiros. Se recusado por Ogum, pode ser distribuído para o preparo de guisado.

AGIGI – Termo de origem iorubana. Nome dado ao milho azedo ou pubo.

AGRAÇO – Sumo ácido da uva verde que, muitas vezes, pode substituir o limão no preparo de temperos. É um dos ingredientes principais no preparo de peixes.

AGRIÃO – Hortaliça oriunda do Sudeste da Ásia, de folhas verdes, sabor acre, usada em saladas, guisados e sopas. Misturado com mel, é utilizado como xarope no combate a diversas doenças respiratórias.

AGRIDOCE – De sabor acre e doce ao mesmo tempo.

ÁGUA – Substância normalmente líquida, mas que também pode apresentar-se na forma sólida (gelo) ou gasosa (vapor). É um dos elementos fundamentais da maior parte dos pratos da culinária, sendo utilizada como ingrediente – na preparação de bebidas (chás, cafés, sucos), cozidos e doces – ou no modo de preparo dos alimentos (cozimento de pratos em banho-maria), cozimento de legumes, grãos, entre outros.

AGUADA – Bolacha de farinha de trigo. O mesmo que bolacha de água e sal.

ÁGUA DE FLOR – Água destilada de flores, especialmente da laranjeira, utilizada como aromatizante na culinária.

ÁGUA-FRESCA – Bebida preparada com farinha de tapioca e água fervida ou com água fria.

AGUARDENTE – Nome com que no Brasil é particularmente conhecido o caldo de cana destilado. A definição de Laudelino Freire esclarece que é o "produto da destilação do vinho, da cana, dos cereais, das frutas doces e quaisquer outros produtos sujeitos à fermentação". O mesmo que *cachaça*.

AGUINONIA – Planta medicinal antigamente utilizada como tempero.

Agulha

AGULHA – 1. Peixe abundante no litoral nordestino. Seu corpo é alongado e estreito, com forma semelhante a uma agulha. Preparado frito, inteiro ou em filé, é servido como petisco. 2. O mesmo que *acém*.

AGUXÓ – 1. Sopa de legumes, servida no ritual afro-brasileiro. Também conhecido como *oguxó*. 2. Na Bahia, antigamente, designava tocha para acender fogão.

AIBI – Pequeno molusco comestível, de concha bivalve, utilizado de várias formas na cozinha: cru com limão e sal, e no preparo de uma excelente sopa.

AIEREBA – Espécie de arraia de água doce muito comum no Brasil, cujo corpo é achatado e a cauda longa e afilada. Preparada grelhada, assada ou frita. Também conhecida como *aiareba* ou *ajarobá*.

{ AÏOLI }

AÏOLI – Maionese em que se incorpora alho picado em grande quantidade, emblemático da cozinha provençal francesa.

Aipo

AIPO – Planta comestível da família das umbelíferas, originária do Mediterrâneo. As folhas são verdes e o caule esbranquiçado, com sabor e aroma fortes. É usado como tempero para molhos e ensopados, ou em saladas. Corre que o aipo é afrodisíaco. Também conhecido como *salsão*.

AIROBA – Membrana que envolve o ventre da capivara, responsável pelo cheiro e gosto ruins da carne. Os caçadores especializaram-se na retirada dessa membrana, extinguindo o odor e o gosto ruins, tornando a carne do animal prato apreciado. A. J. de Sampaio registra que os caçadores chamam esse foco de catinga de "peritônio" da capivara.

AJANTARADO – 1. Refeição "arranjada" com as sobras do almoço, acompanhada de café com leite e pão. 2. Aquilo que se assemelha a um jantar.

AJAPÁ – Termo africano, que designa uma espécie de tartaruga de água doce com pescoço longo e estreito e casco oval, de tonalidade escura. Muito apreciada em sopas e guisados no Nordeste. Também conhecido como *cágado*.

AJARÁ – Pequena árvore nativa da Amazônia, com folhas e frutos comestíveis. Também conhecida como *gujará* ou *inambuquiçaua*.

À LA CARTE – Expressão francesa. O mesmo que *de acordo com o cardápio*.

ALACIR – Suco resultante da uva e da azeitona espremidas.

ALAMBIQUE – Originariamente, recipiente de cobre ou de vidro usado para destilar ervas, flores e licores. É constituído por uma caldeira, na qual se coloca o sumo que será destilado, de onde se desprendem e se acumulam vapores que, por meio de tubos, chegam ao condensador e, por meio de resfriamento, retornam ao estado líquido. No Brasil, é normalmente utilizado no processo de destilação da cachaça e de outras bebidas alcoólicas.

ALBACORA – Peixe de água salgada encontrado especialmente no Nordeste, semelhante ao atum, muito apreciado na Bahia em forma de escaldado. Também conhecido como *alvacora, bandolim, atum branco* ou *atum brasileiro.*

ALBARDAR – Cobrir um pedaço de carne bovina, de ave ou peixe com tiras largas de toucinho, antes de fritá-los ou assá-los.

ALBARRADA – Jarro de louça com asas, utilizado para armazenar água fresca.

ALBUME – 1. Clara de ovo. 2. Tecido rico em substâncias nutritivas que envolve o embrião nas sementes.

ALCACHOFRA – Originária da Grécia e de outros povos das franjas do Mediterrâneo, segundo Silvestre Silva, trata-se de um gênero de planta herbácea que pode atingir até 1,5 metro de altura e possui folhas longas e pontudas. As folhas internas (brácteas) e o coração (miolo) são comestíveis, uma vez retirados os espinhos. Cozidas em água e sal, temperadas com azeite e limão ou recheadas constituem excelentes pratos. O suco extraído de suas folhas é utilizado na fabricação de diversas bebidas alcoólicas.

Alcachofra

ALCACHOFRA-DE-JERUSALÉM – Tubérculo natural da América, foi levado para a Europa pelos colonizadores. Parente próxima do girassol, somente seus rizomas, de sabor semelhante ao da alcachofra, são usados na culinária. Consome-se cozida, em saladas, sopas e purês. Também conhecida como *topinambur.*

ALCAÇUZ – Planta leguminosa, aromática, originária do Sul da Europa e Sudeste da Ásia, mede de 1 a 1,5 metro, e possui raízes rizomáticas comestíveis, folhas grandes e pequenas flores violetas.

O alcaçuz é utilizado no preparo de doces, licores e sorvetes, além de ser um dos componentes na fabricação de alguns tipos de cerveja. Pode também ser utilizado como xarope no combate a doenças respiratórias.

ALCADEFE – Antigo vaso de barro usado por taverneiros e tendeiros para medir vinho, azeite e licores. Também conhecido como *alcadafe*.

ALCAPARRA – De origem mediterrânea, já era utilizada no Império Romano para aromatizar molhos. Na Idade Média, era considerada eficaz como medicamento contra a peste. Botão fechado da flor do mesmo nome, é conservada em sal ou salmoura, utilizada como condimento e, principalmente, no preparo de molhos que acompanham peixes, carnes e aves. A. J. de Sampaio registra a "capuchinha" (chagas maior), espécie de fruto, como substituta da alcaparra em várias regiões brasileiras.

ALCARAVIA – Planta da família das umbelíferas, originária da Ásia Ocidental, Norte da África e Europa. As folhas frescas são usadas como tempero de saladas, sopas e molhos. As sementes são essenciais no chucrute, no pão de centeio e em alguns queijos defumados.

ALCATRA – Parte traseira da perna do boi, considerada a melhor carne para bifes. Uma peça de alcatra pode chegar a medir até 80 centímetros e dela podem ser extraídos diversos outros cortes de carne (picanha, maminha, *baby-beef*). Pode ser consumida guisada, ensopada, em bifes ou como churrasco. Também conhecida como *alcatre*.

ALCATRUZ – Pequeno vaso de barro para guardar conservas ou temperos.

ALCOMONIA – 1. Doce de origem árabe herdado pelos portugueses, comum no Alentejo. 2. Espécie de torta assada ao forno, feita com mel, gengibre fresco e farinha de mandioca, misturados em um tabuleiro. António de Morais Silva (1756-1824), no seu dicionário de 1818, descreve ser a alcomonia uma "massa feita de

{ ALFACE }

melaço com farinha e gengibre ou outra especiaria" e que, no Brasil, é feita com mandioca. Também conhecida como *alcamonia* ou *acamonia*.

ALCORCE – Massa consistente, de açúcar e farinha, com que se cobrem ou fazem diversos doces. Em Portugal, com ela se moldavam flores, passarinhos e "outras galantarias", como dizia frei João de Sousa.

AL DENTE **–** Expressão italiana que indica o ponto ideal de cozimento que devem ter as massas alimentares ou o arroz.

ALECRIM – Erva originária do Mediterrâneo, apreciada desde a Antiguidade. Considerada pelos gregos e romanos como a erva do amor, da fidelidade e da amizade. Suas folhas são resinosas, coriáceas, lineares, de coloração verde-escura e sabor intenso. Frescas ou secas, suas as folhas perfumam grelhados de aves, carnes, crustáceos, peixes e molhos. O alecrim pode ser adicionado inteiro ou picado, no final do cozimento, para evitar a evaporação de seus óleos aromáticos. Também conhecido como *rosmarinho* ou *rosmaninho*.

ALERÓIS – Nome que antigamente se dava às asas das aves depois de cozidas.

ALETRIA – 1. Variedade de macarrão muito fino, para sopas de caldo de galinha ou carne, ou mesmo utilizado para feitura de doces. 2. No século XIV, o *Libre de sent soví*, de autoria anônima, faz referência ao doce *alatria*, receita de origem árabe preparada com leite de amêndoas e mel. Em Portugal, foram acrescidos ovos, açúcar, leite e manteiga, além de canela em pó. Também conhecido como *cabelo de anjo*, *letria* e *vermiceli*.

ALFACE – Originária da Ásia, hortaliça de folhas largas, de cor que vai do verde-claro ao verde-escuro ou violeta. Há registros da sua presença nas pinturas de tumbas egípcias de 4500 a.C. Chegou ao Brasil no século XVI, trazida pelos portugueses. Pode ser usada em saladas, servida crua e acompanhada de molho de azeite, vinagre ou limão e sal. Dela há várias espécies registradas

15

por Laudelino Freire e A. J. de Sampaio: lisa, romana, americana, alface-de-cordeiro etc.

ALFARROBA – Fruto da alfarrobeira, nativa do Mediterrâneo. É uma vagem da qual se extrai a polpa, que depois é torrada e moída, obtendo-se um pó usado na substituição do cacau. Seu sabor é doce e é utilizada em bolos e mousses.

ALFAVACA – Planta das famílias das labiadas, de várias espécies. Sua folha verde é utilizada como condimento e tempero na culinária. Em alguns lugares, é conhecida pelo nome de *segurelha*, segundo Alberto Lofgren. Em determinadas regiões, suas folhas são também utilizadas para fazer chá, infusão essa que recebe o nome de *chá paulista*.

ALFELIA – Designação genérica, atualmente em desuso, para qualquer doce.

ALFÉLOA – Doce de origem árabe levado para a Península Ibérica. Massa de açúcar em ponto grosso, esticada diversas vezes até adquirir tonalidade clara. A iguaria é estirada em rolinhos e embrulhada em papel colorido. Os colonizadores portugueses trouxeram a receita para o Brasil e aqui o doce é feito com mel de engenho, conhecido como *puxa-puxa*, muito comum no Nordeste. Laudelino Freire define alféloa como "massa de açúcar ou melaço em ponto forte, com que se manipulam artigos de confeitaria". Também conhecido como *felô*.

ALFENIM – Doce de origem árabe. Massa muito alva de açúcar, moldada em forma de pequenas esculturas de animais, flores e frutos. Cornélio Pires registra no interior de São Paulo a forma "alfeniz" com o significado de "doce" e corruptela da palavra original. O alfenim foi um doce de grande prestígio no Nordeste marcado pela civilização do açúcar.

ALFITETE – Guisado de galinha ou carneiro. Completa a definição frei João de Sousa: "com massa fina ou polme, açúcar, especiarias e outros temperos".

ALGODÃO – Fibra vegetal das sementes do algodoeiro. Dessas sementes extrai-se o óleo conhecido pelo mesmo nome, largamente utilizado na cozinha brasileira. Lembra A. J. de Sampaio que os índios utilizavam os caroços do algodoeiro, pisados e cozidos, como mingau.

ALGODÃO-DOCE – Doce à base de açúcar cristalizado, normalmente fabricado pelo processo de trefilação de açúcar em máquinas especiais. Originalmente de cor branca, mas muitas vezes acrescido de corante, o doce é parecido com algodão, e vem espetado por um palito.

ALGUIDAR – Vasilha de barro, madeira, metal ou plástico, em forma de cone, cuja boca tem diâmetro maior que a base. É utilizado na cozinha no preparo de alimentos.

ALHEIRA – Embutido típico da culinária portuguesa (particularmente na região de Trás-os-Montes), à base de vitela e pão de trigo, condimentado com alho, noz-moscada, pimenta-do-reino e colorau, introduzida em tripa de boi. Os judeus, para escapar da Inquisição, inventaram a alheira para não serem identificados, pois a religião judaica proibia o consumo de carne de porco.

ALHO – Nome comum a duas plantas da família das aliáceas, largamente utilizadas na culinária, como tempero, ou na medicina caseira. O cultivo do alho é anterior ao registro da escrita e, na Antiguidade, era tido como uma poção mágica. O bulbo é composto de vários dentes carnudos cobertos por uma película fina, cuja cor varia entre branco e violeta.

ALHO-PORÓ – Erva originária da Eurásia e do Norte da África, da família das aliáceas, com muitas subespécies, com folhas compridas e caule que pode medir de 10 a 20 centímetros. Com base em forma de bulbo, suas raízes são semelhantes às do alho comum. O bulbo e as folhas são utilizados como condimentos e ingredientes de sopas, quiches, tortas salgadas, risotos, entre outros pratos.

ALMEIRÃO – I. Variedade de chicória originária da Europa Mediterrânea. Hortaliça de folhas verdes e longas, de gosto amargo, muito apreciada como salada ou cozida. 2. Em algumas regiões do Brasil há uma variedade nativa, chamada almeirão do mato, de sabor menos amargo. 3. Há também o almeirão roxo, que é muito tenro e não é amargo.

ALMÍSCAR – Perfume animal extraído do cervo-almiscarado, muito utilizado na culinária árabe para condimentar doces e sorvetes.

ALMOCINHO – 1. Café da manhã acompanhado de paçoca, segundo A. J. de Sampaio. 2. Termo doméstico para indicar um almoço de poucos pratos.

ALMOÇO – Segunda das três refeições que os brasileiros fazem habitualmente durante o dia, entre o café da manhã e o jantar. Normalmente, é composto de saladas, pratos quentes, sopas, guarnições e sobremesas. No Brasil, é considerado a principal refeição do dia.

ALMOÇO-FRESCO – Prato preparado na Bahia com carne fresca, tomate, linguiça de porco, toucinho e pimenta, acompanhado de pirão de farinha, molho de pimenta e limão, segundo receita de Sodré Vianna.

ALMOFARIZ – Vaso de bronze, louça, pedra ou madeira para pisar, triturar e esmagar temperos. Também conhecido como *gral*.

ALMOFIA – Antigamente, sopeira de estanho ou barro vidrado.

ALMOJÁVENA – Espécie de torta preparada com pão de ló esfarelado, gemas de ovos, açúcar, manteiga, requeijão e água de flor de laranjeira, segundo Constança Oliva de Lima.

ALMÔNDEGA – Bolinho feito de carne picada ou moída com condimentos. A carne para o preparo pode ser crua ou frita, amassada com pão amanhecido, farinha de trigo e ovo batido. A rigor, de acordo com a etimologia, a almôndega deve ser guisada e não frita. Também conhecida como *porpeta*.

{ AMALÁ }

ALMOTOLIA – Pequeno recipiente cônico e de gargalo estreito, utilizado para armazenar azeite.

ALOURAR – Dourar ao fogo.

ALTERADO – Em sentido culinário, quer dizer o que não se acha em boas condições de utilização.

ALUÁ – Bebida refrigerante preparada com cereais (milho, arroz, fubá) ou casca de abacaxi fermentados. Beaurepaire-Rohan, citando Juvenal Galeno e outros autores, informa que essa bebida é preparada de diversas formas, em várias regiões: na Paraíba, é feita com mel de furo, milho e água; no Ceará, com farinha de milho torrada e açúcar. Capello e Ivens informam que originariamente é uma espécie de cerveja feita de milho e outros ingredientes, variando ainda sua denominação entre *quimbombo* e *garapa*, conforme a região. Segundo Florival Serraine, no Ceará, o aluá é uma bebida fermentada, em geral de milho ou abacaxi, e às vezes de pão, com gengibre e erva-doce, adoçada com rapadura. A. J. de Sampaio lembra que a fermentação é feita em pote de barro. É também uma bebida usada tradicionalmente como oferenda aos orixás, no ritual afro-brasileiro. Também conhecido como *aruá*. Em Pernambuco é conhecido como *bembê*. Em São Paulo, recebe o nome de *caramburu*.

AMACIAR – Tornar macio. 1. Deixar a carne bovina, aves ou caças consideradas duras em vinha-d'alhos, cobertas com folhas de mamoeiro, fatias de mamão verde ou caldo de abacaxi. 2. Bater com um instrumento próprio para se quebrar as fibras da carne. 3. Fazer vários cortes na carne, pouco fundos, para cortar as fibras e permitir que o calor penetre mais profundamente.

AMALÁ – Prato feito com rabada de boi cozida, a que se juntam camarões torrados e castanhas-de-caju pisadas, quiabo, pimenta e azeite de dendê. É este um prato que demonstra a profunda vinculação da mesa com a religião. Dele se distinguem duas obrigações nos rituais afro-brasileiros: a de Ogum e a de Xangô.

{ AMASSAR }

AMASSAR – Ato de misturar com as mãos os ingredientes até obter uma massa homogênea para a preparação de doces ou salgados.

ÂMBAR – Perfume do cachalote usado para condimentar doces.

AMBROSIA – I. Alimento dos deuses do Olimpo, concedia e mantinha a imortalidade. 2. Doce de origem portuguesa preparado com calda de açúcar, ovos e leite, salpicado com canela em pó.

AMBROZÔ – De origem africana, *iorubá*. Bolinho preparado com farinha de milho ou de mandioca, azeite de dendê, pimenta e temperos. A massa é frita em azeite de dendê. Pode levar açúcar, conforme José Ribeiro de Souza. Também conhecido como *abrazô* ou *abazo*.

AMÊIJOA – Gênero de molusco bivalve muito apreciado em todo o Brasil. Dela já nos falava Pero Vaz de Caminha em sua famosa carta, comunicando ao rei D. Manuel a descoberta do Brasil. Também conhecido como *sernambi*, *sarnambi* ou *vôngole*.

AMEIXA – Fruto cultivado na Antiguidade pelos assírios, que depois se disseminou pela Europa. Redonda, de diversos tamanhos e cores, sua polpa pode ser vermelha, verde ou amarela, dependendo da variedade. Pode ser consumida ao natural, em compotas, geleias ou seca. Variedades: ameixa-brava, ameixa-da--terra e ameixa-do-cabo.

AMÊNDOA – Fruto da amendoeira, da família das rosáceas, originária da Ásia Central. Há dois tipos de amêndoas: a doce e a amarga. A primeira pode ser consumida ao natural, salgada e assada ao forno. Reduzida em farinha, é geralmente empregada em pâtisserie: maçapães, macarons, sorvetes ou tortas. A castanha amarga possui essência de sabor forte e é utilizada somente na preparação de doces.

AMENDOADA – Nome dado ao doce caseiro de amêndoas da castanha-de-caju.

AMENDOIM – Do tupi *mandu'wi*, enterrado. Planta originária do Brasil, da família das leguminosas, cujas sementes são envolvidas em uma vagem de cor amarelo-palha. De formato arredondado, sua casca é avermelhada e a polpa, cor de creme. Utilizado na produção de óleos e doces: paçoca, bolos, tortas, bolachas e broas. Consumido pelos indígenas, passou a ser utilizado na cozinha pelos escravos no Brasil. Uma das invenções foi o pé de moleque. A. J. de Sampaio registra, curiosamente, que o amendoim torrado e moído passou a ser chamado em algumas regiões brasileiras de gingilim ou gergelim. Corrêa retrata o antigo e exótico costume que vigorou em Minas Gerais, nos séculos XVIII e XIX, de misturar amendoim torrado com tanajura. Também conhecido como *mendobim*, *mindubim* ou *mondubim*.

Amendoim

AMIDO – Fécula extraída de alguns tubérculos, raízes ou rizomas comestíveis. O amido de milho, por exemplo, é utilizado na culinária para espessar mingaus, molhos e sopas.

AMIGA – Caldo de feijão temperado com pimenta e engrossado com farinha de mandioca peneirada, costuma ser servido antes das refeições. No Recife, é o mesmo que *apito*.

À MILANESA – Alimento passado em ovo e farinha de rosca e frito em gordura quente.

À MODA – Expressão de origem francesa utilizada em cardápios, como "à moda do chefe" ou "à moda da casa".

AMONÍACO – Composto de cloreto de amônio, utilizado na culinária para fazer que os biscoitos fiquem macios.

AMORA – Fruto da amoreira, nativa da América, de que há várias espécies. Sua cor pode variar do branco ao negro. Comestível ao natural, em calda, geleias e tortas.

{ AMORI }

AMORI – Iguaria preparada com folhas inteiras de mostarda, camarão seco, temperada com cebola, sal e pimenta-malagueta, refogada em azeite de dendê. Alimento votivo do orixá Omolu, também conhecido como latipá.

AMOROSOS – Espécie de bolo assado em forminhas cuja massa é preparada com ovos, coco ralado, manteiga e açúcar.

ANANÁS – Fruta silvestre da família das bromeliáceas, nativa da América tropical. Seu formato é redondo, menor que o abacaxi, e a casca é avermelhada, com polpa de sabor ácido. Quando Cristóvão Colombo chegou ao Novo Mundo, os nativos ofereceram o ananás como gesto de hospitalidade. Os espanhóis o batizaram de *piña*, pois sua casca é parecida com a pinha europeia.

ANCHOVA – Designação para família de peixes que engloba mais de 140 espécies do Oceano Atlântico e do Mar Mediterrâneo. Seu uso é muito antigo. Os romanos preparavam com esse pescado um molho fermentado, o garum. A anchova pode ser consumida fresca – cozida, frita ou grelhada –, salgada ou em conserva de azeite. Servida em saladas, usada na preparação de molhos e manteiga, bem como na confecção de canapés e pizzas. No Brasil, costuma-se chamar de aliche os filés de peixe salgado.

ANDERESA – Prato feito com caldo de galinha, farinha de guerra e sal, segundo o termo registrado por Edison Carneiro.

ANDU – 1. Tipo de feijão provavelmente de origem africana, da família das leguminosas, usado na culinária brasileira. 2. Guisado do mesmo nome preparado com andu, camarões secos, língua de vaca e ovos, cozidos no próprio refogado. É também consumido com carne-seca e costelinha de porco. Beaurepaire-Rohan ensina que, em Pernambuco, recebe o nome de *guandu* ou *guando*. Também conhecido como *ervilha de sete anos* ou *feijão-guandu*.

ANETO – Erva aromática nativa do Sudoeste da Ásia. De sabor pronunciado, consomem-se as folhas, as hastes e os grãos. Utilizado, sobretudo, nos países escandinavos para marinar arengue,

{ ANIS-ESTRELADO }

salmão ou perfumar picles em salmoura etc. Também conhecido como *dill* ou *endro*.

ANGU – I. Prato conhecido em várias regiões brasileiras com diversos nomes. Na acepção mais ampla, é uma papa espessa, feita de farinha de mandioca, de milho, de arroz ou de fubá. Pode ser também a massa de farinha de milho cozida em panela, servindo de pão para acompanhar carnes, aves, peixes e mariscos. Com a mandioca fermentada, recebe o nome de angu de mandioca puba, conhecida igualmente como pirão. No Rio de Janeiro colonial, serviam nas ruas o "angu de quitandeira", ao qual se juntava um guisado de miúdos de boi bem apimentado. O angu de banana de São Tomé é chamado de quibebe de banana. 2. Pudim cremoso preparado com xerém de milho ou fubá, água, leite de coco, açúcar e, ocasionalmente, erva-doce. Mais comum na zona rural brasileira.

ANGU DE NEGRA MINA – Nome que se dá no Maranhão a uma iguaria semelhante ao caruru da Bahia. Também conhecido como *anguite*.

ANGUZADA – Na Amazônia, é a mistura de angu com peixe. Na Zona da Mata, em Minas Gerais, é preparado com o caldo e pedaços de galinha.

ANGUZÔ – Termo de origem iorubana, difundido em Pernambuco. Guisado de ervas, refogado até adquirir consistência cremosa, acompanhado de angu de milho ou de arroz. Alfredo A. da Mata registra que, na Amazônia, é nome dado ao prato de canjica de milho verde, ralado ou pilado, não passado na peneira. Também conhecido como *anguzó*.

ANHO – Termo utilizado para indicar o filhote de ovelha, também conhecido como *cordeiro-mamão*.

ANIS-ESTRELADO – Originário da China, é uma especiaria em forma de estrela com uma semente em cada ponta, de cor marrom-escura, com perfume e sabor pungentes. O anis-estrelado é utilizado como condimento em salgados e doces.

{ ANTA }

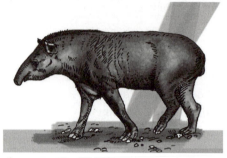

Anta

ANTA – Espécie de paquiderme mamífero, originário da América do Sul, é um dos maiores animais da fauna brasileira. Sua carne é muito apreciada sobretudo na zona rural e pode ser consumida cozida, assada ou moqueada. Cortada em mantas, é salgada e seca ao sol, e pode compor a paçoca, geralmente levada em viagens a lugares distantes e ermos. Também conhecida como *tapir*.

ANTEPASTO – Termo de origem italiana, que significa antes da refeição. Os mais comuns são legumes cozidos ou assados (berinjela, abobrinha, alcachofra e champignon, entre outros), regados com sal, vinagre e azeite.

AO PONTO – O alimento que chegou ao ponto de cozimento. Referindo-se à carne, indica que está entre a bem passada e a malpassada.

À PARMEGIANA – Prato de carne ou legumes preparado à milanesa, regado com molho de tomate e salpicado com queijo parmesão ralado, levado ao forno para dourar.

APERITIVO – Bebida alcoólica ou não, tomada antes das refeições, em geral acompanhada de tira-gosto.

APIMENTAR – Condimentar ou temperar com pimenta.

APOJO – 1. Parte final do leite no ato da ordenha, considerado o mais substancioso pelo maior teor de gordura, bem como de melhor gosto, perfume e sabor. 2. Bariani Ortêncio registra que corresponde também à "garapa na última repassa do bagaço: mais doce, mais gostosa".

APONOM – Espécie de cocada preparada com coco verde, açúcar e cravo. Quando a massa está quase fria, adiciona-se farinha de trigo, formando pequenas pirâmides que são assadas ao forno.

{ ARATICUM }

APOSTA – Nome que se dá ao peito de galinha em algumas regiões do interior de São Paulo, segundo registra Sebastião Almeida Oliveira. Também conhecida como *titela*.

APRESSADAS – Doce feito de açúcar, araruta, gemas e claras de ovos, levado ao forno em vasilha untada com manteiga.

APURAR – 1. Concluir a cozedura no ponto exato. É o ponto alto da arte culinária, onde muitas cozinheiras guardam seu segredo máximo. 2. Dar ponto certo ao molho ou à calda.

AQUECER – Deixar um alimento em fogo brando até que esteja quente.

ARAÇÁ – Fruto do araçazeiro, da família das mirtáceas, de baga comestível. Seu formato é arredondado, com muitas sementes, de coloração e polpa que variam segundo a espécie, normalmente de sabor ácido. Há diversas variedades: araçá-branco, araçá-de-festa, araçá-de-pernambuco, araçá-do-pará, entre outros. Alguns dão frutos saborosos, consumidos ao natural ou no preparo de geleias, compotas, sorvetes, refrescos e doces de massa.

ARADO – Esfomeado, morto de fome. O mesmo que *atorado*.

ARARUTA – Planta herbácea, da família das marantáceas. Do rizoma se extrai a fécula branca de mesmo nome, usada na culinária brasileira para fazer salgados, espessantes de molhos, biscoitos, bolos, rosquinhas e mingaus.

ARATICUM – Planta anonácea de fruto comestível, de que há numerosas variedades: arixicum, ariticum, articum, marolo, cabeça de negro, pinha-do-cerrado, pasmada, araticum-açu, araticum-do-mato, araticum-pecanine, entre outras. Sua principal característica é a formação de gomos, com sementes envolvidas em rica polpa. Tem polpa amarela, sabor adocicado, e é consumido ao natural ou utilizado em doces, geleias e sucos.

{ ARATU }

ARATU – Espécie de caranguejo pequeno encontrado em mangues e lugares pedregosos. Geralmente é consumido cozido ou em moqueca. Também conhecido como *marinheiro*.

ARATUZADA – Espécie de caranguejo cozido em molho preparado com leite de coco, legumes, temperos e azeite, acompanhado de arroz branco e pirão feito do caldo do próprio cozimento. Também conhecido como *caranguejada*.

ARCANJO – Espécie de bolo assado ao forno, preparado com ovos, coco e açúcar.

ARDOSO – Regionalismo da Amazônia, significa ácido, picante.

ARGOLINHA – Doce feito com açúcar, amêndoas pisadas e farinha de trigo, cozido no forno.

ARIÁ – Planta da família das marantáceas, seu fruto é semelhante ao rabanete. Deve ser consumida cozida.

ARIBÉ – Frigideira grande de barro. Também conhecido como *arudé*.

ARIU – Espécie de arbusto do litoral cujos frutos apresentam diversas cores (do branco ao vermelho), com sabor adocicado, semelhante ao do jambo. São comestíveis ao natural ou utilizados no preparo de compotas.

AROEIRA – Nativa da América do Sul, é uma fruta de tamanho semelhante à pimenta-do-reino. Quando fresca, apresenta uma película fina de cor avermelhada ou rosada, de textura quebradiça, que envolve uma semente escura de sabor levemente adocicado e pouca ardência, utilizada como condimento. Também conhecida como *pimenta-rosa*.

AROMA – Princípio odorífero de grande número de condimentos, pode ser natural ou artificial.

AROMÁTICO – Qualidade do que é odorífero, perfumado.

AROMATIZAR – Condimentar ou perfumar alimentos que estão sendo preparados, quer salgados ou doces, com ervas aromáticas, especiarias ou essências.

ARRAIA – Existem numerosas espécies deste peixe cartilaginoso de água salgada. A arraia pode ser preparada cozida ao molho de manteiga queimada e ervas ou alcaparras, ou também ao molho branco ou gratinada.

ARREIGADA – A raiz da língua dos animais (bois ou porcos), muito utilizada na preparação de morcela (arreigada de porco) e sopa de arreigada, no período de matança do porco.

ARRIPUNAR – Repugnar, rejeitar comida e bebida. Regionalismo da Paraíba, registrado por L. F. R. Clerot.

ARROCHO – Aparelho usado nas casas de farinha para espremer a massa de mandioca. Regionalismo do Nordeste, também conhecido como *prensa* ou *tipiti*.

ARROZ – Do árabe ar-ruz. Originário da Ásia, foi domesticado há mais de 8 mil anos. O uso do arroz é muito antigo na Índia, sendo citado em todas as escrituras hindus. É um grão produzido por uma planta da família das gramináceas. Historiadores afirmam que os indígenas já cultivavam arroz em algumas regiões do Brasil, como na floresta amazônica. Segundo Sérgio Buarque de Holanda, os portugueses vindos de Cabo Verde o levaram para o litoral vicentino. Em 1587, foram encontradas lavouras em terras baianas e, por volta de 1745, no Maranhão. Em 1766, a Coroa Portuguesa autorizou a instalação da primeira descascadora de arroz no país, na cidade do Rio de Janeiro. No Brasil, havia uma gramínea silvestre denominada pelos tupis de milho-d'água (*abati-uaupé* ou *abatiapé* – *Oriza subulata*), colhida nas áreas alagadas do Amazonas. No Pantanal e no Mato Grosso, os nativos chamavam de *abatimirim* (*Oryza caudata*); ainda hoje é consumido pelos descendentes dos índios Guató.

ARROZ DE CARRETEIRO – Prato típico da culinária campeira do Rio Grande do Sul. Os peões e carreteiros que tocavam tropas

{ ARROZ DE CUXÁ }

de gado utilizavam alimentos não perecíveis, como o arroz e o charque, e cozinhavam nos pousos em panela de ferro.

ARROZ DE CUXÁ – Prato muito conhecido no Maranhão, preparado com folhas de vinagreira que são depois esmagadas até formar um creme ao qual se adicionam gergelim torrado, camarão seco, farinha fina de mandioca, sal e pimenta. Depois de pilado, mistura-se ao arroz cozido. Também conhecido simplesmente como *cuxá*.

ARROZ DE HAUÇÁ – Prato de origem afro-baiana, criado por escravos negros da Nigéria. É preparado com arroz cozido em água, sem sal e farinha de arroz para dar consistência. O molho é refogado em azeite de dendê, composto de cebola, camarões secos e pimenta-malagueta, tudo ralado em pedra. Separadamente, frita-se a carne de charque em pequenos pedaços, que são espalhados sobre o arroz juntamente com o molho.

ARROZ DE (COM) PEQUI – Prato típico de Goiás. 1. Arroz refogado com pequi e temperos. Segundo Bariani Ortêncio, "usa-se também comer o pequi apenas refogado, com bastante caldo ou molho grosso, como mistura para o arroz, já pronto". 2. Arroz com pequi e carne; preparado com carne bovina picada ou charque e caldo de pimenta bode.

ARROZ DE VIÚVA – Cozido no leite puro do coco somente com sal, acompanha peixes e frutos do mar.

ARROZ-DOCE – Doce feito com arroz cozido em leite, canela em pau, cravo e açúcar, ovos e, ao final, utiliza-se canela em pó para polvilhar a superfície. Em Pernambuco, é preparado com arroz cozido no leite de coco e temperado com açúcar, raspa de limão e erva-doce, e servido na ceia. Também conhecido como *arroz de leite*.

ARROZ MEXIDO – Típico de Pernambuco, é o arroz cozido no caldo em que foi preparada a galinha guisada, mas há quem goste de cozinhá-lo no caldo do bode guisado. O prato fica com uma consistência cremosa.

ARROZ VERMELHO – Trazido pelos portugueses em 1535, foi cultivado na capitania de Ilhéus, Bahia, mas não obteve muito êxito. Houve uma tentativa de disseminá-lo no Maranhão, mas em 1772 a Coroa Portuguesa proibiu a sua plantação em benefício do arroz branco. Apesar disso, foi cultivado no Vale do Piancó, na Paraíba. Considerado um dos principais alimentos da dieta nordestina, sendo a base de diversos pratos da culinária regional, como arroz de leite com carne de sol, sopa de arroz, entre outros.

ARRUMADINHO – Feijão-verde cozido e escorrido, refogado em manteiga de garrafa e temperos, charque, linguiça, tomate e pimentão picados, misturados com farinha de mandioca e salpicados com coentro picado.

ARTELETE – Nome dado ao guisado que é feito apenas de pernas de aves ou vitela e servido com arroz.

ARUÁ – 1. Pequeno molusco de água doce, gasterópode, em forma ovoide, de cor verde-escura, encontrado em alagadiços. No Norte e no Centro-Oeste do país, é usado como alimento, depois de cozido e devidamente condimentado. 2. Para muitos autores, é também o nome do refrigerante conhecido como *aluá*. Também conhecido como *uruá*.

ARUANÃ – Quelônio marinho, abundante no litoral das regiões Norte e Nordeste do Brasil, cuja carne é prato muito usual entre populações pobres pela facilidade de apanhá-las. Também conhecido como *uruanã*.

ARUBÉ – 1. Massa feita de mandioca puba, sal, alho e pimenta-da-terra dissolvida em molho de peixe ou carne. É um molho levado à mesa para regar pratos de carne e peixe. É popular no Pará. Também conhecido como *tucupi de sol* ou *uarubé*. 2. Na Bahia, conforme Sodré Vianna, é o nome que se dá à frigideira de barro.

ARUMÉ – Nome dado à mandioca preparada e beneficiada ao sol para fazer o arubé.

{ ASPARGO }

ASPARGO – Legume da família das liliáceas, originário da Ásia Menor e da Bacia do Mediterrâneo, já conhecido pelos gregos e egípcios, é mencionado no século III no primeiro livro de receitas, *De Re Coquinaria*, de Apicius. Pode ser verde ou branco. Consumido cozido em água, pode ser preparado ao molho bechamel, gratinado, em vinagrete etc.

ASSADO – 1. Qualquer carne assada em panela, no espeto, como churrasco ou simplesmente no braseiro. São diversas as formas de prepará-lo, recebendo, assim, diversos nomes: assado de matambre, de costela, de couro etc. 2. Prato característico do Rio Grande do Sul, hoje utilizado em todo o país. 3. De acordo com Romaguera Corrêa, "qualquer pedaço de carne preparado à labareda ou nas brasas". 4. No Rio Grande do Sul, segundo o mesmo autor, "qualquer parte traseira da rês, mesmo antes de assada".

ASSADO DE COURO – Prato típico do Rio Grande do Sul. Pedaço de carne bovina com o couro preso, que deve exceder pelo menos uns 4 centímetros, pois, com a ação do fogo, o couro encolhe. A parte do couro é a primeira que deve ser exposta ao calor do braseiro. Depois de dourada, vira-se para assar lentamente, alternando os lados.

ASSADO NO BARRO – Receita tradicional das regiões rurais gaúchas. Consiste em envolver um pedaço de carne no barro fresco e enterrar no chão. Acende-se um fogo sobre a terra e deixa-se cozinhar por um período de quatro a cinco horas. Desenterra-se a carne e retira-se o barro endurecido pelo calor.

ASSAR – Expor o alimento ao calor até que fique cozido e tostado.

ASSOPROS – Doce de forno preparado com amêndoas raladas, açúcar e clara de ovos.

ASSOPROZINHOS – Doce feito de fécula de batata, nata, açúcar, manteiga, casca de limão ralada e gemas de ovos batidas. Também pode ser preparado com nata de arroz, castanhas cozidas pisadas e miolo de pão, acrescentando-se, para dar gosto, baunilha, limão, laranja, canela etc.

ATAR – Amarrar aves ou carnes com barbante ou fio forte para que mantenham a forma ou para evitar que um eventual recheio escape.

ATILHO – 1. Medida que equivale a quatro espigas de milho. 2. Nome de um feixe de espigas de milho amarrado com a própria palha.

ATURÁ – Termo de origem tupi. Na Amazônia, cesto para transportar mandioca.

AVEAÇÃO – Termo que designa toda a carne de caça.

AVEIA – Gramínea forrageira de zonas temperadas, usada na cozinha brasileira para doces, tortas, bolos, biscoitos, mingaus, salgados e, mais recentemente, em barras de cereal. É excelente a sopa dessa gramínea, não muito comum em nossa mesa.

Aturá

AVIÚ – Vocábulo de origem indígena. Espécie de camarão muito pequeno, de cerca de 3 centímetros de comprimento e corpo muito fino, que vive à flor d'água nos rios da Amazônia. É apanhado com uma rede de filó. Seco ao sol, é utilizado para fazer sopa espessa com farinha de tapioca, considerada de raro sabor.

AVOCADO – Variedade de abacate de casca dura, polpa verde-amarelada, bem menor que o abacate comum e menos calórico. Mais indicado para saladas.

AZEDINHA – Utilizada na cozinha egípcia e muito consumida pelos faraós. Planta rica em ácido oxálico, com folhas compridas, lisas e largas de sabor ácido e textura semelhante à do agrião. Há dois tipos de azedinha comestíveis: a francesa e a de jardim. Podem ser consumidas cruas, em saladas, ou cozidas, em refogados, sopas e com peixes.

{ **AZEDO** }

AZEDO – 1. O que não é doce e tem sabor ácido ao paladar e ao olfato. 2. Alimento que adquiriu sabor desagradável em razão da fermentação.

AZEITE – 1. Óleo que se extrai da azeitona, fruto da oliveira. 2. Nome dado a líquidos semelhantes, de várias outras fontes. No Brasil, há uma riqueza imensa de azeites para uso na alimentação, desde o chamado azeite doce (da azeitona), até os de fabricação caseira ou industrial: azeite de caroço de algodão, azeite de amendoim, azeite de dendê, azeite de peixe, azeite de girassol, azeite de milho, azeite de aluá, azeite de pequi, azeite de babaçu, azeite de tartaruga, azeite de peixe-boi etc. Também conhecido como *óleo de oliva.*

AZEITE DE DENDÊ – Óleo extraído do fruto do dendezeiro e que constitui famoso tempero da cozinha afro-brasileira. Os portugueses chamavam-no *óleo de palma.* Na Bahia, é conhecido também por *azeite de cheiro.* Segundo A. J. de Sampaio, é também conhecido como *chocho.*

AZEITE DOCE – Regionalismo de Portugal, nome com que também é conhecido o azeite de oliva de maior qualidade.

AZEITONA – Fruto da oliveira, de origem da Ásia Tropical, pode ser verde, roxa ou preta. Depois de curtido, é usado como excelente alimento, guarnição ou condimento de vários pratos. No Brasil, já se cultiva a oliveira, embora não em escala desejável. Desse fruto se extrai o azeite de oliveira ou azeite de oliva.

AZUL MARINHO – Prato caiçara do litoral norte paulista. Cozido de peixe preparado com banana-nanica verde, cebola, sal e coentro, feito em panela de ferro. O caldo do seu cozimento adquire uma tonalidade azulada quando pronto. Servido com pirão.

BABÁ – Doce de massa leve preparado com farinha de trigo, leite, ovos e fermento de pão; depois de assado, rega-se com calda de açúcar e rum. A invenção desse doce deve-se ao rei da Polônia, Stanislas Leszczynski (1677-1766). Foi introduzido na França por Luís XV.

BABAÇU – Palmácea com sementes oleaginosas de que se extrai óleo comestível e combustível. O babaçu é conhecido por vários nomes, conforme a região: *baguaçu* ou *pindoba*, na Bahia; *auassu* ou *aguassu*, no Mato Grosso; *uauaçu* ou *babaçu*, na Amazônia e no Maranhão. Esses regionalismos são registrados por A. J. de Sampaio. Também conhecido como *pindoba*, *coco-de-macaco*, *coco-de-palmeira*, *coco-pindoba* ou *palha-branca*.

BABA DE MOÇA – Doce típico da culinária brasileira, feito com calda de açúcar em ponto de pasta, gemas de ovos e leite de coco. Os ingredientes devem ser cozidos até se tornarem um creme consistente. É um dos doces mais tradicionais e requintados, referido desde o Império.

BABÃO – Palmácea cujo fruto, espécie de coco (coco-babão), apresenta casca de cor verde-amarelada, polpa adocicada e comestível. A semente desse fruto é oleosa e consumida ao natural. Seu óleo é bastante apreciado pela indústria alimentícia. Também conhecido, conforme Florival Serraine, como *catoté* ou *catulé*.

BABOSA – Variedade de planta meio amarga, que serve de conduto para o preparo de iguarias e saladas. Também se

{ BABUGEM }

utiliza no preparo do "doce de babosa em calda, de Pernambuco", conforme receita de Constança Oliva de Lima.

BABUGEM – Termo regional da Amazônia que pode significar: 1. restos de comida; 2. pasto ralo.

BABY-BEEF – Nome dado ao corte de carne bovina que extrai o miolo da alcatra.

BACABA – Palmácea nativa da Amazônia, encontrada também no Maranhão, no Mato Grosso, em Tocantins, em Goiás e em Rondônia. Seu fruto, um coquinho de cor creme-leitosa, é consumido ao natural ou com farinha de mandioca e açúcar. Da polpa se faz suco e uma espécie de vinho. Por processo caseiro, extrai-se da sua amêndoa um óleo utilizado em frituras.

BACABADA – Doce preparado com o caldo do coco-de-bacaba, açúcar e farinha de mandioca.

BACALHAU – Peixe da família dos gadídeos, encontrado nos mares frios do hemisfério Norte. Costuma ser seco e salgado no próprio lugar onde é pescado. Foi popularizado pelos portugueses no Brasil.

BACALHAU BRASILEIRO – Pode-se referir ao *charque de pirarucu*, na Amazônia; ao *cação*, no Nordeste; ao *surubim*, no Vale do São Francisco; ao *mapará*, no Vale do Tocantins; à *abrótea*, em Santa Catarina.

BACALHOADA – Prato da culinária luso-brasileira preparado com bacalhau guisado no azeite de oliva, batatas, cebolas inteiras, azeitonas, pimentão e ovos cozidos.

BACAPARI – Arvoreta silvestre, menor que a jabuticabeira, que produz fruto de sabor extremamente apreciado, utilizado para geleias e outras guloseimas.

BACON – Parte do toucinho defumado que é entremeada com carne. Usa-se no preparo de vários pratos. Trata-se de uma influência inglesa na culinária brasileira.

{ BADOFE }

BACORIM – A cria do porco ou o porco novo. Aprecia-se, geralmente, assado no forno por inteiro. Também conhecido como *bacorinho*, diminutivo de bácoro.

BACU – Prato da culinária amazônica em que o peixe do mesmo nome é servido com o molho de tucupi. É muito apreciado, principalmente em Belém. As casas de petisqueiras anunciam a iguaria em grande estilo: "Hoje temos bacu de tucupi".

BACUPARI – Beaurepaire-Rohan relata como "nome comum de diversas espécies de árvores frutíferas, pertencentes a gêneros diferentes". É também o nome do fruto do bacuparizeiro, da família das clusiáceas, nativa do Brasil. Fruto ovoide, casca lisa e amarela, com uma semente envolta em polpa branca, mucilaginosa e adocicada. A polpa do bacupari é consumida ao natural ou utilizada na fabricação de sorvetes, doces, sucos e geleias, mas pouco saborosa, segundo registro de Florival Serraine.

BACURI – Fruto originário do Pará, cujo hábito de consumo se espalhou por diversos estados brasileiros – Maranhão, Piauí, Goiás, Mato Grosso e Amapá –, e também pelas Guianas. É, no entanto, raríssimo no Estado do Amazonas, sendo encontrado mais frequentemente na parte ocidental. Sua polpa branca, de sabor adocicado, é consumida ao natural ou com farinha-d'água. Sua semente também é comestível e o fruto costuma ser utilizado em pudins, sucos, sorvetes, compotas e marmeladas. Hoje já é industrializado. Segundo alguns autores, é o mesmo que *pacuri*.

BADEJO – Peixe perciforme da família dos serranídeos, encontrado no litoral brasileiro de Norte a Sul. Pode ser preparado assado, frito ou ensopado.

BADOFE – 1. Iguaria de origem africana, comum na culinária baiana. Segundo Hildegardes Viana, é um "afervendado de carne de cabeça de boi com sal e alho. Pisa-se depois a carne e bota-se para cozinhar com azeite de dendê, camarão, cebola, pequena quantidade de gengibre ou bejerecum e lelecum, tudo bem ralado". Colocam-se folhas de língua-de-vaca escaldadas e escorridas, e quiabo cortado. Acompanha arroz de hauçá ou angu de farinha de milho. 2. Guisado de fígado, coração e bofe de boi, cortados em pedaços miúdos e temperados com sal, alho, cebola, coentro, salsa, hortelã, louro, cominho, vinagre e pimenta-do-reino. Acrescentam-se linguiça e toucinho picados, servido com angu ou farofa do próprio caldo, segundo Darwin Brandão.

BADORAR – Comer, devorar, conforme registro de Afrânio Peixoto.

BADULAQUE – 1. Laudelino Freire define como guisado de fígados e bofes. Pode ser feito com miúdos de cordeiro, acrescentando-se azeite, vinagre, cominho, colorau, pimenta, noz-moscada, vinho branco e sal. É uma receita preparada em dias de casamento, para dar "energia" aos convidados durante os longos deslocamentos, que iam de suas casas à igreja e da igreja ao lugar da celebração. 2. É também o nome de um doce feito de coco ralado e mel.

BAFO – Nome que se dá ao vapor que sai de todo e qualquer cozido. O bafo é utilizado para conservar a quentura das iguarias após terem sido finalizadas.

BAGAÇO – Resíduo da fruta depois da extração do sumo.

Bagre

BAGRE – Peixe de água doce, de corpo achatado e coloração variando entre o cinza-azulado e o amarelo. Pode atingir até 1 metro e pesar 5 quilos. Muito apreciado em ensopados, assado ou grelhado. Também conhecido como *jundiá*.

BAGULHO – Termo regional do Ceará, usado para indicar bolos ou comidas vendidas em tabuleiros nas ruas, em cafés ou restaurantes de classe modesta.

BAIACU – Espécie de peixe venenoso, de sabor muito agradável, que costuma ser consumido em algumas regiões do Brasil. Esse pescado torna-se perfeitamente comestível com a cuidadosa retirada do seu fígado, segundo A. da Mata. No Rio de Janeiro, encontra-se o baiacu-ará, que não apresenta o mesmo inconveniente. Há numerosas variedades desse peixe.

BAIÃO DE DOIS – Prato típico do Nordeste, à base de feijão-de--corda (verde ou seco) cozido com toucinho, carne de sol, charque e um refogado de cebola, alho, tomate, pimentão, coentro e cebolinha. Em determinado ponto de cocção, recebe o arroz, que é cozido no caldo do feijão. Depois, acrescenta-se queijo coalho picado que se deixa derreter. O toque principal é preparar o prato em panela de barro. Na Paraíba, é conhecido como *rubacão*.

BALA – Espécie de rebuçado, designação portuguesa. A bala é preparada com açúcar em ponto vítreo e envolta em papel. Exemplo: bala de açúcar queimado, de coco etc. Na Bahia, em Pernambuco, Sergipe e Alagoas chamam-na de queimado; em algumas regiões do Norte e Nordeste, de bola, segundo Beaurepaire--Rohan.

BALAIO – 1. Nome de uma refeição rápida, merenda, de fácil transporte. 2. Curioso regionalismo da Amazônia, registrado por Vicente Chermont: "A comida, louça e talheres para uma viagem em canoa". 3. Medida, em cotas, que equivale a 2 mãos ou 12 espigas.

BALEIA – Durante o Brasil Colonial, a baleia era caçada na costa brasileira para exploração de óleo e tinha um alto valor para exportação. Artur Neiva informa que, antigamente, as negras baianas vendiam carne de baleia, assada, nas ruas de Salvador, com o nome de *moqueada*.

BAMBÁ – 1. Iguaria mineira, nascida nas senzalas de Vila Rica, atual Ouro Preto (MG), que inicialmente consistia em um tipo de mingau de fubá. Com o passar do tempo, o bambá foi incrementado com linguiça, costelinha de porco, toucinho, tudo previamente frito, e folhas de couve rasgadas, podendo ou não levar ovos ao mingau. Em algumas regiões de Minas Gerais, é conhecido como *mingau de couve*. 2. Borra de azeite fino de dendê, ou seja, sedimento que fica no fundo do vaso em que se fabrica tal

{ BANANA }

azeite. É utilizado para preparar a farofa de bambá com farinha de mandioca.

Banana

BANANA – Originária da Ásia, foi levada à África pelos árabes, que lhe deram o nome *banan* [dedo]. Documentos remotos registram que já se faziam referências à banana no Sri Lanka e na Índia no ano 500 a.C. Fruto da bananeira, floresce em cachos e, quando madura, tem casca amarela e polpa carnosa, amarelada, de sabor bastante doce. As bananas de mesa são: banana-maçã, banana-ouro, banana-prata e banana-nanica. As que servem para fritar são a banana-da-terra e a banana-figo. Ao natural, presta-se aos mais variados usos; seca ao sol, transforma-se em banana-passa. Pode ser preparada flambada, assada ou cozida. Pode originar doce de banana com calda queimada, bananada, purê, farinha etc. Em Campos (RJ), faz-se o "quibebe de banana". No litoral brasileiro, elas se alastraram por toda a costa, onde encontramos a banana-ouro ou inajá. Outras variedades: banana-d'água, banana-de-são-tomé, banana-da-serra, banana-caturra (típica de SC), banana-maranhão, banana-pão, entre outras. As folhas da bananeira são utilizadas no litoral paulista para assar ou cozer peixes, e na culinária baiana também se utiliza a folha para embrulhar e cozinhar iguarias. Cantada por todos os brasileiros em marchinhas de carnaval, a banana é uma alusão à mais brasileira das frutas e, assim, João de Barro e Alberto Ribeiro, em 1938, diziam: "*Yes*, nós temos banana, banana pra dar e vender, banana, menina, tem vitamina, banana engorda e faz crescer...".

BANANADA – Doce em pasta, feito da polpa da banana.

BANANA-D'ÁGUA – Variedade de banana-comprida, de polpa amarela, comestível ao natural ou usada na preparação de doces. Também conhecida como *banana-caturra* ou *pitica*.

BANANA-DE-SÃO-TOMÉ – Existem dois tipos que se diferenciam apenas pela cor da casca: roxa ou amarela. São pouco apreciadas devido ao cheiro muito forte. É consumida cozida, frita ou assada. Também conhecida como *banana-curta*, *banana-roxa* ou *banana-do-paraíso*.

BANANA-DO-BREJO – "Infrutescência carnosa e adocicada", segundo A. J. de Sampaio, cultivada em jardins e comestível. Também conhecida como *guaiabé*.

BANANA-PACOVA – De origem brasileira, foi designada por Von Martius de musa paradisíaca. Os nativos a assavam no moquém ou faziam mingau, caldo ou bebida. É a maior banana da região amazônica, nasce em pequenos cachos, mede até 30 centímetros de comprimento e pode pesar até 500 gramas. Sua polpa é amarelo-alaranjada e doce. Quando verde, é consumida frita, em rodelas, polvilhada com açúcar e canela. Raramente é consumida ao natural, somente quando a casca está totalmente preta. Segundo Gandavo: "Com essas frutas se mantém a maior parte dos escravos desta terra, porque assadas verdes passam por mantimento e quase têm a substância de pão". Também conhecida como *pacova* e *banana-da-terra*. No Norte, é conhecida como *banana-comprida*.

BANANINHA – 1. Doce típico da cozinha do Vale do Paraíba e do litoral norte de São Paulo. A bananinha é preparada com banana, farinha de trigo, ovos, banha de porco, fermento em pó e açúcar, moldada em formato parecido com o da banana, frita em óleo, depois salpicada com açúcar e canela. 2. Doce de massa, normalmente de banana-nanica, moldado em barrinhas e envolvido em açúcar cristal. São famosas as bananinhas de São Vicente, produzidas com técnica caseira por grupos de famílias localizadas junto à Ponte Pênsil.

BANDEJA – Utensílio em forma de tabuleiro, geralmente plano e com alças, utilizado para transportar, apoiar, apresentar ou servir bebidas e alimentos. Pode ser de prata, alumínio, cobre, madeira e plástico, entre outros materiais.

Bandeja

{ BANDULHO }

BANDULHO – Sinônimo de barriga, ventre pronunciado, pança. "Encher o bandulho" equivale a comer demasiadamente.

BANHA – Gordura animal derretida, geralmente de porco, utilizada na culinária no preparo de frituras e guisados.

BANHO-MARIA – Processo usado na culinária para o cozimento lento e uniforme, sem contato com o fogo. Consiste em aquecer, derreter ou cozinhar qualquer tipo de alimento colocando a sua vasilha dentro de uma panela com água fervente, sem que esteja em ebulição.

BAQUIDI – Espécie de marisco comestível encontrado em águas lodosas.

BARBACUÁ – Vocábulo de origem guarani, refere-se a um tipo de forno de grades sobre forquilhas caniçadas, usado para sapecar as folhas de congonha (mate), como explica Beaurepaire-Rohan. Também conhecido como *barbaquá*. Note-se a proximidade do termo com o inglês *barbecue*.

BARBECUE – Palavra de origem inglesa, refere-se ao churrasco ou ao aparelho para grelhar carnes, peixes ou legumes. Os *arawaks*, da América hispânica, designavam a grelha de madeira para assar ou defumar carne de *barbacoa*.

BARDAR – Ato de cobrir peças de carne ou aves com tira larga de toucinho, antes de assá-las.

BARQUETES – Casquinhas de massa, semelhantes a barquinhos, que são assadas vazias e recheadas no momento de servir.

BARRAR – Cobrir com substâncias untuosas (manteiga, óleo, azeite ou outras substâncias pastosas ou cremosas) uma peça de carne, ave ou doce antes de levá-la ao forno.

BARREADO – Prato típico do litoral do Paraná, feito só com carne acondicionada em uma panela de barro sem água, vedada com uma massa de farinha de mandioca e água para o vapor

{ BATATA-DOCE }

não escapar. A panela era enterrada e logo acima se acendia uma fogueira por 12 horas. A carne ficava completamente desfiada. Era um prato do entrudo do carnaval litorâneo. Atualmente, é composto de carne magra de boi, toucinho e temperos, cozidos lentamente durante várias horas em panela de barro com tampa, cujas bordas são vedadas com massa de farinha de mandioca ou de trigo. Geralmente, é servido com farinha de mandioca e banana.

BARRIGADA – 1. Vísceras de rês. 2. Trata-se do mesmo prato denominado *sarapatel*, em que a principal matéria-prima utilizada são as vísceras do porco.

BARU – Fruta nativa do Brasil, da região do cerrado, no Centro Oeste. Sua amêndoa é utilizada para a preparação de pés de moleque.

BATATA – Nome com que se designam diversos tubérculos comestíveis, como batata-doce, batata-inglesa, cará, inhame, taioba, mangarito etc. A batata tem uma história muito curiosa. Originária da região andina, onde há uma infinidade de espécies, a batata é cultivada há 7 mil anos. Levada pelos colonizadores espanhóis para a Europa no século XVI, foi considerada maléfica à saúde. Auguste Parmentier convenceu Luís XVI sobre as virtudes do tubérculo, que somente no século XVIII passou a ser consumido em toda a Europa. Chegou ao Brasil pelas mãos de trabalhadores ingleses na construção de ferrovias e, por conta disso, ficou conhecida como *batata-inglesa*.

BATATA-DOCE – Originária da América, é um tubérculo comestível, de larga utilização no Brasil, onde existem numerosas variedades, classificadas de acordo com a cor da polpa: batata-branca, também conhecida como *angola* ou *terra-nova*, de polpa bem seca e não muito doce; batata-amarela, parecida com a anterior, de sabor mais doce; batata-roxa, com casca e polpa dessa mesma cor, a mais apreciada por seu sabor e aroma agradáveis. A batata-doce avermelhada é conhecida no Nordeste como *coração-magoado*, tem casca parda e polpa amarela com veios roxos ou avermelhados. De larga utilização em doces e salgados, muito apreciada como purê ou fritas. Também conhecida como *jetica*.

{ BATATA-DO-REINO }

BATATA-DO-REINO – Nome que se dá à batatinha do Ceará e estados vizinhos. São pequenas, consumidas com a própria casca à vinagrete, ao forno, cozidas ou acompanhando o bacalhau ao forno. Também conhecida como *batata-portuguesa*.

BATATA FRITA – Tubérculo cortado em palitos que, depois, são fritos em óleo vegetal ou animal. A origem do prato, conhecido em inglês por *french fries* [fritas francesas], é controversa; alguns a localizam na Bélgica e no Norte da França. O livro *Les soupers de la cour*, do cozinheiro francês Menon, publicado em 1758, menciona seu preparo.

BATATA-ROXA – Variedade de batata-silvestre, originária da América, de fruto verde-violáceo e tubérculos capsulares ovoides roxos.

Batedeira

BATEDEIRA – Aparelho manual ou elétrico, utilizado para misturar ou mexer ingredientes líquidos e sólidos no preparo de massas, bolos, tortas etc. Composto de uma base e um ou dois batedores.

BATER – Misturar uniformemente uma massa com colher de pau, batedor manual, de arame ou elétrico, em movimento rotativo.

BATER A CARNE – Técnica utilizada no Brasil para tornar os bifes macios ou deixá-los mais finos, usando o batedor de carne.

BATERIA – Nome que se dá ao conjunto de vasilhas, panelas e outros utensílios de metal utilizados nos trabalhos de cozinha.

BATETÊ – Inhame cru batido com azeite de dendê e sal, alimento votivo do orixá Ogum.

BATIDA – 1. Bebida preparada com aguardente, suco de frutas, açúcar e gelo. Também conhecida como *bate-bate*. 2. Termo dado à gemada de ovos, geralmente acompanhada de uma porção de vinho. 3. L. F. R. Clerot registra um regionalismo na Paraíba, que designa o termo como rapadura batida até ficar esbranquiça-da, temperada com erva-doce, cravo-da-índia e gergelim, sendo depois enrolada em folha de bananeira.

BATIPUTÁ – Arbusto da família das oenáceas, de semente olea-ginosa, da qual se extrai um óleo empregado na culinária do Nordeste para fritura de peixes. O batiputá é também conhecido como *jabotiputá*.

BAUNILHA – Planta da família das orquidáceas, nativa das regiões tropicais da América, cultivada pelos maias e astecas no México. Da fava se extrai a sua essência, que possui aroma delicado. No Brasil, há várias espécies: *Vanilla* aromática (do Amazonas a São Paulo); *Vanilla palmarum* (da Bahia a Minas Gerais, de São Paulo e Mato Grosso); *Vanilla pompona* (do Amazonas a São Paulo); *Vanilla microcarpa,* nativa da Amazônia, conhecida como *baunilha-do-pará*; *Vanilla planifólia* (Goiás), ou *baunilha-do-cerrado*, que mede cerca de 25 centímetros, grossa como uma banana e de sabor e aroma frutados. Também conhecida como *vanilina.*

BAURU – Sanduíche criado em 1934 no Restaurante Ponto Chic, no largo do Paissandú, por Casimiro Pinto Neto, cujo apelido era Bauru, fazendo referência à sua cidade natal. Composto de pão francês, fatias de rosbife e tomate, picles e queijo derretido de quatro variedades: suíço, estepe, prato e provolone.

BEBINCA – Doce de origem indo-portuguesa, preparado com gemas de ovos, farinha de trigo, leite de coco, manteiga e amên-doas, montado em camadas finas.

BECHAMEL – 1. Molho de origem francesa, ligado ao nome do cozinheiro gaulês Béchamel. 2. Conhecido no Brasil como mo-lho branco, à base de farinha de trigo dourada na manteiga, dis-solvida em leite, queijo parmesão ou gruyère ralados, temperado com sal e pimenta-do-reino. Compõe suflês, legumes gratinados, lasanhas etc. Também conhecido como *bexamela.*

BEGUABA – Molusco marinho bivalve, da família dos donacídeos, comum no litoral das regiões Sudeste e Sul do Brasil. Também conhecido como *beguava, beguira, peguaba, pequira, apeguava, borboleta, cernambi, moçambique, sapatinho* ou *sernambi*.

BEGUIRI – Prato de origem africana preparado com carne, quiabo, cebolinha, camarão seco pisado, pimenta e azeite de dendê.

BEIJINHO – I. Espécie de bolinho doce feito com amêndoas picadas, açúcar e manteiga. 2. *Branquinho*, no Rio Grande do Sul, é um doce tipicamente brasileiro, servido em festas de aniversário. Preparado e servido de forma semelhante ao brigadeiro, mas leva coco ralado em vez de chocolate em pó. A massa pode levar gemas de ovos ou não. Também pode conter suco de laranja e cascas de limão, bem como ser coberto com açúcar cristal ou coco. Tradicionalmente, um único cravo é colocado em cima do doce. Há várias receitas de beijinho, como as que levam abacaxi e jenipapo.

BEIJO DE MOÇA – I. Rebuçado de ovos preparado com manteiga, amido de milho, coco ralado, açúcar e farinha de trigo. 2. Na Paraíba, é um doce feito com farinha de trigo, ovos, açúcar e manteiga.

BEIJU – Do termo tupi-guarani *m'beyýyù*, o beiju é preparado pelos nativos como alimento. Trata-se de uma massa fina de mandioca ou tapioca, de formato redondo, recheada com coco ralado e assada ao forno de barro. Há numerosas variedades e designações de beiju por todo o Brasil. Dentre elas: no Pará, beiju de tapioca, beiju de massa ou beiju xica; no Rio de Janeiro, sola biroró e malampansa; em Pernambuco e Alagoas, tapioca, beiju de coco e beiju pagão; em Sergipe e também em Alagoas, malcasado. No Norte, há o beiju sarapó, isto é, beiju de coco, segundo Beaurepaire-Rohan. O cronista Gabriel Soares afirma ser o beiju invenção das mulheres portuguesas no Brasil colonial, que tinham como modelo os saborosos filhós portugueses. Para A. da Mata, os beijus da Amazônia são os redondos comuns, o beiju membeca e o enrodilhado. A. J. de Sampaio registra mais as seguintes espécies: beiju cica, feito de goma de mandioca bem seca e bem peneirada, e que também é preparado com a mistura de castanha-de-caju ou castanha-do-maranhão; beiju crucaua, com a castanha-de-caju ralada; beiju moqueca, que são boli-nhos de goma de mandioca assados em folhas de bananeira; beiju poqueca, que é o beiju membeca de massa espessa, achatada e amolecida; e o beiju teica, bolo fofo de tapioca de mistura com a goma de farinha-d'água. Também conhecido como *beju*, *biju* e *catimpuera*.

BEIJU ASSU – I. Bolo feito de massa de mandioca ou tapioca. 2. Também é a designação de uma bebida fermentada de man-dioca. Também conhecida por *tiquira*.

BEIJU MALCASADO – Segundo Mário Souto Maior, é um beiju consistente, colocado "na beirada do forno da casa de farinha. A pessoa que mexe o rodo passa a farinha por cima do beiju que está sendo feito e ao invés de assado, fica cozido. Consumido com manteiga de garrafa".

BEINHAM – Massa feita com inhame pisado, enquanto quente, e com os devidos temperos. É um prato consagrado ao orixá Xangô em rituais afro-brasileiros.

BEIRA SECA – Doce típico do Nordeste. Em forma de pastel, a beira seca é preparada com farinha de trigo e mandioca, água, recheada com rapadura, farinha de mandioca, gengibre, cravo e canela. Muito comum nas feiras do interior.

BEJULA – Bebida fermentada feita de qualquer cereal, principal-mente de milho.

BELDROEGA – Designação comum a ervas sobretudo da família das portulacáceas utilizadas desde tempos antigos na Índia e no Extremo Oriente, introduzidas na Europa na Idade Média. Suas folhas podem ser cozidas ou servida cruas em salada. No Brasil, a mais comum é a *Portulaca halimoides*, de folhas carnosas e co-mestíveis. Também conhecida como *alecrim-de-são-José*, *alecrim--joão-gomes* e *bembe*.

BELÉU – Bolo típico do Acre, preparado com massa de mandioca, leite, leite de coco, ovos, manteiga, fermento em pó, adoçado com gramixó (no Acre, é o açúcar mascavo), e assado ao forno.

BELEZINHA – Espécie de bolacha feita com leite, amido de milho e amêndoas moídas.

BEM-CASADO – 1. Bolo feito com farinha de trigo, leite de coco, ovos, açúcar e manteiga. 2. O bem-casado é de origem portuguesa, com recheio de ovos moles. No Brasil, é servido em festas de casamento, preparado com massa de pão de ló cortado em pequenos discos unidos com recheio de doce de leite e passados no açúcar.

BERBIGÃO – Molusco bivalve da família dos cardídeos, de concha amarela ou marrom. O vocábulo é antigo. Já dele nos falava Pero Vaz de Caminha em sua célebre carta. Também conhecido como *vôngole*.

Berinjela

BERINJELA – Originária da Índia, faz parte *da família das solanáceas e* chegou ao Brasil no século XVII. Costuma ser cultivada nos climas quentes. O fruto é carnoso, de formato redondo ou oval, casca lisa e coloração violácea, polpa esbranquiçada, com sementes. Suas inúmeras variedades diferem em tamanho, forma e cor e podem ser preparadas de diversas maneiras: à parmegiana, à milanesa, gratinada, assada, frita ou recheada. É muito utilizada também como conserva, especialidade da cozinha italiana perfeitamente assimilada em São Paulo.

BERTALHA – Hortaliça parecida com o espinafre. Suas folhas são verde-escuras, carnosas, e têm forma pontiaguda. Pode ser preparada em saladas e guisados. Segundo Manuel Querino, é excelente substituta da couve nos cozidos. A. J. de Sampaio assinala que, no Rio de Janeiro, tem o nome de *baiana*. Também conhecida como *bertália*.

BESUNTAR – Pincelar com óleo ou manteiga alimentos que vão ao forno, para que não ressequem durante o cozimento.

BETERRABA – Raiz tuberosa, de cores vermelha ou roxa, usada para o preparo de vários pratos, saladas, sopas e cremes. Há também uma variedade branca, que é venenosa, segundo os especialistas.

BEURRE-NOIR – Termo de origem francesa que se refere à manteiga derretida que se deixa dourar fortemente, mas sem queimar, com a adição de alcaparras, salsa picada e sal. Costuma ser consumida no acompanhamento de peixes.

BIARIBÁ – É o chamado fogão dos indígenas. Segundo A. J. de Sampaio, consiste num forno "cavado no solo e coberto com terra e sobre esta se acende o fogo". Costumava ser utilizado para assar a caça enrolada em folha de bananeira. Também conhecido como *biaribi*.

BIBI – Planta herbácea nativa do Brasil, da família das iridáceas, encontrada nos campos do Rio Grande do Sul. De folhas ensiformes, dísticas, flores azuladas, com base branca e manchas violáceas. Os rizomas bulbosos são adocicados e, depois de assados, comestíveis.

BICARBONATO DE AMÔNIA – Fermento utilizado na preparação de pães, bolos e biscoitos, para fazer a massa crescer. O seu aroma desaparece no forno, sem deixar sabor.

BICARBONATO DE SÓDIO – Fermento em pó utilizado na preparação de bolos e biscoitos, deixando a massa mais aerada.

BICHÉ – Nome da farinha de milho preparada no famoso Colégio Caraçá, segundo o registro de Eduardo Frieiro.

BICHO-DE-COCO – Larva comestível do coqueiro babaçu. Os índios, e não poucos brancos na Amazônia, comem-no assado em espeto de pau.

BICHO-DE-TAQUARA – Espécie de larva encontrada na taquara, foi alimento apreciado pelos índios e também pelos povoadores do Brasil em seus primeiros tempos. Anchieta informa que os bichos-de-taquara eram roliços e compridos, brancos, da grossura de um dedo, comidos assados ou torrados, ou deles era feito um guisado, e que nada diferiam da carne de porco estufada. Os índios chamavam esses insetos de *raú*, segundo Eduardo Frieiro.

BIFE À PARMEGIANA – Originalmente é um filé de carne de rês, delgado, empanado, frito e levado ao forno com uma cobertura de molho de tomate, presunto e queijo. É um clássico da cozinha portenha.

BIFE DE TARTARUGA – Prato típico da Região Norte. Carne de peito de tartaruga cortada em bifes, temperada com sal, suco de limão e alho, frita na própria gordura da tartaruga.

BIJAJIRA – Bolinho frito na banha de porco, feito de polvilho, ovos e açúcar.

BIJUNGARIAS – Iguarias, quitutes, guloseimas ou "petiscos tomados no intervalo das refeições", conforme Sebastião Almeida Oliveira.

BILHA – Pote de barro com gargalo estreito, a bilha é utilizada para guardar água, leite, vinho ou outros líquidos.

BILIMBI – Planta originária do Sudeste Asiático e introduzida no Brasil na região amazônica, provavelmente por meio de Caiena, de onde vem o nome limão-de-caiena. O bilimbi pertence à família das oxalidáceas e é cultivado em diversas regiões brasileiras. Seu fruto é cilíndrico, sua polpa amarelo-clara, firme, envolve duas sementes. De suco abundante, sabor ácido e amargoso, não pode ser comido ao natural. Quando verde, é utilizado para conservas em picles; quando maduro, é utilizado em compotas, geleias, vinagres e vinhos. No Nordeste, é conhecido como *biri--biri*, *caramboleira-amarela*, *azedinho* ou *limão-do-pará*.

BIOTÔNICO – Termo registrado por Sebastião Almeida Oliveira como sinônimo de amendoim, "porquanto este é tido como possuidor de propriedades afrodisíacas, resultando daí sua comparação com aquele medicamento fortificante".

BIQUEIRO – Diz-se, no Ceará, da pessoa que come pouco, beliscando ou tocando os alimentos. Imagem talvez tomada aos pássaros pelo seu modo de alimentar-se.

BIRIBÁ – Fruta comum em Belém do Pará, consumida ao natural ou em sucos e sorvetes. Pertence à família da ata, de casca rugosa, e sementes cobertas de polpa esbranquiçada.

BIRORÓ – Qualidade de beiju feito de massa de mandioca, temperado com açúcar e erva-doce, sofrendo em seguida processo de torração no forno, segundo Beaurepaire-Rohan.

BISCOITO – Preparado com farinha de trigo, leite, cereal, especiarias e açúcar, de diversos formatos e texturas, pode ser doce ou salgado, e é assado ao forno. Em algumas regiões do Brasil, como São Paulo, por exemplo, é também chamado de *bolacha*.

BISCOITO DE GOMA – Preparado com massa de mandioca bem tratada, adicionando-se leite, açúcar e manteiga. Tem forma mais reduzida que a da bolacha.

BISQUE – Prato de origem francesa que consiste em uma sopa cremosa, preparada à base de crustáceos – camarões ou lagostas – ou mariscos. Originalmente, significa uma sopa de frutos do mar, cujas carapaças, depois de cozidas, eram moídas em pedra ou no pilão.

BISTECA – Termo de origem inglesa, *beaf-steak*. Corte de contrafilé com osso, fatiado em bifes. A bisteca de porco ou bistequinha é o bife do lombo com osso.

BLINI – Especialidade russa, o blini é uma variedade de crepe preparado com massa levedada, servido geralmente com caviar e creme azedo.

BOBÓ – I. Iguaria africana preparada com camarões refogados em temperos verdes, cebola ralada, sal e pimenta, misturados com purê de macaxeira, azeite de dendê e gengibre. O bobó costuma ser servido acompanhado de arroz branco ou farinha de mandioca crua. Também pode ser feito com feijão-mulatinho, inhame ou fruta-pão. É oferenda de vários orixás, dependendo dos ingredientes usados. Nina Rodrigues o define como "uma espécie de sopa seca feita de inhame ou fruta-pão, batida com azeite de dendê, camarão e pimenta". 2. No Pará, conforme José Verissimo, bobó é nome dado ao pulmão e ao bofe do gado, usado como os demais miúdos. Trata-se de outro prato com muitas variações regionais. 3. Na Amazônia, conforme A. J. de Sampaio, "é massa de feijão arredondada, envolta de azeite de caiaué ou de dendê e pimenta em pó". Do ponto de vista linguístico, Renato Mendonça dá origem fula ao termo bobó (*bovó*), com a assimilação do *V* em *B*.

BOBÓ DE VINAGREIRA – Tradicional do Maranhão, guisado de vinagreira batida no pilão e macerado com camarões secos e farinha de mandioca.

BOCAIUVA – Fruto comum no Mato Grosso do Sul, sua polpa, doce e oleosa, de cor variando do amarelo ao laranja, é consumida ao natural. Costuma ser aproveitada na confecção de bolos e sorvetes, geralmente com leite ou com farinha. A amêndoa apresenta alto teor de óleo e também é consumida ao natural.

Bode

BODE – Caprino macho adulto, cuja carne é apreciada, sobretudo, no sertão do Nordeste. Um dos pratos mais característicos da região é a buchada, preparada com miúdos e tripas. Também tradicional na culinária sertaneja é o bode defumado, servido com fava ou feijão-verde, xerém (angu), farofa de cuscuz e arroz-vermelho. O bode assado

em braseiro ou ao forno costuma ser acompanhado de feijão-
-verde, farofa de jerimum e manteiga de garrafa. O bode guisado
é cortado em pedaços, temperado e cozido, servido com seu
próprio molho, com o mesmo acompanhamento do bode assado
e pimenta-malagueta.

BODÓ – Cozido de carne com banana, prato de origem baiana.

BOGÔ – Regionalismo da Paraíba. Recipiente de couro utilizado para transportar água potável e que tem a propriedade de
conservá-la fresca, segundo L. F. R. Clerot.

BOIA – 1. Termo popular que significa almoço ou jantar. 2. No
Ceará, na zona litorânea e circunvizinha, designa a quantidade
de pescado que toca a cada trabalhador depois da "despesca" nos
currais de pesca, na lição de Florival Serraine. 3. Sebastião Almeida Oliveira, por sua vez, informa que o significado do termo
tem origem marítima. Seria uma gíria de marinheiros e proviria
"dos escassos feijões a boiar nos vastos caldeirões de bordo".

BOI RALADO – Prato do Rio Grande do Sul, preparado com carne
moída colocada em uma ripa de madeira e fixada com barbante.
Assado na brasa.

BOI-VIVO – Guisado de testículos de boi. O registro dessa iguaria
foi feito por Amadeu Amaral no interior de São Paulo.

BOLA DE CARABARÁ – Bala preparada com melado e raspa do
tronco do Carabará, em Pernambuco.

BOLEADOR – Utensílio de cozinha, semelhante a uma colher,
utilizado para escavar frutas firmes, manteiga etc., formando pequenas bolinhas.

BOLINHO – Iguaria à base de mandioca, batata, arroz, carne moída
de aves, suínos, rês, peixes, crustáceos, o bolinho é conhecido
também como *croquete*. A massa é dividida em pequenas porções e modelada em forma alongada ou arredondada, passada em
ovo e farinha de rosca e, depois, frita em óleo fervente.

{ **BOLINHO DE CHUVA** }

BOLINHO DE CHUVA – Massa preparada com farinha de trigo, ovos, açúcar e manteiga, e, depois, frita. É servido salpicado com açúcar e canela.

BOLINHO DE ESTUDANTE – Incha-se a tapioca em leite de coco ou de vaca, acrescenta-se sal e açúcar. Enrola-se em bolinhas e frita-se em gordura. Depois de fritos, os bolinhos são passados em açúcar e canela. Também conhecido como *beijo de estudante*.

BOLINHO DE GOMA – Preparado com bata doce, polvilho, manteiga, açúcar e gemas de ovos. São decorados com os dentes do garfo e assados no forno.

BOLINHO DE POBRE – Da região do Rio de Janeiro, preparado com ovos, farinha de trigo e sal, moldado em argolinhas e fritos.

BOLO – Nome genérico dado a certa qualidade de doce feito à base de farinha de trigo, leite, manteiga, ovos, fermento e açúcar, de formas variadas. Geralmente é assado ao forno, podendo-se também usar o braseiro para seu cozimento.

BOLO DE ARROZ – Feito com fubá de arroz, ovos, leite, manteiga e fermento. É assado em forminhas de empada.

BOLO DE BATATA-DOCE – A batata-doce é cozida em forma de purê, misturada ao leite de coco, coco ralado, farinha de trigo, ovos e manteiga. Essa mistura é levada ao forno para assar.

BOLO DE MACAXEIRA – Preparado com macaxeira ralada, leite de coco, ovos, manteiga e açúcar.

BOLO DE MILHO-VERDE – O milho-verde é ralado, adicionando-se açúcar, manteiga, ovos, leite de coco e erva-doce. Típico do ciclo junino no Nordeste.

BOLO DE ROLO – Doce típico de Pernambuco, é uma adaptação do "colchão de noiva", de origem portuguesa. Tipo de rocambole, enrolado em várias camadas muito finas como um rolo, recheado com goiabada. Quanto mais fina for a espessura da massa, mais habilidosa é a doceira. Foi consagrado como patrimônio cultural e imaterial de Pernambuco.

BOLO PÉ DE MOLEQUE – Típico do ciclo junino do Nordeste, preparado com massa de mandioca, ovos, manteiga, leite de coco, açúcar, castanhas-de-caju moídas, erva-doce e cravo.

BOLO PODRE – 1. Especialidade portuguesa, trata-se de um bolo de mel cuja receita é uma das mais tradicionais da região do Alentejo, presente na consoada de Natal. No Pará, é preparado com tapioca, ovos, leite de coco e coco ralado. 2. Outra versão é o bolo podre cru, preparado com tapioca e castanha ralada amolecida em pouca água, ovos, erva-doce e pitada de sal, depois frito em banha quente.

BOMBA – 1. Canudo de prata ou qualquer outro metal, utilizado para se tomar o mate da cuia. O canudo contém um ralo na extremidade que funciona como filtro da erva. Também conhecido como *bombinha*. 2. Espécie de doce, o mesmo que *carolina*.

BOMBÓ – Iguaria de origem angolana, feita com a farinha de tubérculo de mandioca fermentada e devidamente pisada no pilão. Padre António da Silva Maia, de Luanda, registra a sobrevivência dessa iguaria em Angola no ano de 1961.

BOM-BOCADO – Variedade de doce português, preparado com calda de açúcar, amêndoas pisadas, gemas de ovos e chila. No Brasil, é feito à base de gemas de ovos, açúcar e coco ralado. Algumas variações utilizam também: queijo, abóbora, milho ou mandioca.

BOMBOM – Confeito à base de chocolate ao leite, amargo ou branco, fundido, moldado e depois resfriado, até adquirir consistência. Apresenta vários formatos e variedades, em tablete, recheados de frutas, cremes ou licores.

BONA-CHIRA – Mesa de saborosos pratos variados; boa mesa de saladas.

{ BONECA }

BONECA – Embrulhinho de pano fino, que contém temperos cujos aromas se desprendem no caldo dos guisados, durante o cozimento.

BONITO – Peixe da família dos escombrídeos, parente do atum. Mede cerca de 75 centímetros, utilizado geralmente em conserva.

BONN – Curioso vocábulo registrado por frei João de Sousa com o significado de "o grão de café antes de torrado".

BORRA – Substância sólida ou pastosa que se deposita no fundo do recipiente ou se extrai do líquido por meio de filtragem. Exemplos: borra de vinho, de café etc.

BORRAGEM – Verdura cujas folhas são muito utilizadas em saladas. Em Minas Gerais, na Semana Santa, preparam as folhas passadas em ovos batidos e fritas em gordura ou azeite.

BOTARGA – Ova da tainha fêmea, de cor cinza, extraída com sua membrana intacta. A botarga deve ser salgada, levemente pressionada e seca ao sol. Seu sabor é picante e salgado. Fatiada finamente, pode ser adicionada em saladas verdes, macarrão, ou servida como antepasto sobre torradas de pão. O vocábulo butarga prega-se para as ovas do curimã; generalizando-se, porém, com liberdade, para outras espécies de peixe.

BOUILLABAISSE – Termo francês, refere-se ao ensopado feito com várias espécies de peixes e crustáceos.

BOUILLON – Termo francês para designar caldo de carne ou frango cozido com salsão, cebola, cenoura e condimentos.

BOUQUET GARNI – Termo francês que diz respeito a amarrado de ervas frescas composto de tomilho, salsa, louro, manjericão, entre outros, usado para aromatizar molhos, guisados etc.

BRACAINHA – Termo registrado por A. J. de Sampaio, no Rio de Janeiro, designando a erva-moura, cujas folhas são usadas à maneira do espinafre.

BRACHOLA – Prato de origem italiana, *braciola*. Bife de carne bovina enrolado e recheado com cenoura, bacon e alho, preso por um palito, frito e depois cozido em molho de tomate. O mesmo que *bife rolê*.

BRANCO – Designativo antigo de um molho preparado com gemas de ovos, manteiga e farinha de trigo.

BRANCO E PRETO – Prato típico gaúcho, preparado à base de feijão preto, cozido com o arroz.

BRANDO – Fogo brando, isto é, fraco, sem força.

BRANQUEAR – Ato de mergulhar um alimento em água fervente e, depois, dar um choque térmico em água gelada para interromper o cozimento e manter a cor.

BRANQUINHA – 1. Peixe fluvial encontrado na Amazônia, de coloração prateada, espécie de pequeno porte, alcança de 15 a 20 centímetros de comprimento. Sua carne de sabor forte deve ser temperada com sal e bastante limão. Pode ser preparado assado na brasa ou frito. 2. Cachaça, aguardente, no linguajar popular.

BRASEIRO – 1. Tipo de fogareiro. 2. Aguardente de cana, cachaça.

BRASILEIRA – Espécie de bolinho doce feito ao forno com açúcar, coco ralado, gemas e claras de ovos.

BREDO – 1. Espécie de arbusto herbáceo. As folhas são tenras e o preparo é feito da mesma forma que o da couve, cortando-as bem miúdas para serem guisadas. L. F. R. Clerot ensina que bredo é o nome dado indistintamente a todas as plantas comestíveis do tipo caruru e espinafre. Manuel Querino aponta como um dos integrantes do caruru. Na Amazônia, é conhecido como *caruru--miúdo*. Mussambé é o nome africano, e tarairaia é indígena. Também conhecido como *língua-de-vaca*. 2. Bredo de coco ou bredada é uma receita típica da Semana Santa. As folhas são refogadas em azeite de oliva, cebola e temperos verdes e cozidas no leite de coco; são ótimo acompanhamento para peixes.

BREJAÚVA – Fruto da palmeira de mesmo nome, típica da Mata Atlântica. Sua amêndoa é parte da alimentação das populações de algumas regiões do Sudeste do Brasil. No Vale do Paraíba, e em algumas cidades do litoral de São Paulo, os cachos de coco-brejaúva são vendidos nas feiras livres. O *coquinho*, como é conhecido, foi imortalizado por Monteiro Lobato no *Sítio do pica-pau amarelo*.

BRESAOLA – Embutido de origem italiana. Carne bovina curada com sal, cortada em fatias finas e servida como antipasto, em saladas e como recheio de sanduíches.

BREVIDADE – Bolinho feito de ovos, açúcar e polvilho, assado ao forno ou no braseiro. Da rapidez com que a massa é cozida decorre o nome do doce.

BREZA – Cesta larga e baixa de verga miúda e asa redonda.

Brigadeiro

BRIGADEIRO – Docinho de festa típico brasileiro, preparado com leite condensado, chocolate em pó e manteiga. O nome brigadeiro foi difundido nacionalmente na campanha do Brigadeiro Eduardo Gomes, quando concorreu à presidência da República em 1946. As mulheres, engajadas na campanha, preparavam os "negrinhos" e vendiam nas ruas com o nome de brigadeiro, a fim de arrecadar fundos para a campanha. No Rio Grande do Sul, é chamado de *negrinho*.

BRIOCHE – Preparado com farinha de trigo, leite, ovos, manteiga, fermento e açúcar. É uma massa leve que pode ter vários formatos.

BRÓ – 1. Sebastião Almeida Oliveira registra este termo como a papa de umbu, "alimento do povo" e, também, "caroço de farinha de mandioca". 2. Comida feita com tubérculos de umbuzeiro e outros vegetais.

{ BROINHA }

BROA – 1. Pão de origem portuguesa, preparado com farinha de trigo, açúcar, ovos, fermento e banha, de formato redondo. A receita chegou ao Brasil e a farinha de trigo foi substituída pelo fubá. Segundo registro histórico da Prefeitura de Ouro Preto, a iguaria é conhecida desde o século XVIII. 2. No Brasil, a broa de fubá é uma iguaria popular em Minas Gerais e São Paulo. Preparada com fubá e farinha de trigo, ovos e açúcar, e escaldada com óleo quente, seu sabor é doce e acompanha muito bem um cafezinho. 3. A broa de goma é feita da mesma maneira que a de fubá, colocando a goma para amolecer em água, mistura-se sal, açúcar e erva-doce. 4. Broa de mindubi é feita de farinha de milho, amendoim torrado na mesma quantidade, calda de açúcar, ovos e cravo moído e assado ao forno.

BROCA – Regionalismo gaúcho que significa "fome", "apetite".

BROCHETE – Termo de origem francesa. Espeto de madeira ou metal utilizado para grelhar na brasa pedaços de carne, peixe, aves etc. Também conhecido como *espeto*.

BROCOIÓ – Em Fortaleza, casa ou tendinha em que se vendia caldo de cana, bolo de milho, pé de moleque, tapioca etc., na lição de Florival Serraine.

BROCOJÓ – Espécie malfeita de pão doce, que se preparava no Colégio do Caraça (Minas Gerais) para alimento dos alunos, conforme registro de Eduardo Frieiro.

BRÓCOLIS – Planta hortense cuja parte comestível se assemelha a um buquê. Os romanos já cultivavam essa variedade de legume. Seus floretes e talos são verde-escuros e comestíveis. O brócolis é também conhecido como *brócolos*.

BRODO – Termo italiano para a designação do caldo resultante do cozimento de carnes, aves ou legumes.

BROINHA – 1. Bolinho arredondado, preparado com fubá de milho, ovos, óleo, açúcar e depois assado. 2. Outro tipo de broa, espécie de bolo ou bolacha de goma da mandioca, açúcar e leite de coco.

BROTE – Biscoito ou bolacha de farinha de trigo, de textura dura, que faz às vezes de pão. É uma das poucas palavras deixadas pelos holandeses, *brood*.

BROTO DE BAMBU – Certa variedade de bambu, pode ser encontrado ao natural ou em conserva em lojas de alimentos orientais. Tem cor amarelo-pálida e textura crocante.

BRUNOISE – Termo francês, que diz respeito aos legumes cortados em pequenos cubos.

BRUSCHETTA – Termo de origem italiana, preparado com uma fatia de pão na qual se esfrega um dente de alho e se despeja um fio de azeite antes de tostar no forno. Também pode ter outras coberturas.

BUCHA – Comida ingerida pela manhã. Refeição necessária para matar a fome. Uso popular registrado no Ceará por Florival Serraine.

BUCHADA – Prato tradicional do Norte e Nordeste, feito de vísceras de carneiro, ovelha ou cabrito. A buchada é preparada com as vísceras do animal, aferventadas em água com limão depois de limpas. As tripas, o fígado e o sangue coalhado são cortados em pedaços miúdos e cozinhados à parte, somente o bucho é deixado inteiro. Tempera-se com pimenta-do-reino, hortelã, cominho, alho, sal, salsa e cebola-roxa, ralados em pedra, juntando-se um pouco de vinagre. Recheia-se o bucho com toda a mistura e costura-se como se fosse uma trouxa. Leva-se a cozinhar com bastante água e um pedaço de toucinho, por aproximadamente 5 horas. Há várias maneiras de se preparar, dependendo da região. Na Bahia, coloca-se a cabeça do carneiro ou do cabrito dentro das vísceras, onde também são colocados, em pedaços, o sangue coalhado e as vísceras.

BUCHO – Estômago e intestinos de peixes, bois, carneiros, porcos e outros mamíferos. Também conhecido como *dobradinha* ou *dobrada*.

BÚFALO – Animal originário da Índia, foi introduzido no Brasil inicialmente na Ilha de Marajó, por volta de 1902. Sua carne é consumida fresca ou em charque, assada ou em churrasco. Do seu leite preparam-se muçarela e outros queijos.

BURÉ – 1. Termo do dialeto caipira paulista que significa "sopa de caldo de milho-verde", na lição de Cornélio Pires. 2. É também um prato da região Centro-Oeste, preparado com espigas de milho raladas e peneiradas, cozidas em água. Adicionadas a um refogado de manteiga, cebolas raladas, alho, tomates e sal, obtém-se um creme. No final do cozimento, acrescenta-se a cambuquira (brotos de abóbora).

BURITI – Palmeira de origem amazônica cujo plantio se estendeu para o Nordeste e Centro-Sul do Brasil. O fruto tem formato ovoide, casca escamosa e avermelhada. Sua polpa é de cor alaranjada, consumida ao natural e, sob a forma de doce, como mingau, sorvete ou farinha. Da parte vegetativa de sua árvore é extraído o palmito do mesmo nome. A medula do caule é semelhante à fécula do sagu e fornece uma seiva adocicada que contém sacarose usada na produção de bebida fermentada tipo refrigerante. Também conhecido como *muriti, buritirana, emburi, muritim, muruti, palmeira-dos-brejos, carandá-guaçu* ou *carandaí-guaçu*.

BURITIZADA – Doce feito com a polpa da fruta do buriti. Também conhecido como *saeta*.

BUTIÁ – Espécie de palmeira que produz um fruto cujo mesocarpo acídulo é muito usado em várias regiões brasileiras para alimentação. Desse fruto se extrai também uma variedade de vinagre para tempero.

BÚZIO – Molusco utilizado na cozinha de populações litorâneas. O mesmo que *atapu*, na terminologia dos jangadeiros do Nordeste.

CAÁ – Designação comum entre os tupi-guaranis para infusão de congonha ou erva-mate.

CABÁ – Variedade de beiju.

CABAÇA – Fruto do cabaceiro, de casca rígida e resistente. Costuma-se utilizar a cabaça como recipiente para guardar alimentos e sementes, como reservatório de água etc.

CABAÚ – Regionalismo paraibano, que significa o mesmo que mel de tanque nos engenhos de açúcar.

CABELO LOURO – A. J. de Sampaio diz ser a "parte branca tendinosa da carne-seca, aproveitada na feijoada". Também conhecido como *cabelouro*.

CABELUDINHA – Arbusto da família das mirtáceas, nativa do Brasil, com ramos e folhas cobertos por uma penugem (daí o seu nome), com frutos amarelos levemente ácidos e de sabor agradável, cuja polpa suculenta é utilizada na produção de sucos e geleias. Também conhecida como *cabeluda* ou *cabeludeira*.

CABIDELA – 1. Guisado de galinha, pato ou galináceo doméstico, preparado no molho feito com o sangue da ave, dissolvido em vinagre a que se adicionam os necessários condimentos (alho, cebola, coentro, louro, entre outros). O mesmo que *molho pardo*. 2. Também significa caldo ou sopa preparada com o sangue de vaca com folhas de couve, azeitona e outros adjuntos culinários, registrado por Sebastião

Almeida de Oliveira. 3. Frei João de Sousa a define como espécie de guisado "que se faz dos miúdos das aves de pena, particularmente do peru". A receita original: guisado feito das entranhas.

CABIÚ – Designativo do suco espesso da mandioca.

CABORÉ – Nome dado ao bolo de mandioca e farinha de trigo, coco ralado, açúcar e manteiga, assado no espeto, sobre brasas. Também conhecido como *caburé*.

CABREÚVA – 1. Bebida de aguardente, açúcar e gengibre. 2. Fritada de ovos feita em aguardente. Também conhecida como *cabriúva*.

CABRITO – Cria de cabra muito usada e apreciada como prato de excelente sabor. Apresenta numerosas formas de preparo, especialmente a sua coxa que é considerada a parte favorita do animal. O cabrito pode ser consumido assado ao forno ou na brasa, ou ensopado à caçadora.

CAÇA – Vocábulo que designa todo animal do mato cuja carne é apreciada na alimentação.

CAÇABA – Farinha ou pão de mandioca. Também conhecido como *caçabe*.

CAÇÃO – Designação de vários tipos de tubarão costeiro. Sua carne é consumida fresca ou salgada.

Caçarola

CAÇAROLA – Termo de origem francesa, *casserole*. Panela de borda alta, cabo longo e tampa, utilizada na preparação de ensopados.

CAÇAROLA ITALIANA – Tipo de pudim de origem italiana preparado com ovos, farinha de trigo, leite, açúcar, manteiga e queijo parmesão ralado.

CACAU – Fruto do cacaueiro, nativo da América Central, foi levado por Hernán Cortes do México para a Espanha e disseminou-se por toda a Europa no século XVI. Foi na Espanha que publicaram o primeiro livro sobre chocolate como bebida, *Chocolata Inda; opusculum de qualitate et natura Chocolatae*, em 1644. Por uma ordem régia, foi cultivado no Maranhão e na Bahia pelos colonizadores, em 1746. O cacau brasileiro é o forasteiro. O fruto tem superfície lisa e dura e os grãos são amargos. Suas sementes, depois de fermentadas, são secas, lavadas e torradas até 140 °C e passam por uma moagem. É o ingrediente básico para a fabricação do chocolate.

Cacau

CACHAÇA – Bebida extraída da cana-de-açúcar. Nome popular da aguardente destilada da cana-de-açúcar. Discute-se muito a origem do vocábulo. Para Renato Mendonça, Nelson Sena e Amadeu Amaral é termo de origem africana. Candido Figueiredo aponta a sua origem espanhola. F. Solano Constancio propõe sua origem a partir da junção dos termos cacho e mais o sufixo pejorativo aça. A rigor, a cachaça é a aguardente feita com mel ou borras de melaço, diferente da que fabricam com o caldo da cana, a qual chamam aguardente de cana ou caninha, na lição de Beaurepaire-Rohan. A. J. de Sampaio assinala em sua obra grande número de termos sob a mesma designação de cachaça. Na língua portuguesa, talvez seja o vocábulo que apresenta a maior sinonímia. Não seria possível enumerar todos os sinônimos de cachaça: *abrideira, aninha, bicha, branquinha, cachacinha, cambraia, camulaia, cachichi, cândida, canguara, caninha, caxiri, cabreia, cumbe, danada, jerebita, lambada, madureba, marvada, mata-bicho, meu-consolo, parati, pinga, sinhazinha, tafiá, teimosa, tinguariba, tiquira, tiuba, trago, uca* etc. A cachaça é também utilizada na cozinha. Com seu fogo flamba-se a linguiça, carne ou frango com ótimos resultados de sabor.

CACHIMBO – Mistura de cachaça e mel de abelha ou de engenho.

CACHINGÓ – Gado cearense e piauiense cuja carne tem um sabor desagradável.

CACHIRI – Líquido fermentado, comum na região Norte, feito a partir da raiz da mandioca.

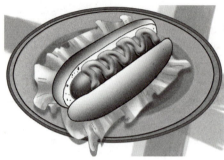
Cachorro-quente

CACHORRO-QUENTE – Tradução literal do inglês por influência norte-americana de *hot-dog*. Sanduíche preparado com pão de leite, recheado de salsicha. No Brasil, costuma-se acrescentar purê de batatas, milho verde cozido ou batata palha como acompanhamento, além de maionese, mostarda e *ketchup*.

CACHUMBI – Nome do jabuti macho, comum na Amazônia, utilizado de várias formas na culinária regional.

CAETÊ – Folha de bananeira usada para envolver a moqueca, o abará e outras especialidades.

CAETETU – Peça do aparelho de ralar mandioca, de formato cilíndrico com serrilhas metálicas e em uma das extremidades há uma peça em forma de roldana para acionar um movimento de rotação.

CAFÉ – Arbusto da família das rubiáceas, originário da Etiópia, produz um grão, que depois de seco é beneficiado, torrado e moído. Há duas espécies principais: café arábica (*Coffea arabica* L.), primeira espécie de rubiácea a ser conhecida; e café robusta, originário do Congo, cultivado na África e Ásia e rico em cafeína. Em português antigo, frei João de Sousa registra o termo bonn para designar o café verde e cru e só depois de torrado e moído se chama café. Como bebida, pode ser consumido quente ou frio e também é utilizado em bolos, pudins, balas e sorvetes.

CAFÉ DA MANHÃ – Primeira refeição do dia; no Brasil, normalmente se serve leite, café, suco de frutas, pães, torradas, biscoitos, bolos, manteiga, frios e frutas.

CAFÉ TROPEIRO – A peculiaridade da preparação desse café do Vale do Paraíba é de não ser coado e adoçado com rapadura. Para que a borra se assente no fundo do bule, coloca-se um tição (pedaço de brasa).

CAFETEIRA – Utensílio destinado ao preparo de café de coador ou onde é servido o café. Normalmente possui um filtro, em que é despejado o café em pó e água fervente, separando o resíduo (borra) do líquido. As mais famosas em todo o Brasil são as cafeteiras de Campos, do Estado do Rio de Janeiro, e as de Batatais, em São Paulo.

CAFOFA – Prato preparado com carne-seca frita e farinha de mandioca. Diferencia-se da paçoca, conforme Florival Serraine, pelo fato de, neste último prato, ser a carne-seca triturada em pilão.

CAGAITA – Fruto da cagaiteira de cor amarela quando maduro. A polpa deve ser macerada e coada para obtenção do suco. Utilizado em sorvetes e geleias.

CAIABANA – Nome dado a uma das muitas formas com que é conhecida a mandioca. Especificação de uma variedade de tuberosa.

CAIAUÉ – Nome indígena do dendezeiro da Amazônia. Também conhecido como *caiauê*. O mesmo que *dendê*.

CAICUÉ – Regionalismo gaúcho correspondente à mate de erva velha e lavada, segundo Roque Callage.

CAIMITO – Árvore sapotácea cujos frutos comestíveis têm casca verde, azulada ou púrpura e polpa branca e doce. Também conhecido como *ópio-do-pará*.

CAIPIRINHA – 1. Bebida alcoólica brasileira, preparada tradicionalmente com cachaça, limão, açúcar e gelo. Atualmente, pode ser feita com uma variedade de frutas. 2. Doce de forno feito com gemas de ovos, açúcar, manteiga, farinha de trigo, amêndoas moídas e geleia.

CAIRI – Iguaria afro-brasileira encontrada particularmente na Bahia. Espécie de guisado de galinha, temperado com azeite de dendê, pimenta e pevide de abóbora.

CAISSUMA – 1. Tucupi engrossado com farinha, cará ou qualquer outro tipo de tubérculo, segundo José Verissimo. 2. Bebida alcoólica indígena com sabor adocicado e aspecto semelhante ao do leite, feita a partir da mandioca-doce cozida. Também conhecida como *caiçuma*.

CAITITU – Mamífero da ordem dos artiodáctilos da família *Tayassuidae* da América do Sul. A pelagem é longa e áspera, geralmente de tonalidade cinza mesclada de preto. Sua carne é vermelha, com baixo índice de gordura e sabor acentuado. Para o ribeirinho do Amazonas, é uma carne muito apreciada, fonte de proteínas, preparada ensopada ou defumada em filé. Também conhecido como *catete*, *cateto*, *pecari*, *patira*, *taititu* ou *tateto*.

CAJÁ – Fruto do cajazeiro, árvore do gênero *Spondias*, de que há várias espécies. É amarelo, tem casca lisa e sabor ácido, sendo utilizado para sucos, sorvetes, geleias, tortas e licores. Pode ser consumido em pratos salgados como salada de camarão ao molho de cajá. Segundo Beaurepaire-Rohan, esta fruta é chamada de *taperebá* na região Norte e de *acayá*, em Mato Grosso. Além das variedades indígenas, temos a originária da Índia, o cajá-manga, trazida pelos portugueses, conforme referência de Garcia da Orta. Há outra espécie denominada *imbu*. Também conhecido como *acajá*, *cajá-mirim* ou *cajá-pequeno*.

CAJARANA – Fruto da família das anacardiáceas encontrado no Norte e Nordeste, especialmente no Ceará, comestível ao natural. De casca amarelo-esverdeada, semente eriçada de compridos feixes lenhosos e polpa de agradável sabor, como descreve Florival Serraine. Utilizado em sucos, manjares, sorvetes e doces.

CAJU – Fruta da família das anacardiáceas originária do Brasil. Etimologicamente, do tupi *akayu* ("noz que se produz"), o caju é composto de duas partes distintas: a castanha é verdadeiramente o fruto e se come assada ou confeitada. O pedúnculo é

{ CAJURANA }

amarelo ou avermelhado, carnoso e sumarento, consumido ao natural. Do caju espremido temos a cajuada, a cajuína, o mocorocó, o maturim e a tumbança. Preparado em calda, cristalizado ou em pasta. Ainda verde é conhecido como *maturi*, ingrediente de refogados. O bagaço é utilizado na frigideira de caju, prato tipicamente nordestino. Em 1627, frei Vicente do Salvador menciona o caju em *Descobrimento do Brasil*: "São como verdiais, mas de mais sumo, os quais se colhem no mês de dezembro em muita quantidade, e os estimam tanto, que aquele mês não querem outro mantimento, bebida ou regalo, porque eles lhes servem de fruta, o sumo de vinho, e de pão lhes servem umas castanhas, que vem pegadas a esta fruta, [...] e secas as guardam todo o ano em casa para fazerem maçapães e outros doces, como de amêndoas; e dá goma como a Arábia".

Caju

CAJUAÇU-VERMELHO – Nativo do Brasil (Amazonas, Bahia, Minas Gerais), seu pseudofruto (pedúnculos) é vermelho-escuro, carnoso, de sabor ácido adocicado do qual se faz vinho.

CAJUADA – Bebida refrigerante feita do sumo do caju, água e açúcar que se toma geralmente gelada.

CAJUÍ – Fruto da família das anacardiáceas, semelhante ao caju, frequentemente encontrado no Meio-Norte do Brasil. Pode ser consumido ao natural ou como refresco. Nos tabuleiros do sertão, a polpa do cajuí é utilizada para o preparo de compotas e doces em calda. As castanhas são consumidas assadas.

CAJUÍNA – Refrigerante feito com o suco puro do caju, que é previamente fervido, resultando na caramelização do açúcar natural da fruta e numa cor amarelo-âmbar. Florival Serraine informa que essa bebida é muito apreciada no Ceará e no Piauí.

CAJURANA – Arbusto da família das simarubáceas, possui de um a dois caroços revestidos por uma polpa fina e suculenta, adocicada e ligeiramente ácida. Suas drupas são utilizadas principalmente na preparação de sucos e sorvetes.

{ CAJUZINHO }

CAJUZINHO – Docinho típico brasileiro servido em festas de aniversário. Preparado com uma massa de amendoim sem pele, torrado e moído, leite condensado e manteiga. Moldado no formato de um caju em miniatura, adornado com uma castanha na base e envolvido em açúcar cristal ou refinado. Servido em forminhas corrugadas de papel. No Norte e Nordeste, a massa é feita com a polpa do caju.

CAL – A cal virgem é utilizada na doçaria para a cristalização da fruta, deixando-a tenra por dentro.

CALDA – Açúcar misturado com água, derretido no fogo até adquirir o ponto desejado. Há vários pontos de calda: ponto de fio brando, ponto de fio médio, ponto de voar, ponto de quebrar, ponto de espelho, calda de açúcar queimado, dentre outros.

CALDEAR – Termo regional gaúcho. J. Romaguera Corrêa dá-lhe o significado de "tomar caldo".

CALDEIRADA – Nome dado a pratos complexos compostos de diversos ingredientes, com a predominância de um deles. No Nordeste, é um cozido feito com peixe, lagosta, camarão, ostra, sururu, marisco e polvo, temperos e leite de coco. É servido acompanhado de arroz e de pirão feito do caldo.

CALDO – Vocábulo rico de significação na cozinha brasileira. 1. Líquido resultante do cozimento em água de carne, frango, peixe ou hortaliças; elemento básico para sopas, consomês, molhos e outras preparações culinárias 2. Beaurepaire-Rohan ensina que é o nome que se dá ao sumo da cana-de-açúcar, isto é, caldo de cana, o mesmo que *garapa*. 3. Suco obtido da polpa de frutas ou legumes por maceração ou compressão.

CALDO VERDE – Sopa de origem portuguesa preparada com caldo de carne ou frango, creme de batatas, couve manteiga picada bem fininha e chouriço português.

CALIMBÁ – 1. O mesmo que *caldo de cana* ou *garapa* frio, quente ou gelado. 2. Jacques Raimundo informa que também é o cocho do caldo extraído da cana-de-açúcar nos engenhos. 3. Recipiente de madeira onde escorre e é recolhido o caldo extraído da cana, nos engenhos. Também conhecido como *calumbá*.

CALTA – Nome de certas flores amarelas, que servem para corar a manteiga.

CAMAPUM – Fruto de algumas variedades de solanáceas, pequenos e arredondados, amarelados e doces, ligeiramente ácidos. Podem ser ingeridos ao natural ou utilizados no preparo de doces, sorvetes, molhos de saladas e carnes, geleias e bombons. Conforme Florival Serraine, no Ceará é alimento das populações sertanejas em épocas de seca.

CAMARÃO – Crustáceo krapreciadíssimo na cozinha de todo o mundo. No Brasil, em razão da presença de numerosos rios e de uma longa costa marítima, apresenta muitas variedades, tanto de água doce quanto de água salgada. Destacamos o camarão de espeto, na Bahia, feito com espeto de madeira vermelha do mangue; o camarão à paulista, frito com casca; o camarão com chuchu, uma iguaria tipicamente brasileira. Quando o camarão de água doce é grande, recebe o nome de pitu, como os famosos do rio Una, no Recife.

Camarão

CAMAROADA – Nome com que é conhecida a caldeirada de camarões, cozidos e guisados com casca. Termo usado particularmente na costa do Estado do Espírito Santo e no limite com o Estado do Rio de Janeiro.

CAMBICA – Iguaria preparada com a polpa macerada do murici ou outras frutas, misturada com água, leite e açúcar. Florival Serraine informa que a polpa do murici peneirada, muitas vezes é amalgamada com farinha de mandioca. A cambica é conhecida no Nordeste e na Amazônia.

CAMBIRA – Nome dado à tainha salgada e seca. Possui uma textura tenra, podendo ser preparada em moquecas depois de des-

{ CAMBITO }

salgada e servida com molho de tomate, arroz, banana-da-terra e pirão de peixe.

CAMBITO – O mesmo que pernil de porco, ou seja, a parte mais fina da perna do porco, de carne macia, preparada assada ou cozida. Tradicionalmente, é um dos pratos servidos em ceias de fim de ano, acompanhado de farofa.

CAMBOA – 1. Modalidade de pesca que reúne vários pescadores munidos de redes, que cercam os cardumes de peixes com suas canoas. 2. Nome de uma cavidade feita a beira do mar (como uma piscina), pela qual, em razão do movimento das ondas, acaba-se por capturar peixes pequenos.

CAMBOIM – Arbusto que apresenta frutos comestíveis de mesmo nome. Pertence à família das mirtáceas e possui frutos avermelhados, com polpa macia e doce, utilizado na preparação de bebidas, sucos e doces. Também conhecido como *cambuí*.

CAMBONA – Regionalismo gaúcho. Recipiente formado por uma lata grande com alça, que se usa como panela para fazer a comida.

CAMBUCÁ – Fruto do cambucazeiro, da família das mirtáceas. A baga é amarela de polpa adocicada e pode ser consumida ao natural ou utilizada na preparação de doces, compotas e licores. Suas folhas são usadas para fazer xaropes no tratamento de doenças respiratórias.

CAMBUCI – Fruto da árvore de mesmo nome, redondo, de cor variando entre o verde e o verde-amarelado. Apresenta polpa carnosa de sabor agridoce. Cada fruto contém muitas sementes pequenas, brancas e achatadas. Os frutos maduros têm sabor ácido, podem ser consumidos ao natural ou em doces, sucos, geleias e na preparação de infusão em cachaça e no preparo de licor. Encontrado nos Estados de São Paulo e Minas Gerais, a árvore do cambuci está em extinção por causa do desmatamento.

CAMBUÍ AMARELO – Arbusto com bagas globosas e pequenas, amarela e comestíveis.

CAMBUQUIRA – 1. Cornélio Pires define como "grelos, brotos de aboboreira". 2. Prato preparado com brotos de abóbora guisados, servido geralmente como acompanhamento de assados.

CAMURUPIM – Peixe encontrado na zona litorânea do Nordeste, cuja carne é muito apreciada. Com escamas grandes e corpo alongado, este peixe produz ovas famosas de alto preço e de excelente sabor. Prepara-se assado ou cozido. Também conhecido como *camarupin* ou *camorupim*.

CANA-DE-AÇÚCAR – Planta gramínea de caule longo. Há numerosas variedades de cana, mas a mais conhecida é a cana-de-açúcar, da qual se extrai o produto do mesmo nome. As folhas da cana-do-brejo ou cana-do-reino são utilizadas para condimento do chimarrão. Entre as variedades de cana temos: cana-branca, cana-brava, cana-caiana (para açúcar), cana-cheirosa, cana-crioula (para açúcar), cana-da-índia, cana-da-terra, cana-de-açúcar da China, cana-de-burro, cana-de-elefante, cana-de-frecha, cana-de-jacaré, cana-de-macaco, cana-de-passarinho, cana-de-roca, cana-de-são-paulo, cana-de-vassoura, cana-de-víbora, cana-do-brejo, cana-doce (para açúcar), cana-do-mato, cana-do-reino, cana-dos-pampas, cana-manteiga (para açúcar), cana-marona, cana-roxa, cana-saperê, cana-taquara (para açúcar), cana-tinga.

Cana-de-açúcar

CANAPÉ – Termo de origem francesa. São pequenas fatias de pão de forma, sem casca, cortados em formas geométricas (círculos, losangos, retângulos ou triângulos), tostados ou dourados em manteiga, sobre o qual se colocam patês, embutidos ou queijos. Geralmente é servido como aperitivo, podendo ser frio ou quente.

CANASTRA – Caranguejo pequeno, encontrado na costa da Bahia.

CANCHEAR – Ato de picar ou cortar as folhas da erva-mate.

{ CANDIMBA }

CANDIMBA – Termo de origem africana (do quimbundo, kandemba). Espécie de lebre do mato. De cor amarelo-escura, normalmente preparado cozido, por vezes tendo sua carne consumida como petisco (iscas).

CANELA – Especiaria originária do Ceilão, também cultivada na Índia e na América do Sul. Marco Polo levou para a Europa, onde se tornou uma especiaria predominante nas receitas salgadas e doces, no fim da Idade Média. Na Renascença, seu uso se restringe, sobretudo, na doçaria. Consumida em pau ou em pó em doces, bolos, compotas, biscoitos, canjicas, pães e bebidas. O uso da canela na cozinha nos vem de duas fontes de aculturação: a portuguesa e a espanhola, sendo que esta última ainda conserva seu uso no preparo de certas carnes guisadas como as de galinha e de coelho.

CANELONE – Prato de origem italiana. Massa recheada, com forma de pequenos rolinhos. Costuma ser coberta com molho branco ou molho de tomate, salpicada com queijo parmesão ralado e levado ao forno para gratinar.

CANGO – Camada espessa e dura que se forma na superfície do vinho enquanto se encontra em processo de fermentação no lagar (tanque em que são espremidas as uvas).

CANJA – Sopa feita de galinha cozida e arroz, com sal, louro, hortelã e cheiro-verde. Especula-se que o prato foi trazido das Índias pelos portugueses durante o Brasil Colônia, pois em algumas regiões da Ásia a iguaria ainda é bastante apreciada. A forma ortodoxa é a canja de galinha, porém, Annette Lisard registra canja de arroz de leite, canja de coelho e canja de carneiro.

CANJEBRINA – Aguardente de cana, cachaça.

CANJICA – 1. Espécie de mingau de milho branco cozido no leite e temperado com açúcar e canela em pau. No Nordeste, é conhecido como *mungunzá*, iguaria típica do ciclo junino, preparado com leite de coco. Em São Paulo, também é conhecido como *jimbelê*. No Rio, fala-se *papa de milho*. 2. Vicente Chermont registra que na Amazônia canjica é um pudim feito de milho verde ralado com açúcar, coco ou castanha. 3. A etimologia do vocábulo é bastante discutida por Renato Mendonça, que lhe dá origem asiática. 4. Em Angola, registra o padre António da Silva Maia, a canjica é um refogado feito de milho ou de milho e feijão.

CANJIQUINHA – Prato preparado com quirera, legumes, costelinha de porco e condimentos.

CANJIRÃO – Doce feito de castanhas-de-caju em farinha e xarope de caju. As castanhas são assadas e moídas, acrescentando-se a elas o xarope. Também conhecido como *mel de caju*.

CANUDINHO – Doce preparado com uma massa em formato cônico, frita e recheada de cocada ou doce de leite.

CAPANGA – Pequeno saco de algodão usado pelos ribeirinhos do rio São Francisco para transportar paçoca de peixe a tiracolo.

CAPÃO – Galo castrado. No Vale do Paraíba prepara-se o "capão recheado", com que se costuma festejar São João. É feito com farofa de miolo de pão, manteiga, tomate, alho, nozes, vinho do Porto e salsa, acompanhado de arroz e purê de castanhas.

CAPEBA – Arbusto da família das piperáceas, nativa do Brasil (da Bahia ao Rio de Janeiro), cujas folhas entram na composição do caruru. Manuel Querino informa que os doentes do fígado usam a capeba, assim como o bredo-de-santo-antônio, na forma de legumes para acompanhar o cozido de carne verde (carne fresca). Também conhecido como *pariparoba*.

CAPELA – Vocábulo em desuso, que corresponde a um ramo de cheiros e temperos. Em *O cozinheiro imperial* vem sua definição: "reunião de cheiros e temperos, quer inteiros, em molho ou ramalhete, quer picados e arranjados com simetria, conforme o exigir o prato".

CAPELETI – Prato de origem italiana, estimado nas grandes cidades de concentração da imigração peninsular. Trata-se de uma

{ CAPETÃO }

massa de farinha de trigo com a forma de chapeuzinho, recheado com carne de porco, vitela, presunto ou frango.

CAPETÃO – Nome dado a certo pão alongado, feito de farinha e feijão.

CAPIAU – Prato típico do Piauí. Picadinho de carne-seca com macaxeira, segundo Noé Mendes de Oliveira.

CAPILÉ – 1. Bebida alcoólica preparada com aguardente e polpa de tamarindo, utilizada no Norte e Nordeste, principalmente no sertão de Pernambuco onde os tamarindeiros, originários da África, se adaptaram com facilidade. 2. No Sul, o capilé é um refrigerante ou xarope feito de qualquer fruta.

CAPIROTADA – Molho para carnes de aves, assadas ou cozidas, preparado com toucinho, cogumelo, ervas aromáticas, e espessado com farinha de trigo.

CAPITÃO – Nome dado a certa forma de comer usada primeiramente por negros escravos e depois assimilada por brancos no Brasil. Consiste em juntar no prato, com os dedos, bocados de comida que, em seguida, são levados à boca. Em algumas regiões brasileiras, significa um bocado de pirão de peixe, que se atira à boca com a ponta dos dedos.

CAPITARI – Nome dado ao macho da tartaruga-da-amazônia. É muito apreciado por sua carne, sendo normalmente consumido cozido e utilizado no preparo de picadinhos, risotos, guisados, farofas (com os miúdos). Utiliza-se temperos simples, (coentro, cebola, alho e pimenta-do-reino) e em boa parte das receitas é servido no próprio casco. O mesmo que *araú* ou *jurará-açu*.

CAPIVARA – Caça apreciada das matas brasileiras. Sua carne é magra, saborosa, semelhante à do porco. O pernil e o lombo podem ser fritos, assados ou cozidos. A bisteca é preparada com alecrim. Jean De Léry registra que a carne de capivara entrou no conhecimento dos viajantes franceses em 1557, objeto de troca com facas e espelhos. Também conhecida como *capincho*.

{ CARAMBOLA }

CAPONATA – Prato de origem italiana composto de legumes como berinjela, abobrinha, tomates e cebola, refogado em azeite de oliva, sal, alho, acrescido de azeitonas. Servido como salada ou como guarnição de carnes e peixes.

CAPPUCCINO – Café com leite de origem italiana. O leite é adicionado quente e espumante sobre o café e é coberto com chocolate em pó amargo.

CAQUI – Originário da China e muito comum no Japão, talvez tenha sido introduzido no Estado de São Paulo pelos imigrantes japoneses. Há muitas variedades, sendo o mais conhecido o caqui-chocolate. De cor alaranjada, casca fina e polpa suculenta e doce. Consumido ao natural ou em compotas.

CARÁ – Designação comum a várias trepadeiras da família das dioscoreáceas, com tubérculos capsulares, sendo algumas nativas do Brasil. Também conhecido como *inhame-da-china* (*Dioscorea batatas*). O tubérculo, de cor roxa ou branca, é muito utilizado na culinária brasileira. Come-se cozido, como conduto. Encontram-se várias espécies de carás comestíveis, como o cará-miso, cará-roxo, o cará-do-ar, cará-de-sapateiro, cará-liso, cará-barbado, cará-branco, cará-coco ou inhame-de-caiena. Usa-se o cará também para fazer sopas.

CARACU – Medula do osso do boi; tutano encontrado no osso da rês. É empregado na preparação de caldos e sopas.

CARAGUATÁ – Tipo de bromeliácea que produz cachos de frutos amarelos, apreciado pelas populações do Vale do Paraíba. Extrai-se um melaço dos frutos para uso culinário e medicinal. Também conhecido como *gravatá* ou *craguatá*.

CARAJÉ – Confeito com que se enfeitam doces.

CARAMBOLA – Fruto da caramboleira, nativa da Índia, de cor amarela, suas bagas são carnosas, formando cinco ângulos. Seu sabor é acidulado, consumida ao natural ou em doce em calda.

{ CARAMBURU }

CARAMBURU – Palavra de origem tupi-guarani. Bebida refrigerante feita de milho. Segundo Beaurepaire-Rohan, em determinadas regiões do Norte e do Nordeste chamam-no de *aluá*.

CARAMELIZAR – Untar uma forma com caramelo ou bezuntar de calda caramelada um alimento.

CARAMELO – Calda de açúcar queimado, preparada com água e açúcar levados ao fogo até formar uma calda pastosa e dourada.

CARAMUJO – Designação de diversos moluscos gastrópodes, de água doce ou salgada, muito apreciado na culinária do Pará.

CARANGUEJADA – Prato típico do Nordeste preparado com caranguejos cozidos em molho feito com leite de coco, azeite e temperos verdes. A caranguejada é servida acompanhada de arroz branco e pirão feito do próprio caldo.

CARANGUEJAR – Apanhar caranguejos ao tempo em que eles vazam pelo manguezal em avanço.

Caranguejo

CARANGUEJO – Crustáceo com que se preparam numerosos pratos de excelente sabor. Ensina Sodré Vianna que as partes mais saborosas do caranguejo são o catuto (carapaça) com suas gorduras e a "boca maior" (pinça). Diz o populário que "caranguejo só presta em mês que não tem R".

CARATUÁ – Iguaria indígena preparada com miúdos de veado, guariba e outras caças. Espécie de sarrabulho (sangue coagulado) preparado à moda indígena, no mato, pelos caçadores. Também conhecido como *carantuã*.

CARAVONADA – Designativo de fatias de carnes que são assadas na grelha.

CARBOIDRATOS – Grupo de alimentos aos quais pertencem os cereais (arroz, trigo, milho, aveia etc.), tubérculos (batata, beterraba, mandioca etc.) e açúcares, que fornecem energia ao organismo.

CARCARÁ DE MACAXEIRA – Bolinho preparado com purê de macaxeira, misturado com carne de charque desfiada e frito.

CARDAMOMO – Originário da Costa de Malabar. Arbusto da família das gingiberáceas, cujas sementes são ovoides de aroma intenso. É usado como condimento na culinária em carne de porco, bolos, biscoitos etc. É um dos componentes do curry indiano.

CARDÁPIO – Lista de pratos que compõem uma refeição ou que são apresentados aos clientes nos restaurantes como opção para a refeição. Normalmente, um cardápio é dividido em seções, agrupando as diferentes categorias de alimentos que são comercializados. Também conhecido como *menu*.

CARDO – Erva nativa da Europa e da Ásia, com folhas verdes e brancas na base e flores que variam do rosa ao roxo. Suas flores secas eram usadas como coagulante para o leite e para a fabricação de queijo. Seu talo também pode ser consumido cozido.

CARIBÉ – 1. Iguaria conhecida no Pará preparada à base da polpa do abacate. 2. Doce feito com beiju em algumas regiões do Norte e Nordeste. 3. Prato feito de farinha de mandioca colocada de molho, espremida e reduzida a uma massa, a que se acrescenta água morna pela manhã e no jantar, água fria. Também conhecido como *beijaçu*.

CARIBÓ – Regionalismo gaúcho registrado por J. Romaguera Corrêa: "jirau no qual são colocados os ramos da erva-mate e por baixo do qual se ateia o fogo que chamusca a erva".

CARIDADE – Bolo preparado com farinha de trigo, manteiga, açúcar e ovos batidos, típico do Norte do Brasil.

CARIL – Condimento originário da Índia, composto de diversas ervas e especiarias à base de gengibre, pimenta-do-reino, canela, cominho, cardamomo, cravo-da-índia, coentro, alho, mostarda, entre outros, que pode variar de acordo com a região e o costume, podendo conter até 38 tipos de ingredientes. De sabor acentuado e cor amarelo-forte, é muito utilizado em pratos indianos: em molhos, carnes, peixes, frutos do mar e vegetais. Também conhecido como *curry* ou *garam masala*.

CARIMÃ – Massa de mandioca moldada em pequenos bolos e secos ao sol. Beaurepaire-Rohan informa que com o carimã se fazem papas "a que se chamam mingaus", juntando-se ovo e leite.

CARIOQUINHA – 1. Doce preparado com calda de açúcar, ameixas pretas trituradas, gemas de ovos, manteiga e geleia de damasco, assado no forno. 2. Feijão marrom-claro com manchas marrom-escuras, muito popular em todo o Brasil. Acredita-se que ele tenha esse nome porque o pesquisador que assim o nomeou quis homenagear as calçadas de Copacabana.

CARNE – Na culinária, tecido muscular dos animais usado na alimentação do homem. Distinguem-se as carnes de acordo com as espécies animais: a) carne branca: de aves em geral, como galinha, peru etc.; b) carne escura: lebre, coelho, perdiz etc.; c) carne vermelha: de vaca, porco, carneiro etc.

CARNE DE FUMEIRO – Carne defumada. Também conhecida como *carne de fumo*.

CARNE DE LATA – Técnica de conservação da carne de porco. Era tradição quando se matava um porco submeter os cortes de carne a um cozimento lento na própria banha e depois fritá-los. As partes nobres eram consumidas de imediato e o que restava era mergulhado na banha de porco e acondicionado em latas para conserva, podia ser guardada por até um ano sem estragar. Quando chegaram os primeiros refrigeradores, esse processo de conservação foi praticamente abolido. No Vale do Paraíba, é conhecida como *carne na banha*.

CARNE DE MATRUCO – Variedade de carne salgada.

{ CARNE-SECA }

CARNE DE SOL – Consiste em carne de boi salgada e seca ao sol. Pode ser servida frita ou assada na brasa, regada com manteiga de garrafa ou adubada com queijo de coalho. Geralmente, é acompanhada de feijão-verde, farofa, pirão de leite, macaxeira ou batata-doce. A carne de sol é um dos mais apreciados pratos da cozinha do Nordeste. Também conhecida como *carne do sertão*, *carne do ceará* e *carne de vento*.

CARNE DO SUL – Nome como é conhecida no Norte do país a carne-seca originária do Rio Grande do Sul.

CARNE ESFOLADIÇA – Assim é chamada a carne de carneiro e a do chibato, que é o cabrito que possui de seis meses a menos de um ano.

CARNE ESTUFADA – Carne assada em estufa ou recipiente fechado.

CARNE FRIA – Carne preparada para ser ingerida fria, como no caso de carnes assadas.

CARNE MOQUEADA – Designação para processo indígena de conservação da carne de caça e peixe; *carne fumada*.

CARNE-SECA – Carne bovina cortada em mantas, salgada e seca ao sol. Apresenta variação do nome em diversas regiões brasileiras, utilizada no preparo de numerosos pratos. Alguns autores, como Rodolfo Garcia, apontam distinções entre esses nomes. É consumida, principalmente, assada na grelha ou na chapa, acompanhada de feijão e farinha. Frita, serve para fazer farofa, guisado, paçoca. Passa por processo de secagem como o da carne de sol, mas recebe mais sal e é empilhada em lugares secos. Precisa ser constantemente mudada de posição para que seus líquidos evaporem. Depois é estendida em varal, ao sol, até se desidratar completamente. Também conhecida como *charque*, *carne do Ceará*, *jabá*, *carne de vento*, *carne do sertão* e *carne do Seridó*.

CARNE VEGETAL – Nome dado a certos frutos, legumes ou pro-tuberosas pela sua substancialidade. Entre elas, as mais conhecidas são a taioba e a castanha-do-pará.

CARNE VERDE – Designação do Nordeste dada a carne fresca, não salgada.

CAROLINA – Doce à base de farinha de trigo, ovos, óleo, manteiga e açúcar em forma arredondada ou alongada, com distintos recheios tanto salgados como doces. Geralmente, é recheada com creme de baunilha ou chocolate e com cobertura glaceada. Também conhecido como *bomba* ou *éclair*, este último de origem francesa, preparada com massa *choux*.

CAROLO – Espiga de milho debulhada.

CARPACCIO – Prato de origem italiana, inventado no Harry's Bar de Veneza. É preparado com lâminas finíssimas de carne de boi crua, temperadas com sumo de limão, sal, azeite de oliva e queijo parmesão ralado grosso.

CARQUEJA – Arbusto herbáceo de gosto amargo, utilizado em chás e infusões, podendo servir de condimento no preparo do arroz. Alberto Lofgren afirma que a carqueja é utilizada na falsificação da cerveja.

CARRÉ – Termo de origem francesa, designa a peça de costela de cordeiro ou de porco, incluindo a carne e a sequência de ossos. Normalmente é servido assado, com molho do suco de seu cozimento.

CARRETILHA – Utensílio doméstico formado por uma rodela de metal dentada, semelhante à roseta, com um cabo sobre um eixo, que se usa para cortar a massa estendida.

CARTOCCIO – Forma de cozimento utilizada na culinária italiana que consiste em embrulhar o alimento em papel-manteiga ou papel-alumínio antes de ser levado ao forno.

{ CASEÍNA }

CARTOLA – Doce típico pernambucano preparado com banana frita, coberta com queijo coalho, assada ao forno e polvilhada com açúcar e canela.

CARURU – 1. Termo de origem tupi, significa folha grossa, segundo Renato Mendonça. Erva da família da vinagreira, cresce em lugares úmidos, muito utilizada no Norte e Nordeste, também conhecida como *caruru-de-porco*. 2. Iguaria do mesmo nome feita com quiabo, taioba, mostarda, camarões secos moídos, cebola ralada, coentro, pimenta, sal e peixe seco (garoupa), tudo cozido em azeite de dendê e servido com acaçá ou aberém. 3. O caruru paraense é feito com camarões secos descascados, refogados com cebola e pimentão, quiabos cortados em rodelas, engrossado com farinha. Há algumas variações em torno do caruru: caruru de mulata, caruru em mingau e caruru refogado. É um prato curioso do ponto de vista da antropologia cultural, pois reúne três influências, com a contribuição do indígena, do africano e do português, divididas entre os elementos que o compõem. Acompanha vários tipos de pratos de carne, peixe, cozidos, charque, galinha, siri etc. A. J. de Sampaio enumera cinco formas culinárias do caruru: caruru de taioba, caruru de capeba, caruru de bredo, caruru baiano e caruru de língua-de-vaca, que é uma variedade de hortaliça.

CARURU-DO-PARÁ – Hortaliça da região do Norte e Nordeste utilizada no feijão, em omeletes, farofas ou feita refogada.

CARURU DOS MENINOS – Refeição oferecida pelos devotos do Ibeiji identificados como Cosme e Damião.

CASADINHO – 1. Doce em que se unem dois biscoitos redondos recheado com doce de leite, geleia ou goiabada. 2. Arroz com feijão, em Goiás. O arroz é cozido no próprio caldo do feijão e depois misturado.

CASEÍNA – Parte do leite de maiores propriedades nutritivas e que forma, essencialmente, o queijo.

CASQUINHA – 1. Nome dado ao cone comestível feito de beiju com que se servem, normalmente, sorvetes de massa (bolas ou espiral). 2. Iguaria preparada com caranguejo ou siri, feita na própria casca do crustáceo e de excelente sabor. A casquinha de caranguejo é um dos petiscos mais apreciados em Pernambuco, preparado em um refogado de consistência cremosa, com a carne do caranguejo cozida e desfiada, leite de coco, azeite, cheiro verde servido na própria casca.

CASSATA – Sorvete de origem italiana preparado em camadas com diferentes sabores (baunilha, chocolate, pistache etc.), aromatizado com licor e misturado com frutas confeitadas.

CASSOULET – Prato típico do sudoeste da França, composto de feijão-branco, carne de porco, linguiça, carneiro ou pato. A cocção é feita em várias etapas para que o feijão-branco fique cremoso. Depois de cozido é levado ao forno, com uma crosta de pão ralado para gratinar.

CASSUANGA – Iguaria preparada com fubá, amendoim e açúcar torrados. Doce feito em homenagem à orixá Nana em rituais afro-brasileiros.

CASTANHA – Fruto ou semente comestível de várias árvores frutíferas. Temos, entre nós, a castanha-de-caju, castanha-de--macaco, castanha-do-ceará, castanha-do-maranhão, castanha--do-pará, castanha-de-sapucaia, entre outras.

CASTANHA-DA-SAPUCAIA – Fruto da árvore Sapucaia, proveniente da Mata Atlântica, com ocorrência desde o Rio de Janeiro até o Ceará e predominância nos Estados do Espírito Santo e Bahia, popularmente conhecida como *cumbuca*. A castanha-da-sapucaia é uma cápsula lenhosa de forma globosa de 2 a 4 quilos e até 25 centímetros de diâmetro, dotada de uma tampa na extremidade oposta ao cabinho de fixação que se descola e cai quando está madura para permitir a liberação das sementes. As sementes ou "castanhas" são comestíveis, de sabor parecido com a castanha--do-pará. Também conhecida como *cumbuca-de-macaco, sapucaia--vermelho* (Espírito Santo), *marmita-de-macaco* ou *caçamba-do-mato*.

{ CAVACA }

CASTANHA-DO-MARANHÃO – Fruto de cápsula lenhosa, ovoide, vermelha. Sementes grandes subglobosas, estriadas, envolvidas por densa e longa pilosidade, comestíveis com sabor semelhante ao do cacau. Também conhecida como *castanha-da-praia, cacau-do--maranhão, cacau-selvagem, mamorana* ou *amendoim-de-árvore*.

CASTANHA-DO-PARÁ – A castanheira é nativa do Amazonas. O fruto pesa entre 500 a 1500 gramas, mede de 10 a 15 centímetros de diâmetro e contém de 15 a 24 sementes angulosas, pele escura e polpa bege. É comestível somente madura e depois de torrada. Dela se extrai óleo para uso culinário e farinha, considerada de magnífico teor dietético. Chamada no Norte de *carne vegetal*. Também conhecida como *castanha-do-brasil*.

CASTELO – Expressão portuguesa. Claras batidas em consistência firme.

CAUÁBA – Ensina Beaurepaire-Rohan que é o nome que se dá à vasilha de barro que contém o cauim.

CAUIM – 1. Bebida fermentada dos povos indígenas. A sua preparação era um trabalho exclusivo feminino. Depois cozida a mandioca, ela é mastigada pelas mulheres. As enzimas da saliva transformam a massa da mandioca em açúcar fermentado. Levam a um pote de barro (cauába) onde permanece por vários dias fermentando. Em Alagoas, recebe o nome de *catimpuera* e, no Pará, de *guariba*. 2. Também se dá o nome de cauim à aguardente de mandioca ou tiquira.

CAÚNA – Regionalismo gaúcho utilizado para designar a erva--mate da pior qualidade e, em geral, bem amarga. J. Romaguera Corrêa informa que há outras árvores de que se obtém erva inferior para o mate como a *congonha-do-rio*, nome popular de uma árvore da família das aquifoliáceas, chamada também de *caúna-amargosa* ou *congonha-do-mato*.

CAVACA – Tipo de biscoito preparado com farinha de trigo, açúcar, manteiga e sal. Cortado com uma carretilha para pastel, no formato redondo, com tamanho aproximado de 10 centímetros.

{ CAVALA }

É assado ao forno e coberto com calda de açúcar no ponto de cristalizar. Constança Oliva de Lima traz a receita em seu livro.

CAVALA – Peixe encontrado na costa do Atlântico, de excelente sabor. Na Bahia, prepara-se o escaldado de cavala cozido com camarão fresco, abóbora, quiabo, cebola, coentro, azeite de dendê e alho.

CAVAQUINHA – Espécie de lagosta decápode encontrada na costa do Brasil. Pode ser preparada cozida ou grelhada, regada com diversos tipos de molho. Também conhecida como *sapateira*.

CAVIAR – Os principais produtores são Rússia e Irã, cuja pesca é feita no Mar Cáspio. As mais famosas são as ovas Beluga, Ossetra e Sevruga apresentadas levemente salgadas. Há outros tipos de esturjão na Europa Ocidental. Degusta-se fresca, acompanhada de blinis ou torradas, e de creme azedo. No Brasil, o substituto do caviar, conforme A. J. de Sampaio, é a caviarina de ovas de tainha.

CAXIRI – 1. Nome com que é conhecida certa espécie de alimento preparado com o beiju diluído em água. 2. É também nome dado à bebida de mandioca fermentada.

CEBOLA – Bulbo da família das aliáceas, provavelmente nativa da Ásia. É utilizada desde a Era Neolítica. Sua coloração varia entre o branco e o roxo; sua forma pode ser redonda ou esférica. Muito versátil, é tempero indispensável na culinária. Seu sabor é forte e picante.

CEBOLINHA – Erva nativa da Sibéria, da família das liliáceas, possui um bulbo branco e alongado e folhas verdes longas, cilíndricas e ocas. Utiliza-se tanto o bulbo quanto as folhas frescas como condimento na culinária.

CEIA – É a última refeição do dia. No Rio de Janeiro do século XIX, a ceia era uma pequena refeição composta de chá, café com leite ou chocolate acompanhado de pão de ló, torradas e geleia. Usa-se o mesmo termo para jantares natalinos depois da Missa do Galo.

CENOURA – Planta da família das umbelíferas com raiz comestível de cor alaranjada, consumida crua ou cozida. É utilizada como ingrediente tanto em pratos salgados (saladas, guisados, cremes, suflês) como em doces (bolos, tortas etc.) e sucos.

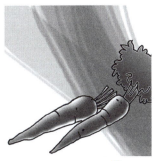

Cenoura

CENRADA – 1. Líquido adquirido a partir da filtragem da água fervida com cinzas, utilizado para purificar o caldo de cana nas caldeiras e fazer que o açúcar fique mais forte. 2. Caldo de legumes passado no coador e, em seguida, cozido. Também conhecida como *decoada*.

CENTEIO – Planta da família das gramíneas nativa do Sudoeste Asiático. Os grãos são ricos em glúten. Transformado em farinha, é utilizado no preparo de pães e biscoito e, por vezes, como substituto da cevada na fabricação da cerveja.

CEREAL – Planta cujas sementes são base da alimentação: trigo, soja, milho, cevada, centeio etc.

CEREFÓLIO – Erva aromática originária da Rússia meridional, da família das umbelíferas, semelhante à salsa, de sabor excitante, usada na culinária. Consumido cru em saladas ou como tempero de aves e peixes, omeletes, sopas, molhos, vinagretes e assados.

CEREJA – Fruto da cerejeira, originária da Ásia, de que há várias espécies. São vermelhas ou negras, arredondadas, com polpa suculenta e doce. Podem ser consumidas ao natural ou em doces, geleias, compotas, sucos e licores.

CERVEJA – Bebida fermentada feita de cevada e lúpulo e, não poucas vezes, do próprio arroz. Foi trazida para Pernambuco pelos holandeses no século XVII, porém não foi bem absorvida pelos habitantes locais. A primeira fábrica de cerveja foi instalada no Brasil só em 1836, no Rio de Janeiro. Por volta de 1810, os

{ CEVADA }

ingleses introduziram a cerveja de gengibre, conhecida como *ginger beer*. Na linguagem popular no Brasil ficou "jinjibirra" e se tornou um refresco. Também compõe marinadas no preparo de certos pratos, como o pato cozido, cujo excesso de gordura é eliminado no cozimento da cerveja. Diversos tipos de carne são cozidas na cerveja, sobretudo aves, como no caso de galinha com cerveja preta.

CEVADA – Planta da família das gramíneas, cujas flores são utilizadas no preparo de farinha comestível, e também usada na fabricação de cerveja. Na culinária, é utilizada em pães, sopas, guisados, bolos, tortas e biscoitos.

CEVADEIRA – Utensílio destinado a ralar a mandioca para a preparação da farinha.

CEVADOR – 1. Ver *caetetu*. 2. No regionalismo gaúcho, diz-se da pessoa que prepara o chimarrão na cuia.

CEVADURA – Quantidade de erva necessária para determinada cuia de mate, conforme Roque Callage.

CHÁ – 1. Bebida preparada a partir da infusão de determinadas flores, raízes ou folhas. No Brasil, são produzidos e consumidos os mais diversos tipos de chá: mate, preto, verde, hortelã, erva--cidreira, camomila, carqueja, entre outros. 2. Arbusto de cujas folhas se faz chá. Cultivada no Brasil, principalmente no Vale do Ribeira do Iguape. Também conhecida como *chá-da-índia*.

CHAIRA – Pequena peça de aço com cabo de madeira ou osso, utilizada para afiar facas.

CHALOTA – Planta bulbosa do gênero *allium*, originária da Ásia Central, conhecida desde o Império Romano. É uma espécie de cebolinha pequena, de formato ovoide, casca acobreada ou cinza. Seu sabor é suave, ligeiramente doce, próximo ao do alho e da cebola. Muito utilizada em molhos. Também conhecida como *echalota*.

CHAMBARIL – Prato típico da cozinha pernambucana. É um cozido preparado com carne de boi com osso, temperado com cebola, pimentão, pimenta, cheiro-verde e outras verduras e legumes. Servido com arroz e pirão do próprio caldo e farinha de mandioca. Na Paraíba, é preparado com mão de vaca.

CHAMBIRITÓ – Nome que se dá à porção carnuda do peixe camurupim, localizada em sua coluna vertebral. A carne é muito apreciada no litoral Norte e Nordeste do Brasil. Normalmente, é servido cozido com leite de coco.

Champanhe

CHAMPANHE – Apelação atribuída ao espumante branco ou *rosé* de origem francesa, da região de Champagne, obtido da fermentação das uvas *chardonnay* brancas (em maior proporção), *pinot noir* e *pinot meunier*. É consumido como aperitivo e utilizado como ingrediente de várias preparações salgadas e doces.

CHAMUSCAR – Operação com que se eliminam as penugens das aves por meio de uma chama viva, para tanto, usa-se a chama de álcool.

CHANTILI – Palavra derivada do francês, *chantilly*. Creme de leite fresco batido com ou sem açúcar, perfumado com baunilha, até obter consistência cremosa. Utilizado na culinária para confeitar, rechear ou cobrir bolos e tortas geladas e como acompanhamento de frutas frescas, sorvetes e bebidas quentes ou frias.

CHAPELAR – Ralar a côdea de pão duro.

CHARAPA – É a maior tartaruga de água doce da América do Sul, uma espécie em vias de extinção. A carne e os ovos fazem parte da dieta de comunidades amazônicas há séculos.

CHARLOTE – Variedade de bolo cremoso preparado com biscoitos ou pão de ló, banhados em vinho do porto ou calda de fruta e creme inglês, com camadas de frutas frescas ou em calda.

{ CHARQUE }

CHARQUE – Regionalismo gaúcho para a carne de vaca salgada disposta em mantas.

CHATEAUBRIAND – Termo de origem francesa. Corte de filé--mignon de cerca de 400 a 450 gramas, preparado grelhado e acompanhado com diversos tipos de molho: mostarda, *poivre*, *bernaise* etc.

CHAVE – Parte traseira e alta da rês abatida.

CHEBÉ – Toucinho salgado. Segundo Raul da Costa e Sá, é termo usado em algumas regiões do interior do Brasil.

CHEGADIM – Espécie de bolacha preparada com farinha de trigo, açúcar e depois torrada. Termo usado em Fortaleza.

CHEIRO-VERDE – Maço de salsa, cebolinha e louro amarrados utilizado para realçar os sabores dos guisados e molhos.

CHEQUETÉ – Variedade de bebida (xeketê) no ritual afro--brasileiro, preparada com milho torrado e pilado misturado com gengibre e rapadura.

CHIBANÇA – Prato preparado com farinha de castanha-de-caju, mocororó ou suco de caju natural adoçado ou não. Segundo Florival Serraine, é muito apreciado em Acaraú (CE).

CHIBATO – Cabrito de seis meses a menos de um ano preparado assado ou em forma de guisado.

CHICHARRO – Peixe teleósteo perciforme da família dos carangídeos, encontrado do Atlântico ocidental até o Sudeste do Brasil, com cerca de 33 centímetros de comprimento, corpo fusiforme com dorso verde-claro e ventre prateado. Também conhecido como *carapau*.

CHICÓRIA – I. Planta herbácea da família *Asteraceae*, de elevada propriedade nutritiva. Suas folhas possuem características de formato lanceolado, coloração esverdeada, com aproximadamente 30 centímetros de comprimento e 6 centímetros de largura. Pode ser consumida fresca, em saladas ou refogada. 2. Na Amazônia, é uma erva aromática, ingrediente de vários pratos típicos como o pato no tucupi e o tacacá.

CHICÓRIA CRESPA – Hortaliça nativa da Europa, distinta da chicória comum. Possui folhas crespas, de cor verde-escura, e sabor amargo.

CHILA – Trepadeira da família das cucurbitáceas, de fruto elipsoide com casca verde e branca. É um tipo de abóbora pequena utilizada especialmente na confecção de doces como filhoses e toucinho do céu. No Rio Grande do Sul, é conhecida como *melancia de porco*.

CHIMARRÃO – É a bebida do gaúcho. Infusão de erva-mate em água fervente, de sabor amargo, tomado sem açúcar. Servido em cuia especial ou *porongo*, feita do fruto da cuiera, ornada de prata ou outros metais. É sorvido por meio de uma bomba (canudo) ou bombilha. Também conhecido como *amargo*.

CHINCHO – No Ceará, é a forma de madeira para prensar certas espécies de queijo de consistência mole.

CHINOIS – Termo francês. Peneira metálica de malha muito fina, em formato cônico, utilizada para coar molhos e caldos.

CHIPITRAGO – Gole de aguardente ou qualquer bebida alcoólica, ingerida de uma só vez e com pressa, segundo Florival Serraine.

CHISPÉ – Nome dado ao pé de porco salgado.

CHOCOLATE – Fabricado a partir da pasta de cacau. Há uma variedade de chocolates: negro, ao leite, branco, chocolate de cobertura. O chocolate em pó tem diversos usos na culinária, principalmente na doçaria: em cobertura de bolos, sorvetes, pudins, mousses etc. Consumido e apreciado no mundo inteiro, é comercializado na forma de barras, licores, bombons etc.

CHOPE – Tipo de cerveja acondicionada em barris e que, sob pressão, adquire uma espessa camada de espuma chamada de colarinho. Bastante apreciado no país, seu consumo é difundido em todas as regiões brasileiras.

CHOURIÇO – 1. Linguiça típica portuguesa, preparada com carne de porco picada, sangue de porco e gordura curtida por sete dias, em alho, pimenta, sal e vinho, seco em fumeiro. 2. Prato típico de certas regiões mineiras, registrado por Eduardo Frieiro. Papa de farinha de mandioca, gordura de porco e rapadura. 3. No Nordeste, é um doce de consistência pastosa, feito com sangue de porco, farinha de mandioca, rapadura, banha, pimenta, coco, cravo, canela, erva-doce e farinha de castanha-de-caju assada.

CHUAN – "Pequeno cesto cônico de cipó para carregar ou guardar frutas", termo registrado por Amadeu Amaral.

Chuchu

CHUCHU – Trepadeira da família das cucurbitáceas, nativa de regiões tropicais das Américas. O fruto tem formato de pera, é alongado ou arredondado; a casca, rugosa com ou sem espinhos de cor verde-claro. É consumido após o cozimento. Muito apreciado em saladas, refogados ou suflê. Também conhecido como *maxixe, caxixe, machucho* ou *machuchu*.

CHUCRUTE – Prato de origem alemã. Conserva de repolho cortado fino e fermentado com sal, cebola, alho, bagas de zimbro, louro e pimenta-do-reino. Consumido principalmente na região Sul do Brasil.

CHUPA – Laranja descascada e perfurada em uma das extremidades dos gomos, para sorver o suco. Também conhecida como *chupa-chupa*.

CHURRASCO – Prato regional gaúcho disseminado por todas as regiões do país. Carne assada ao calor da brasa em espeto ou sobre a grelha. No campo, é usual o churrasco de carne de porco ou de charque, e na cidade, o de boi. Seu acompanhamento é bem variado: farinha de mandioca ou farofa de miúdos de boi ou de frango, salada verde com tomate e cebola, arroz carreteiro,

{ CITROMEL }

maionese de batata, polenta frita e macarrão. O churrasco pode ser feito com vários tipos e qualidades de carne.

CHURRASCO NO COURO – Consiste em assar a vaca inteira utilizando o próprio couro como meio de cozimento. Todos os fluidos, como gordura derretida, sangue e água são retidos pelo couro, deixando a carne macia e com sabor característico. De acordo com um assador uruguaio: "de acordo com uma lenda, o índio, muito matreiro na época, estava sempre na disparada, portanto, assavam a vaca no couro para, se estivessem em perigo, enrolar o animal na própria pele e a levar no cavalo".

CHURRASQUEAR – 1. Preparar o churrasco e comê-lo. 2. Também se usa no sentido de fazer uma refeição, almoçar ou jantar qualquer comida, segundo Beaurepaire-Rohan.

CHUTNEY – Palavra de origem inglesa, emprestada da Índia, *chatni* (condimentos e especiarias). É uma conserva de frutas ou legumes condimentada com especiarias, açúcar e vinagre cozidos até formar consistência pastosa. Pode ser à base de manga, gengibre etc. Usada como acompanhamento de aves e carnes.

CIDRA – 1. Fruto cítrico de formato oval e polpa verde ou amarela. Raramente consumida ao natural, é utilizada na preparação de doces e geleias. 2. Designação de uma bebida com o suco de maçã, clarificada e levada ao tonel para fermentação.

CIDRÃO – Arbusto da família das verbenáceas, nativo da América Austral. As folhas e flores são aromáticas e são utilizadas como condimento, apresentando propriedades digestivas. É uma variedade de cidra de casca grossa usada em geleias e compotas.

CINAMOMO – Árvore de origem asiática que se assemelha à canela. Famosa especiaria que se destacava entre aquelas comercializadas pelos portugueses no Oriente.

CITROMEL – Variedade de hidromel em que os sais minerais são substituídos pelo caldo de laranja.

{ CLARAS EM NEVE }

CLARAS EM NEVE – Claras de ovos batidas até ficarem brancas como a neve.

CLARETE – Tipo de vinho tinto leve e pouco carregado na cor. Também conhecido como *palhete*.

CLARIFICAR – Processo utilizado para a remoção de impurezas de um caldo, molho, manteiga, retirando a espuma que se forma na superfície do caldo ou pequenas partículas de gordura. Para clarificar um caldo concentrado, adicionam-se claras em neve para tirar da superfície as impurezas e a gordura, tornando-o transparente. O mesmo sistema é utilizado para clarificar vinhos, licores, xaropes e o caldo de mocotó.

COADOR – Utensílio de saco, pano, tela ou com orifícios, espécie de filtro, utilizado para coar líquidos.

COALHADA – No processo de produção da coalhada, a parte sólida resultante da coagulação do leite é separada da parte líquida (soro). Pode ser preparada com leite de vaca, cabra, entre outros. Utilizada em diversos pratos na cozinha brasileira, sobretudo em pratos de origem árabe, como a coalhada fresca, seca, em pudins, cremes etc.

COALHEIRA – Substância utilizada para promover a coagulação de certos líquidos.

COALHO – Substância ou produto próprio para promover a coagulação de certos líquidos e na fabricação de queijos.

COAR – Passar um líquido em um pano ou papel filtro para libertar as impurezas.

COBU – Assado de carne ou peixe que se prepara sobre folhas de bananeira.

COCADA – Doce de coco, seco ou cremoso, feito à base de coco ralado e calda de açúcar. Seco, é cortado em triângulos ou quadrados. Há vários tipos de cocada: de fita, amarela, queimada, branca etc.

COCÇÃO – Ato de preparar alimentos ao fogo. Também conhecido como *cozimento*, *cozedura* ou *cozer*.

COCÇÃO AO VAPOR – Um dos métodos de cozimento mais saudável, pois praticamente não permite a dispersão de sais minerais e das vitaminas. Consiste em colocar os alimentos (geralmente vegetais) em um tipo de escorredor apoiado sobre uma panela com água fervente, sem que o alimento tenha contato com a água.

COCHO – Recipiente de madeira que serve para a fermentação de féculas de farinha, polvilho etc.

COCO – 1. Nome com que se designa principalmente o fruto de qualquer espécie de palmeira. 2. O coco originário da Índia foi levado pelos portugueses a Cabo Verde e depois introduzido no Brasil. O fruto do coqueiro é composto de uma drupa formada por uma epiderme lisa ou epicarpo, que envolve o mesocarpo (bucha) espesso e fibroso. No interior, há uma camada muito dura, o endocarpo (guenga) ao qual adere uma amêndoa e o albúmen (miolo), formado por uma camada branca, carnosa e muito oleosa. Há, ainda, uma cavidade onde se deposita o líquido (água de coco). O coco verde é comercializado em cachos ou a granel. O coco seco é comercializado a granel. De múltipla utilização na cozinha brasileira, aproveita-se tudo do fruto: sua água é refrescante e terapêutica; da polpa, é retirado o leite que é usado para a confecção de doces e salgados, além da extração do óleo para cozinha; ralado entra na confecção de uma infinidade de doces.

COCO-BABÃO – Fruto de uma palmácea, espécie de coco de polpa adocicada e comestível, amêndoa oleosa, consumida ao natural e usada na preparação de óleo. O mesmo que *catoté* ou *catulé*, conforme Florival Serraine.

CÔDEA – A casca do pão, dos frutos e o pedaço de pão amanhecido (duro).

CODORNA – Ave da família das tinâmidas, cuja carne e os ovos são apreciados na culinária brasileira. Os ovos são servidos cozidos

{ COELHO }

e a carne é preparada assada, cozida, ensopada ou grelhada na brasa. Também conhecido como *codorniz*.

COELHO – A carne de coelho é branca, macia e magra. Pode ser servida guisada, assada ou à caçadora.

COENTRADA – Molho feito à base de coentro.

COENTRO – Erva da família das umbelíferas nativa da Ásia, usada como condimento, possui aroma e sabor fortes. Foi trazido para o Brasil pelos portugueses. Utilizado para conservas, sopas e peixes. Muito consumido na região Nordeste.

COGUMELO – Cultivado desde o Neolítico, era muito apreciado pelos romanos. Há várias espécies de cogumelos selvagens, incluindo os comestíveis e os tóxicos, por vezes mortais e alucinógenos. Uma das espécies mais conhecidas no Brasil é o champignon de Paris. Possui copa arredondada, é pequeno e tem cor branca. Pode ser consumido fresco ou em conserva. Compõe saladas, molhos, sopas e cremes. Também conhecido como *champignon*.

COGUMELO PORCINI – Possui talo branco e firme, tampa larga de cor marrom e perfumado. Pode ser encontrado fresco ou seco. Apreciado em molhos para macarrão, carnes etc.

COGUMELO *SHIMEJI* – Pequeno cogumelo de cor acinzentada, que brota em tufos, empregado em pratos da cozinha japonesa.

COGUMELO *SHITAKE* – Originário do Japão, sua cor é marrom, com uma tampa achatada, no formato de guarda-chuva. Possui textura firme e pode ser encontrado fresco ou seco.

COIRAMA – Erva da família das crassuláceas, de sabor excelente. É servida crua em saladas ou em guisados.

COLCHÃO DE NOIVA – Bolo de origem portuguesa preparado à base de massa de pão de ló com fécula de batata e recheado com ovos moles. No Brasil há duas versões: a massa é a mesma, mas com recheio de goiabada. A segunda versão é idêntica só que em forma de rolo.

{ **COMER DE GAVETA** }

COLHER – Utensílio composto de um cabo e uma ponta mais larga, côncava, em formato de concha.

COLHER BAILARINA – Colher de cabo comprido usada para misturar drinques, sucos e coquetéis. Corresponde a uma colher de chá de 5 mililitros.

COLORAU – É utilizado como corante ou condimento em pó, extraído do pimentão seco ou do urucuzeiro. Usado como tempero ou para colorir certos pratos.

COMARI – Pimenta de origem brasileira encontrada na região Sudeste, principalmente interior paulista. A comari verdadeira tem a forma ovalada e é muito picante. Pode ser consumida fresca ou em conserva, empregada em molhos, cozidos e marinadas. Conhecida também pelos nomes de *cumbari* e *comari*.

COMBINAR – Misturar os ingredientes.

COME E CALA – Doce de forno preparado com fatias de pão untado com manteiga, banhadas em calda feita com gemas de ovos, leite e açúcar.

COMER DE ARREMESSO – 1. Maneira como os indígenas comiam, jogando o alimento à boca com a mão, de arremesso. 2. Modo brasileiro de comer a farinha de mandioca ou de milho em tempos coloniais, o que não exclui sobrevivências dessa técnica aqui ou ali, ou generalização com outros alimentos. A farinha era jogada sobre a toalha e cada comensal servia-se à vontade, atirando punhados do alimento à boca com certeira pontaria (daí arremesso). Expressão que já fora referida por Fernão Cardim no século XVI e posteriormente por Johann Baptist Emanuel Pohl (1782-1834) e frei João de São José Queirós, bispo do Pará (1711-1764). Eduardo Frieiro registra que comer dessa forma ainda é hábito em certas zonas do norte de Minas Gerais e, possivelmente, de outras regiões do Brasil.

COMER DE GAVETA – Expressão popular muito conhecida em Minas Gerais, que faz referência às pessoas que escondem o pra-

{ COMIDA DE SANTO }

to de comida na gaveta, quando aparece uma pessoa durante a refeição. A interpretação do gesto sempre foi o de avareza. Mas, segundo Nelson Omegna, em *A cidade colonial*: "A lenda, generalizada hoje pelo país, de pessoas que comem na gaveta espelha menos a avareza dos que não queriam despender com comensais que o pendor dos que temiam tornar pública a pobreza das suas refeições".

COMIDA DE SANTO – Diz-se dos alimentos preparados em cerimônias religiosas afro-brasileiras, em homenagem aos orixás ou distribuídas ao público durante os cultos. São exemplos de comidas de santo: a pipoca, o agbé, o agbô, o aguxó, o amalá, entre outros.

COMIDAS BÁRBARAS – Nome dado a uma série de plantas em grande área do Nordeste que resistem às grandes secas e ficam como recurso último do sertanejo faminto. São esses alimentos bárbaros, conforme a expressão de Josué de Castro, constituídos em geral de cactáceas, bromeliáceas, anacardiáceas e leguminosas. Tais alimentos são a farinha de macambira, a semente de mucunã, a farinha de raiz de mucunã, o coco-catolé, a farinha de parreira brava, o xiquexique e a raiz do umbuzeiro. A análise de tais plantas bárbaras, contudo, conforme ainda Josué de Castro, revela que a flora nativa dos sertões do Nordeste é "bem mais rica do que se presumia até então em recursos alimentares". Aos retirantes que procuram tais comidas bárbaras dá-se o nome de "raizeiros".

COMINHO – Originário do Egito, erva cujas folhas são bastante aromáticas, é usada como tempero em carnes assadas, frango, molhos, linguiças, queijos, pães. Suas folhas novas são muito usadas em sopas. Essa especiaria faz parte da composição do *curry*.

COMPOTA – Frutas cozidas em calda de açúcar, processo hoje amplamente industrializado.

CONCHA – Utensílio culinário em formato de colher (porém maior), formado por um cabo longo e uma concha côncava, utilizado para servir alimentos líquidos (caldos, cremes, sopas).

{ CONSERVA }

CONCHAMBRANÇA – Vocábulo sertanejo do Nordeste. Significa *merenda* ou *matalotagem*.

CONDIMENTO – Nome dado aos adubos de gosto enérgico para temperar pratos salgados e realçar o sabor dos alimentos. Entre os mais conhecidos encontram-se: a pimenta, o gengibre, a mostarda, dentre outros. São salinos, ácidos, acres e aromáticos. O mesmo que *tempero*.

CONFEITO – 1. Pequenas pastilhas coloridas que são usadas para enfeitar bolos e doces. 2. Dá-se o nome de confeito também aos frutos secos como as amêndoas, nozes, amendoins cobertos com glacê de açúcar.

CONGELAR – Resfriar um alimento para conservação.

CONGONHA – Erva utilizada para o preparo de infusão denominada chá. O mesmo que *mate*, ou pertencente ao mesmo gênero, como as simplocáceas, o pau-doce etc. Essa variedade de erva-mate é muito apreciada não só no Sul como na região Centro-Oeste do Brasil. A fama do brasileiro tomador de congonha, ou predominantemente do paulista, levou o poeta Garção Correia a fazer os seguintes versos, que dão bem a medida da difusão de tal hábito entre os moradores de São Paulo: "Parece-me que estou entre paulistas, / Que, arrotando congonha, me aturdiam / Co'a fabulosa ilustre descendência / de seus avós". Também conhecida popularmente como *grão-de-galo*.

CONHAQUE – Bebida decorrente da destilação de vinhos brancos, típica da região de Cognac, na França. Além de servido como digestivo, é também utilizado em preparações culinárias.

CONQUEM – Vocábulo africano, aculturado em certas regiões de Minas Gerais, com o qual se designa a galinha-d'angola.

CONSERVA – Método caseiro ou industrial para conservar carnes, legumes, cereais etc.

{ CONSOMÊ }

CONSOMÊ – Palavra de origem francesa, *consommé*. Caldo preparado com todas as carnes, aves, caças e peixes.

CONSTIPAR – Annette Lisard dá-nos o significado do verbo na cozinha: "expor o leitão assado, quando sai do forno ou ainda se encontra muito quente, a uma corrente de ar frio para fazer rebentar a pele tostada". A rigor seria o mesmo que pururucar o leitão, ou seja, o leitão pururuca.

CONTRAFILÉ – Corte da região lombar do boi, considerado carne de primeira por ser macio e magro, próprio para rosbifes, bifes, churrasco etc.

COPA – Embutido preparado com a sobrepaleta de porco curada com sal e submetida a secagem com defumação ocasional.

COPO – 1. Recipiente que se utiliza para beber líquidos fabricados em vidro, cristal etc. 2. Medida convencional para líquidos (copo americano). A rigor equivale a um quarto de litro.

COPRA – Amêndoa do coco-da-bahia, quando seca é preparada para se extrair óleo e manteiga de coco.

COQUETEL – 1. Vocábulo de origem inglesa, *cocktail*. Aperitivo que combina uma ou mais bebidas alcoólicas, açúcar e por vezes frutas. 2. Reunião social onde são servidos petiscos e bebidas.

CORANTE – Substância usada na culinária para dar cor aos pratos, como o açafrão e o colorau.

CORAR – Ato de dar cor a um alimento fritando ou assando ao forno para dourar.

CORDEIRO – Animal precoce com até 150 dias de nascimento. Após atingir sete meses é considerado borrego. Após quinze meses é chamado de carneiro. Sua carne é rosada, de sabor marcante, consistência firme com pouca gordura. As partes do cordeiro mais consumidas são a picanha, filé-mignon, lombo, costela e o carré.

COROTE – Pequeno barril de madeira, que se usa para conduzir água ou guardar aguardente. Também conhecido como *ancorote*.

CORREDOR – Designação no Ceará do osso da canela do boi.

CORROLÓ – Prato típico do Piauí composto de raspa de requeijão com rapadura, segundo Noé Mendes de Oliveira.

CORTA-MASSA – Molde de folha de aço utilizado para cortar massa de pastéis, raviólis etc.

CORTE – No açougue, o vocábulo corresponde à forma como a rês é cortada.

COSTILHAR – Nome dado no Rio Grande do Sul à carne que se retira com a costela, para ser assada ou churrasqueada. Também conhecido como *sobre-costilhar*.

COTÓ – Faca pequena de material ordinário.

COTREIA – Nome com que é conhecida a cachaça ordinária em Sergipe.

COURT-BOUILLON – Termo de origem francesa. Caldo no qual se faz cozer peixes preparados com partes iguais de água e vinho branco, cenoura, cebola, alho, sal, pimenta-do-reino, cravo-da-índia, coentro e louro.

COUVE – 1. Planta da família das crucíferas, nativa da Europa, onde há inúmeras variedades: couve-tronchuda, couve-manteiga, couve-flor, couve-de-bruxelas, couve-rábano, brócolis e repolho. A couve-manteiga tem folhas largas e verdes usadas no preparo de sopas, saladas, como acompanhamento da feijoada, do virado à paulista, do tutu a mineira e a tradicional couve mineira picada bem fina e refogada com temperos. Dela se faz também o famoso caldo verde. 2. Em Minas Gerais, é típico o bamba de couve, composto de linguiça, couve rasgada, ovos e fubá.

{ **COUVE-DE-BRUXELAS** }

COUVE-DE-BRUXELAS – Cultivada inicialmente na Bélgica. É um pequeno botão verde e folhoso, parecido com um repolho. Acompanha assados e cozidos.

COUVE-FLOR – Variedade de hortaliça, apresenta pequenas flores brancas agrupadas em um caule fino. Consumida crua em saladas ou cozida em água, gratinada, ao molho branco etc.

COUVERT – 1. Vocábulo de origem francesa. Conjunto de acessórios de mesa, pratos e talheres dispostos para cada conviva. 2. No Brasil, também significa entrada composta basicamente de pão e manteiga, que precede a refeição em um restaurante.

COVILHETE – Recipiente de barro destinado a conservar doces em compota.

COXINHA – Salgadinho à base de massa feita com farinha de trigo e caldo de galinha, que envolve um recheio de carne de frango desfiada. Modelada em formato de coxa de galinha, passada em farinha de rosca e frita em óleo quente. Uma outra versão é a coxa creme preparada com a coxa de frango inteira cozida, envolta em ovo e farinha de rosca e frita.

COXITO – Raça de porcos pequenos, de ótima carnadura, criada em Minas Gerais, cuja carne é extremamente apreciada quando nova.

COZIDO – 1. Prato de origem ibérica, feito com pedaços de carne de vaca, de porco, linguiça, chouriço, batatas e verduras. No Brasil, é servido com pirão e arroz. 2. O cozido pernambucano é preparado com carne do peito e ossobuco do boi, charque, toucinho, linguiças e temperos, cozidas com batata-doce, repolho, couve, jerimum, cenoura, quiabo, maxixe, banana comprida. É servido acompanhado de arroz branco e pirão feito do caldo do cozido.

COZINHADOR – Nome que se dá à panela em que se cozinham os alimentos nas pescarias de jangada.

{ *CROISSANT* }

CRAVEJAR – Diz-se particularmente da cebola quando é espetada com cravos-da-índia. Também se pode usar o verbo ao se referir ao preparo de carnes.

CRAVO-DA-ÍNDIA – Botão da flor do craveiro, seco ao sol, utilizado como condimento em pratos doces e salgados.

CREME – 1. Parte espessa do leite, nata. 2. Qualquer preparação culinária doce ou salgada que tem por base leite, ovos e açúcar. 3. Sopas cremosas de legumes batidos.

CREMOR DE TÁRTARO – Creme ácido ou pó branco muito fino, derivado de um ácido cristalino, obtido dos resíduos deixados pelo vinho nos seus tonéis. Substância ácida utilizada para fazer crescer massas e bolos que não levam fermento. Ingrediente essencial quando se usa claras de ovo para assar. Também aplicado para deixar as balas e as claras em neve mais cremosas e consistentes. Em algumas receitas, é utilizado para adicionar acidez ao prato, podendo, nesses casos, ser substituído por limão. Muito usado antes de o fermento em pó se tornar comum. Também conhecido como *ácido tartárico* e *creme ácido*.

CRÉSCIMOS – O mesmo que *sobejo, resto, aquilo que sobra*.

CRISTALIZAR – Cobrir com calda de açúcar. Método utilizado principalmente com frutas frescas cozidas lentamente na calda de açúcar permitindo guardar seu aspecto natural com o intuito de conservar.

CROCANTE – Iguarias torradinhas que estalam nos dentes, segundo a definição de *O cozinheiro imperial*.

CROISSANT – Sua história remonta ao ano de 1683 em Viena. Após a vitória sobre os turcos, por Jean Sobieski III, os padeiros vienenses tiveram o privilégio de fabricar um tipo de pão adocicado em formato de meia-lua, símbolo representado na bandeira turca. Por volta de 1770, foi levado pela austríaca Maria Antonieta para a França.

{ CROQUETE }

CROQUETE – Bolinho de carne, galinha, camarão ou peixe envolto em ovos batidos, farinha de rosca, frito em óleo. Tem sempre a forma cilíndrica.

CROÛTON – Pequenos cubos de pão torrado ou frito na manteiga ou azeite, podendo ou não ser temperados com ervas, usado em saladas e sopas.

CRUÁ – Planta nativa das regiões tropicais das Américas, com frutos aromáticos e comestíveis ainda verdes. Utilizado em conservas e doces. Também conhecido como *melão-caboclo*.

CRUEIRA – Fragmentos da mandioca ralada que não passam pelas malhas da peneira, na qual se apura a massa, segundo a lição de Beaurepaire-Rohan.

CÚBIO – Fruto da Amazônia. Com formato redondo e de cor amarelada, polpa esbranquiçada e suculenta. Pode ser consumido ao natural, em compotas, sucos e geleias. Preparado também em cozidos de peixe e pratos à base de frango.

CUCA – Bolo de origem alemã preparado geralmente com massa de pão e cobertura de farofa crocante, servido no chá ou café colonial na região Sul.

CUCHARA – Regionalismo gaúcho que se refere à colher de pau feita toscamente.

CUCUMBE – Banquete ou prato de tradição afro-brasileira.

CUÊS – Pequenas pastilhas de massa fermentada misturada com passas e açúcar. São fritas e polvilhadas com açúcar e canela.

CUI – Designação amazônica para a farinha de mandioca fina depois de peneirada, separando os grãos maiores, registrado por Vicente Chermont.

CUIA – 1. Fruto da cuieira (cabaceira) que, serrada ao meio, se transforma em recipiente utilizado pelos indígenas e populações sertanejas. Segundo Roque Callage, também conhecido como *cabeça de porongo*. 2. Nome dado ao recipiente em que se prepara o mate.

CUIABANO – Bolo cuja massa é preparada com gemas de ovos, coco ralado, açúcar e erva-doce, assado ao forno em pequenas formas.

CUIPÉ – Pá de madeira que se usa no interior de São Paulo para movimentar os assados dentro do forno. Esses fornos, feitos de tijolos e barreados por fora e por dentro, sobre quatro toros, estão em franco desuso, inclusive no interior. Serviam para assar pães, cabritos, frangos e leitoas e para o preparo de outros pratos em dias de grandes festas.

CUIPEVA – Termo que na zona rural paulista significava colher, hoje em desuso.

CULATRA – Termo que designa as partes carnudas da nádega da rês.

CUMBUCA – Panela redonda de barro.

CUNCA – Espécie de tubérculo sumarento que se desenvolve nas raízes horizontais do imbuzeiro. Segundo Beaurepaire-Rohan, a cunca é chupada como a cana-de-açúcar. No Ceará, de onde nos vem o vocábulo, é utilizada para matar a sede nas épocas da seca.

CUNHAMUÇU – Tartaruga jovem da Amazônia, é largamente utilizada na culinária regional preparada como assado.

CUPUAÇU – Espécie nativa do Pará, que ainda se encontra em estado silvestre. Cultivado em toda a Amazônia e na parte noroeste do Maranhão. Os frutos possuem formato oval, casca rígida, de cor marrom, polpa branca e sabor ácido. É considerado o chocolate da Amazônia. Consumido ao natural ou em tortas, pudins, mousses, geleias, sucos, sorvetes e licores. O refresco de cupuaçu muitas vezes é misturado com farinha de mandioca. As

{ CURADÁ }

sementes, depois de secas, são utilizadas na produção de chocolate de ótima qualidade.

CURADÁ – Beiju espesso feito com tapioca umedecida e pedaços de castanhas, na lição de A. J. de Sampaio.

CURAU – 1. É a designação no Sudeste de creme de milho verde preparado com milho fresco ralado, leite e açúcar, polvilhado com canela em pó. Sebastião Almeida de Oliveira registra o vocábulo curau, como "mingau ou doce feito de milho verde ralado". Também conhecido como *corá*. 2. No Norte, Nordeste e Mato Grosso, equivale à designação da canjica do Sudeste.

CURCUMA – Especiaria nativa do Sudeste da Ásia. Seu nome é derivado do latim *terra merita*, cujo significado é terra meritória, com referência a sua cor. Na Índia, é usado em rituais hinduístas e como condimento e na composição do *curry* em pó. É apresentado sempre em pó, seu sabor é amargoso e terroso. No Brasil, é conhecido como *açafrão-da-terra*, *açafrão-da-índia*, utilizado como condimento e corante na preparação de arroz, frango etc.

CURIACUCA – Designação de cozinheiro. Termo oriundo do quimbundo (ku+ria: prefixo verbal que significa comer). Do verbo curiar (comer) e cuca (mulher velha), na lição de Aires da Mata Machado, ao registrar o vocábulo do dialeto crioulo de São João da Chapada, em Minas Gerais. Em São João da Chapada, em Minas Gerais, significa "cuca", sinônimo de cozinheiro. Diz o autor que semanticamente se explica bem a composição da palavra, de vez que os negros velhos "é que serviam e servem ainda para os serviços de cozinha". Cuca com o sentido de cozinheiro também é corrente entre os moradores de São João da Chapada. O curioso é que cuca, acentua o estudioso, em outra região, poder-se-ia justificar como originário de *cook*, do inglês.

CURIMATÁ – Peixe da família dos curimatídeos encontrado nos rios da Amazônia e do Nordeste. Sua carne é apreciada pelos ribeirinhos.

{ CUTELA }

CURTIR – Deixar um alimento na vinha-d'alhos, ou outros condimentos.

CURUBA – Raspa de mandioca acrescida de castanha-do-pará ou sapucaia cozidos em fogo brando.

CUSCUZ – I. A etimologia do vocábulo é berbere (*kuskus*). Originário do Magreb (norte da África), disseminou-se pela Península Ibérica por meio dos mouros. Tornou-se popular entre os portugueses, principalmente na região do Alentejo, onde o preparavam como os mouros, com sêmola de trigo dura, regada com ragu de carne e legumes, cozido no vapor d'água. Os portugueses trouxeram em sua bagagem a receita para o Brasil e substituíram os ingredientes originais pelos produtos autóctones. O cuscuz de peixe é típico paulista preparado à base de farinha de milho e de mandioca, escaldadas com óleo e salmoura, cozido no cuscuzeiro no vapor d'água. Inúmeras são as formas de se fazer o cuscuz, destacando-se entre as mais apreciadas o cuscuz de galinha, de peixe e de camarão. 2. No Norte e Nordeste, o cuscuz consiste na massa de milho pilada, temperada com sal e açúcar, cozida ao vapor d'água e umedecida com leite de coco ou manteiga de garrafa. São igualmente utilizadas a mandioca, a macaxeira ou o inhame afervantado e ralado, além da farinha de arroz, de tapioca ou de carimã, consumido em geral no café da manhã ou na ceia da tarde. O cuscuz de Pernambuco é feito com fubá ligeiramente umedecido em água e sal, e cozido no vapor. Servido quente, apenas com leite ou acompanhado de queijo, carne de sol, bode ou galinha guisada. Florival Serraine define como uma "espécie de bolo feito com fubá de milho, geralmente, a que se acrescenta água, leite de coco e sal; mais raro açúcar". Também conhecido como *bolo cru*.

CUSCUZEIRO – Recipiente de barro ou alumínio composto de duas partes. Um tipo de panela onde se esquenta a água. Sobre ela é colocado uma outra vasilha com vários orifícios no fundo, por onde penetra o vapor de água para cozer o cuscuz em banho-maria.

CUTELA – Facão de cozinha.

{ CUTIA }

CUTIA – Animal roedor, com até 60 centímetros de comprimento, cuja carne era muito apreciada no Brasil Colônia. Normalmente é preparada ensopada ou assada.

CUTITIRUBÁ – Árvore da família das sapotáceas, nativa da Amazônia. O fruto tem casca amarela e polpa comestíveis.

CUTU – Carne de sol guisada com ovos mexidos.

DAMASCO – Fruto do damasqueiro, originário do Norte da China, consiste em uma drupa alaranjada, com cerca de 3 centímetros de diâmetro. Costuma ser consumido fresco ou seco, e é também muito utilizado em compotas, licores e conhaques. Sua semente também é aproveitada em licores e doces. Também conhecido como *abricó* ou *alperce*.

DEBULHAR – Retirar os grãos de espigas ou vagens, bem como a pele ou a casca de cereais. Pode ser manual ou mecanicamente. O mesmo que *escarolar*.

DECANTAR – 1. Purificar um líquido, deixando-o em repouso para que as impurezas fiquem assentadas no fundo do recipiente. 2. Passagem lenta do vinho da garrafa para outro recipiente chamado decanter. Serve para separar eventuais sedimentos do vinho ou para aeração. Processo comum com vinhos antigos, antes de servir.

DECOCÇÃO – Ato de extrair substâncias de vegetais, sementes, cascas de árvores ou frutas pela fervura.

DECOMER – Refeição ou comida, conforme uso do vocábulo no Ceará. O caipira paulista, conforme Cornélio Pires, usa *decomê* não só no sentido de alimento para pessoas, mas também para porcos. Também significa provisão de comida.

DEDO-DE-MOÇA – Pimenta suave e adocicada, menos picante que a malagueta e a cumari. Utilizada

Dedo-de-moça

{ DEFUMAR }

ao natural ou desidratada é indicada para molhos e conservas. Também conhecida como *pimenta-vermelha*.

DEFUMAR – Processo de expor carnes ao calor e fumaça com o objetivo de maior conservação e também dar um sabor especial.

DEGUSTAÇÃO – Provar ou saborear a qualidade dos alimentos e bebidas.

DELÍCIA – Biscoito de forno em tabuleiro, feito com araruta, farinha de trigo, baunilha, sal amoníaco e claras de ovos.

DENDÊ – Fruto da palmácea africana denominada dendezeiro. Dele se extrai o famoso azeite de dendê ou óleo de palma, largamente utilizado na culinária afro-brasileira e a confecção de pratos típicos da culinária baiana, como o vatapá e o acarajé, entre outros. Também conhecido como *dendém*. Na Amazônia, o dendezeiro nativo tem os nomes de caiu ou caiaué. Manuel Querino informa que da parte superior do tronco da palmeira ferida apanha-se a seiva numa cabaça, que é o vinho de dendê, um "generoso vinho".

DENGUÊ – Prato da cozinha afro-baiana. Milho branco ou arroz cozido, misturado com açúcar no preparo do mingau de mesmo nome. Também conhecido como *dengué*.

DERRETER – Transformar um alimento sólido em líquido por meio de uma fonte de calor.

DESCACHAÇAR – Limpar da cachaça a espuma ou sumo emerso com a fervura e com a decoada.

DESCANSAR – Processo de repouso a que se submete a massa depois de trabalhada e antes de ser utilizada.

DESCAROÇAR – Retirar os caroços, utilizando utensílios especiais, como o descaroçador de azeitonas ou a faca.

{ DESOSSAR }

DESCONGELAR – Eliminar o gelo de alimentos congelados para que possam ser preparados para o consumo, deixando-os em temperatura ambiente ou colocando-os em água morna.

DESENFORMAR – Tirar o alimento assado ou cozido da forma em que foi preparado, como se faz, por exemplo, em bolos, pudins e tortas.

DESENGORDURAR – Extrair a gordura do líquido, pela decantação ou com o auxílio de escumadeira durante a fervura.

DESFEITO – Tipo de caldo ou sopa grossa feito com legumes, carne e outras iguarias que são desfeitas durante o cozimento. Também conhecido como *desfeita*.

DESFIAR – Desmanchar as carnes, depois de cozidas, em filamentos.

DESJEJUM – Nome com que se designa a primeira refeição do dia, embora seja termo em desuso entre nós. No Brasil, é mais comum usar o termo café da manhã, composto principalmente de café com leite, pão e manteiga.

DESMAMADA – Espécie de doce feito com açúcar, leite, farinha de arroz ou fubá de milho, coco ralado, manteiga e ovos, muito popular em Minas Gerais.

DESMANCHA – Operação pela qual se reduz a mandioca em farinha, ou seja, da raspagem até o forno.

DESMANIVAR – Aparar a rama da mandioca para desenvolver melhor. Termo comum no Norte e Nordeste.

DESOSSAR – Técnica que consiste em separar os ossos das carnes ou aves e, por extensão, extrair a espinha do peixe, conservando sua forma natural. Pode ser antes ou depois de cozidos ou assados.

DESSALGAR – Ato de extrair o excesso de sal de qualquer peixe salgado (bacalhau) ou de carnes (carne-seca), pelo emprego de água fria deixando em descanso por algum tempo.

DESTILAÇÃO – Processo da separação de líquidos por evaporação e condensação de vapores.

DEVORAR – Comer com voracidade, engolindo rapidamente.

DIACIDRÃO – Compota feita com a casca da cidra, açúcar e água. Essa mistura deve ir ao fogo até que se faça uma calda grossa. O diacidrão pode ser cristalizado, colocando as fatias do doce em calda para escorrer numa peneira, deixando-as secar.

DIETÉTICO – Alimentos próprios para dietas, por apresentarem baixo teor de calorias e ausência de certos nutrientes (carboidratos, açúcar, sal, lactose, gordura). Também conhecidos como *diet*, em geral produzidos industrialmente.

DIGESTIVO – Bebida alcoólica que, consumida após as refeições, auxilia na digestão, como licores, conhaques, vinho do Porto etc.

DILUIR – Desfazer ou deixar uma substância pastosa menos densa, acrescentando água ou outro líquido.

DILUTO – Qualquer bebida misturada a água, como o vinho, por exemplo. Neste caso, a mistura recebe o nome de *sangria*.

Diplomata

DIPLOMATA – Tipo de biscoito champanhe, assado ao forno. É preparado batendo-se as gemas com o açúcar, com o acréscimo de farinha de trigo e, depois, das claras em neve.

DISSOLVER – Desfazer ou desmanchar uma substância ou alimento adicionando líquido ou fazendo uso de calor.

{ DOVRÓ }

DOBRADINHA – Guisado que se faz com a tripa de boi cortada em pedaços, bacon, cebola e alho. Há inúmeras variedades na preparação do prato: com batatas, grão-de-bico ou feijão-branco. As mais conhecidas são à moda de *Caen*, criada na Idade Média por Sidoine Benoit; à *maître-d'hotel*; e à moda do Porto. Em Santa Catarina, esse mesmo prato é conhecido como mondongo.

DOBURÚ – 1. Termo africano que significa pipoca, segundo registro de Edison Carneiro. Serve como oferenda aos Orixás. É preparado com milho de pipoca ou milho-vermelho estourado em uma panela quente com areia da praia. 2. Com azeite de dendê se faz iguaria do mesmo nome, segundo José Ribeiro de Souza.

DOÇARIA – 1. Grande quantidade de doces servidos em determinado local ou evento, ou conjunto de doces de determinado país ou região. 2. Também designa a especialidade culinária relativa aos doces.

DOCE DE LEITE – Preparado com leite e açúcar, deixando cozinhar até dar ponto. Pode ser encontrado à venda como doce caseiro ou industrializado.

DOURADINHA – Espécie de planta do cerrado de Mato Grosso, que seca e torrada pode substituir o café, o mate ou o chá.

DOURADO – 1. Peixe utilizado na culinária graças ao seu excelente sabor e abundância nos rios brasileiros, principalmente no São Francisco e na bacia do Paraná. O pescado pode alcançar 1 metro de comprimento e pesar 20 quilos; suas escamas têm coloração dourado-avermelhada. Além de cozido, é apreciado assado ao forno. 2. Também é o nome de um peixe de água salgada, encontrado no Nordeste e que pode atingir até 2 metros de comprimento.

DOURAR – Ato de dar a cor do ouro a certos pratos fritos ou preparados ao forno. Uma das técnicas consiste em passar gema de ovo em pães, tortas ou empadas.

DOVRÓ – Feijão-branco cozido com azeite de dendê, enrolado em folhas de guarimã e cozido no "suor da panela".

{ DRINQUE }

DRINQUE – Termo de origem inglesa, *drink*. Bebida alcoólica que se toma como aperitivo ou fora do horário das refeições.

DRUPA – Espécie de fruto carnoso, de uma única semente, geralmente protegida por um caroço resistente. Sua polpa não é dividida em gomos; a drupa costuma ser envolta também por uma casa fina. Ameixa, cereja, manga e pêssego são exemplos de drupas.

EBÊ-XIRI – Caruru de mostarda. Prato usado em rituais afro-brasileiros.

EBÓ – Termo africano da língua iorubá. Iguaria feita à base de farinha de milho branca, sem sal. Tem diversas formas de preparo: a mais comum é o cozimento da farinha, adicionando azeite de dendê; a segunda forma é misturar a farinha com milho e feijão-fradinho torrado.

EBULIÇÃO – Ato de ferver. Ponto máximo de um líquido em fervura.

ECÔ – Iguaria africana, utilizada em rituais afro-brasileiros. Bolinho de amido de milho branco ou amarelo, embrulhado em folha de bananeira.

ECURÓ – Prato de iansã, utilizado em rituais afro-brasileiros. Farofa de feijão-fradinho torrado com farinha-d'água e sal.

ECURU – Iguaria ainda hoje usada em rituais afro-brasileiros. Espécie de pamonha preparada com feijão-fradinho ou milho verde, da mesma forma que o acarajé. Os bolos de massa são colocados em folhas frescas de bananeira ou na própria palha do milho e cozidos em banho-maria.

EDÉ – Nome dado a um tipo de caranguejo, oferecido aos orixás em rituais afro-brasileiros.

EFÓ – Termo de origem iorubá. Prato preparado com folhas de língua-de-vaca, caruru, mostarda, camarão seco moído,

{ EFUN-OGUEDÊ }

temperos, cabeça de peixe e azeite de dendê. Também pode ser utilizado o bacalhau. Acompanha arroz branco, acaçá ou aberém. Para Nina Rodrigues, o efó é "uma sopa seca, preparada de folha batida com camarão, galinha ou carne", sendo análogo ao caruru.

EFUN-OGUEDÊ – Farinha feita de banana-de-são-tomé ainda verde, cortada em fatias que, depois, são secas ao sol, pisadas no pilão e peneiradas.

EGUEDÉ – Prato de origem africana, preparado com banana-da-terra frita em azeite de dendê.

EGUSSI – Pevide de abóbora ou melancia que serve de complemento na preparação de várias iguarias afro-brasileiras. Pode ser utilizado no preparo de sopas e caldos. Também conhecido como *egusi*.

EIFUM – Termo culinário utilizado em rituais afro-brasileiros. O mesmo que *farinha de mandioca*.

EJÁ – Iguaria destinada à Iemanjá em rituais afro-brasileiros (ejá, de Iemanjá). Preparada com bastante coentro, cebola e sal ralados, transformada em pasta, misturada com peixe e limão e cozida em azeite de dendê.

EMBAMATA – Base de molhos encorpados, preparada com manteiga e farinha em quantidade adequada. Usa-se também fécula de batata. O molho pode ser escuro ou branco, conforme o cozimento. Também conhecido como *lisação* ou *lisa*.

EMBEBER – Encharcar, ensopar, molhar completamente.

EMBUTIDO – Denominação dada aos alimentos preparados com diversos tipos de carnes e especiarias, colocados em tripas, como o paio ou a linguiça.

EMPACHAR – Comer em demasia, encher o estômago e criar uma situação de indigestão. O mesmo que *empanturrar*.

EMPADA – Massa de farinha de trigo com recheio de carne, camarão, galinha, palmito etc., com os devidos temperos, levada ao forno em formas pequenas.

EMPADÃO GOIANO – Massa de farinha de trigo, ovos, banha de porco e sal, recheada com uma mistura de queijo de minas em cubinhos, ovos cozidos, azeitona, pimenta-de-cheiro, carne de porco em pedaços, coxa de frango inteira, pedaços de linguiça e guariroba. É assado no forno em forma de barro.

Empada

EMPALHAR – Ato de acondicionar a farinha de mandioca ou qualquer produto agrícola em paneiro com folhas largas em torno, segundo Vicente Chermont.

EMPANADA – Espécie de pastel frito ou assado, mais frequentemente recheado com carne ou frango. É tradicional dos países da América hispânica, mas também ficou popular no Brasil.

EMPANAR – Passar os alimentos, como carne, peixe, vegetais etc., em ovos batidos, farinha de trigo ou de rosca, antes de fritar.

EMPELO – Termo que designa ervas cozidas e espremidas, que se juntam aos guisados.

EMPOLAR – Crescimento da massa por efeito de fermento.

EMPRATAR – Ato de dispor no prato, com considerações estéticas, as iguarias que serão servidas em uma refeição.

EMPUNADILHA – Espécie de torta doce, confeccionada com açúcar, amêndoas e manteiga. Faz-se frita ou ao forno.

EMULSIONAR – Misturar dois ou mais líquidos não solúveis que, depois de batidos, incorporam-se um ao outro.

ENCALIR – 1. Ato de sujeitar a uma fervura preparatória os intestinos do boi ou da vaca, a fim de limpá-los melhor para serem

{ **ENCANTIAR** }

utilizados na dobradinha. 2. Também significa assar a carne ou o peixe como processo de conservação. O mesmo que *moquear*.

ENCANTIAR – Ato de chamuscar a folha verde da erva-mate no carijo.

ENCORPAR – Engrossar ou tornar mais espesso qualquer caldo ou molho. Em geral, utiliza-se a farinha de trigo ou o amido de milho.

ENDÍVIA – Planta da família das compostas (variedade de chicória), também conhecida por *escarola*. Foi em 1850 que o jardineiro chefe do Jardim Botânico de Bruxelas descobriu que a chicória, que havia sido recoberta acidentalmente de terra, reproduzia uma folhagem branca dando origem à endívia, que fez bastante sucesso na Europa. Atualmente, são menos amargas e há produção de endívias de folhas vermelhas.

ENFARINHAR – 1. Passar um alimento em farinha de trigo, de mandioca ou fubá. 2. Polvilhar a forma com farinha.

ENFEITAR – Decorar um prato.

ENGANO – Termo registrado no Estado do Rio de Janeiro como biscoito fofo, feito de polvilho azedo, coalhada e sal, assado ao forno. "Cresce muito", diz A. J. de Sampaio, "e fica cheio de ar, pelo que tamanho engana", daí o seu nome. Também conhecido como *poca* ou *poquinha*.

ENGROLAR – Cozinhar a carne até ficar parcialmente cozida, malpassada.

ENGROSSAR – Espessar certos pratos com farinha de trigo ou amido de milho, araruta, fécula de batata, gemas, ou simplesmente ferver o caldo até que este adquira a consistência desejada.

ENRESTADO – Regionalismo gaúcho que significa comer demais, estar farto de comida.

{ EÔ-FUNDUM }

ENRIZAR – Tornar duro, rijo, de difícil mastigação. Processo geralmente obtido com a utilização de vinagre, principalmente em carnes.

ENSOPADO – Toda iguaria preparada com molho ou, mais especificamente, o guisado, quer de carne, de peixe ou de aves.

ENTALAR – Cozinhar previamente aves, carnes ou outro ingrediente, para cozimento definitivo no dia seguinte.

ENTEZAR – Ato de mergulhar as carnes ou legumes em água fervida.

ENTRADA – Termo de origem francesa, *entrée*. Pratos servidos no princípio das refeições.

ENTRECOSTO – 1. Corte de carne bovina ou suína que se encontra entre as costelas da rês. 2. Designação de prato preparado com o entrecosto de porco ou de boi.

ENTREMEAR – 1. Ato de colocar em tiras o bacon ou o toucinho na carne. 2. O adjetivo entremeado refere-se à carne e ao toucinho em que há partes gordas e magras.

ENTREMEIO – Termo de origem francesa, *entremet*. Designa pratos leves considerados intermediários entre a entrada e o prato principal.

ENTREPERNAS – Assado preparado com o pedaço de carne que se tira da região existente entre as pernas da rês.

ENTRIVA – Nome dado a uma papa feita com migalhas de pão, parecida com a açorda portuguesa.

ENVIDRAÇAR – Cobrir com calda de açúcar um doce para finalização da decoração.

EÔ-FUNDUM – Inhame cozido e esfarelado, em forma de farofa, mexido ao fogo lento.

EÔ-FUPÁ – O mesmo que eô-fundum temperado com azeite de dendê em forma de pirão.

EQUENEFA – Vocábulo de uso muito raro hoje. No século XIX designava um bolinho de carne picada com vários temperos. Tecnicamente é o mesmo que *almôndega*.

ERÃ-EICOICI – Carne de veado no ritual afro-brasileiro.

ERÃ-PATERÊ – Iguaria de origem africana, feita com um naco de carne fresca, salgada e frita no azeite de dendê, acompanhada de feijão-preto ou fradinho. É utilizada em rituais afro-brasileiros, em oferenda ao orixá Oxossi. Também conhecido como *paterê*.

ERÃ-POLU – O mesmo que carne-seca em rituais afro-brasileiros.

ERVA – Diz-se das plantas que não apresentam caules lenhosos, cujas partes aéreas vivem pouco, o que limita o seu tamanho. No Brasil, encontramos diversos exemplares: erva-cidreira, erva-doce, erva-mate, entre outras.

ERVA-CIDREIRA – Originária do Mediterrâneo, erva aromática da família das labiadas, de folhas ovais, usada como condimento ou na medicina caseira para o preparo de chá com efeito calmante.

ERVA-DOCE – Planta nativa da Grécia e do Egito. Seus frutos aromáticos contêm duas sementes que são usadas como condimento para o tempero de doces ou salgados, principalmente em certos tipos de linguiça ou algumas espécies de pães, no preparo de chá, por suas qualidades digestivas, e na composição de certos licores. O bulbo é usado cru em saladas ou cozidos. Também conhecida como *anis* e *funcho*.

ERVA-MATE – Bebida deixada em infusão com água quente, servida em cuia de cabaça. No Rio Grande do Sul, é bebida em uma mesma bombinha por todos os presentes, numa espécie de ritual. Segundo o viajante Saint-Hilaire: "O uso dessa bebida é geral aqui: toma-se mate no instante em que se acorda e, depois, várias vezes durante o dia. A chaleira cheia de água quente está sempre ao fogo e, logo que um estranho entre na casa, oferecem-lhe mate imediatamente. O nome de mate é propriamente o da pequena cuia onde ele é servido, mas dá-se também a mesma designação à bebida ou ao líquido contido na cabaça; assim se diz que se tomaram dois ou três mates, quando se tem esvaziado a cuia duas ou três vezes". Os verdadeiros apreciadores do mate tomam-no sem açúcar, e então se obtém o chamado mate-chimarrão. Também conhecido como *mate* ou *congonha*.

ERVAS DE PROVENCE – Tradicionalmente consistem de uma mistura composta de manjericão, louro, manjerona, alecrim, segurelha e tomilho. Utilizadas para condimentar carnes, aves, peixes, molhos e vegetais cozidos.

ERVAS FINAS – Do francês, *fines herbes*, é uma mistura de salsa, cerefólio, estragão e cebolinha verde, cuja composição varia de acordo com a região. Costumam ser usadas em molhos, carnes, peixes, guisados de aves e vegetais cozidos.

ERVILHA – Leguminosa da família das fabáceas, seus grãos são redondos e verdes. Tem sua origem no Oriente Médio e teve cultura amplamente disseminada desde a Antiguidade. Nas mesas europeias, a sua introdução se deu apenas no século XVI. As variedades mais conhecidas são: ervilha-torta, tsuruga e torta de flor roxa. Pode ser consumida após o cozimento em água.

ESCABECHE – Conserva à base de vinagre, azeite, sal, cebola, alho, louro e ervas aromáticas. Geralmente se faz escabeche de peixes, aves ou legumes. Também chamado de *molho escabeche*.

ESCALADO – Diz-se do pedaço de carne que é aberto ou fendido com a faca.

ESCALDADO – 1. Guisado de carne, peixe ou crustáceos, cozido em molho especial condimentado com especiarias, variando este de muitas formas. A sua característica é o caldo inicialmente preparado no qual se cozinha a carne. Há diversas formas de escaldado, tais como o de bacalhau, de caranguejo, de carne-seca,

{ ESCALDAR }

de galinha, de ovos, de peixe frito ou assado, de peru etc. 2. Na Amazônia, Vicente Chermont o define como um pirão ou massa de farinha de mandioca seca escaldada em caldo fervente.

ESCALDAR – Mergulhar um alimento em líquido quente abaixo do ponto de ebulição.

ESCALFAR – Cozinhar em água fervente – por exemplo, ovos – ou passar um alimento em água quente.

ESCALOPE – Fatias delgadas de carne ou peixe, geralmente empanadas. O escalope à milanesa é empanado com ovo batido e farinha de trigo, e depois é frito.

ESCAMAR – Descamar peixe, raspando com a faca no sentido contrário das escamas, da cauda para a cabeça.

ESCAROLA – Hortaliça da família das compostas, possui folhas grandes e frisadas, cuja cor vai do verde ao amarelo, de sabor amargo. Utilizada refogada ou em saladas.

ESCAROLADO – Nome dado ao milho debulhado, solto do sabugo.

ESCAROLADOR – Aparelho agrícola que serve para debulhar o milho.

ESCARRAMÃO – Guisado de carneiro picado, com cebola e toucinho, muito conhecido no século XIX no Brasil.

ESCOAR – Separar a comida sólida do líquido.

ESCOLFO – Parte média do traseiro da rês.

ESCOTEIRO – Aquilo que se come sem nenhum acompanhamento, por exemplo, feijão escoteiro.

ESCUMADEIRA – Espécie de utensílio de cozinha, normalmente feito de metal, composto de um cabo e uma ponta rasa arredondada e levemente côncava, com furos. É utilizada para retirar a espuma que se forma durante o cozimento ou preparação de alimentos, e para retirar alimentos fritos do óleo fervente. Também conhecida como *espumadeira*.

Escumadeira

ESFIHA – Iguaria de origem árabe, preparada com massa de farinha de trigo, carne crua, tomate e cebola, temperada com sal e assada. Estimada nas cidades de acentuada concentração árabe, como São Paulo.

ESGALAMIDO – Excessivo no comer, glutão, pantagruélico.

ESPAGUETE – Variedade de macarrão, cuja massa à base de farinha de trigo e ovos apresenta-se na forma de fios.

ESPARREGADO – Guisado de verduras ou ervas picadas finamente e refogado em azeite.

Espaguete

ESPECIARIA – Nome genérico dado a todos os produtos aromáticos e condimentares com que se adubam as iguarias. Os produtos assim conhecidos são originários da Índia e da África e chegaram à Europa e América pelos portugueses, sendo razão e motivo dos grandes descobrimentos. Entre as especiarias estão a mostarda, o gengibre, a noz-moscada, a pimenta, o cravo, o louro, a canela, o cinamomo, entre outras.

ESPECIONE – Bolo preparado com ovos, açúcar, farinha de trigo e suco de limão, assado ao forno. Consta do livro *Doceira brasileira*, de Constança Oliva de Lima.

ESPERA-MARIDO – Doce de ovos queimados, preparado com leite e açúcar.

{ ESPESSANTES }

ESPESSANTES – Ingredientes usados para dar mais consistência a molhos, como amidos, sangue animal, farinhas, ovos etc.

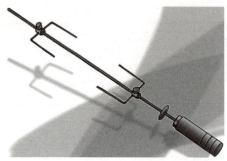

Espeto

ESPETO – Utensílio em forma de haste com uma das extremidades pontiaguda, feito de madeira ou metal, utilizado em churrascos para assar carnes, aves ou peixes (colocados sobre brasa quente). Diz-se também, por extensão, da carne (churrasco) que está no espeto (espetinho, churrasquinho).

ESPICHO – Pequenas hastes de madeira utilizadas para prender carnes salgadas, como o bacalhau. O termo é do século XIX, quando se utilizava de preferência o bambu. Também conhecido como *espicha*.

ESPINAFRE – Nativo da Ásia, da família das quenopodiáceas, de folhas comestíveis, coloração verde, bastante usado na culinária. É preparado de diversos modos, especialmente como esparregados ou purês. Pode também ser utilizado em saladas e sopas. O espinafre branco é usualmente chamado de *cortalha* e *baiana*.

ESPINHAÇO – Denominação gaúcha para a suã da ovelha. Peça formada pelo lombo, vértebras e um pedaço da costela.

ESPONJA – Doce feito com leite, uma pitada de sal, açúcar e ovos, que toma a forma de uma esponja.

ESPUMONE – Sorvete de origem italiana preparado com creme inglês, chantili e claras em neve, o que o torna bastante aerado, quase uma espuma.

ESQUECIDO – Doce preparado com claras batidas em neve, açúcar e cremor de tártaro. O forno deve ser previamente aquecido a 250 °C e depois desligado. Colocado em assadeira rasa, deve ser assado por 12 horas com o forno desligado. Por isso o seu nome, esquecido.

ESQUENTAR – Ato de aquecer a comida pronta.

ESSÊNCIA – Substância aromática obtida por diversos sistemas, como a destilação ou a permanência do alimento em óleo ou álcool por algum tempo. É usada para aromatizar os alimentos.

ESSÊNCIA DE AMÊNDOA – Óleo aromático extraído da amêndoa ou produzido sinteticamente. Essência usada na confeitaria para aromatizar doces.

ESSÊNCIA DE BAUNILHA – Óleo aromático extraído da fava de baunilha ou produzido sinteticamente. Tradicionalmente se utiliza em confeitaria para aromatizar doces.

ESSÊNCIA DE MENTA – Óleo aromático extraído da menta ou produzido sinteticamente. Utiliza-se para dar sabor e aroma a bebidas e preparações culinárias.

ESTAMENHA – Vocábulo antigo que designa uma espécie de peneira cujo fundo é feito com tecido delgado de lã.

ESTRAGÃO – Erva com folhas finas e pequenas utilizada como tempero. Suas folhas podem ser usadas frescas ou secas para condimentar conservas, cozidos, assados, saladas e sopas. *O cozinheiro imperial* define o termo como planta que se come em salada e que, metida no vinagre, dá-lhe cheiro e gosto agradável. Annette Lisard define-o como "planta utilizada para temperar saladas e perfumar diversas iguarias".

ESTROGONOFE – Prato de origem russa, bastante popular no Brasil, preparado com tiras de carne, cogumelos, molho de tomate e creme de leite. Também pode ser de frango. No nosso país, é servido com arroz branco e batata palha.

ESTUFADO – Guisado de carne cozido em fogo lento em sua própria gordura ou suco, em caçarola hermeticamente fechada para evitar a evaporação dos líquidos.

FACA – Utensílio composto de uma lâmina chata com um dos lados cortantes, serrilhado ou não, com cabo de madeira, plástico ou osso.

FACEIRA – Designativo desusado de carne da cabeça (faces) de boi e de porco.

FANDENQUECA – Doce típico da doçaria gaúcha. Tipo de panqueca bem fininha preparada com ovos, leite e farinha de trigo, frita na manteiga, polvilhada com açúcar e canela.

FARINHA – 1. Produto da moagem de cereais, tubérculos, raspagem de mandioca ou pilação, carnes e sementes. 2. Os tipos mais conhecidos de farinha são os seguintes: de trigo, de amendoim, de arroz, de banana, de camarões, de castanha-de-caju, de feijão preto, de fruta-pão, de lentilhas, de peixe, de pupunha, de soja, de tapioca etc.

FARINHADA – Ato da fabricação da farinha de mandioca, na casa de farinha, onde se instalam os apetrechos necessários à desmancha. Em muitas regiões brasileiras, a farinhada se realiza no mês de agosto.

FARINHA DE MANDIOCA – 1. Segundo Luís da Câmara Cascudo, é a "rainha do Brasil", pela sua utilização por milhões de brasileiros. Foi um dos primeiros produtos alimentares de escambo entre os indígenas e os brancos colonizadores. É, em geral, um conduto para toda iguaria. Há várias designações: farinha de guerra – termo utilizado pelos indígenas, quando em suas "jornadas fora de casa se

{ FARINHA DE MILHO }

provê desta farinha, que levam às costas ensacada em uns fardos de folhas, que para isso fazem, da feição de uns de couro"–; farinha-seca; farinha de barco – como é conhecida no Ceará a farinha vinda de outros estados, quando a produção local não é suficiente para o consumo –; farinha da terra, quando produzida no Ceará; farinha de pau, designação desde os tempos coloniais; farinha-d'água, preparada com a mandioca previamente amolecida e macerada em água; farinha gorda, cozida em gordura até granular; farinha de Uarini, originária de Uarini, na Amazônia, produzida com a mandioca amarela colocada em água até apodrecer, conhecida como puba.

FARINHA DE MILHO – Feita do milho moído, difere do fubá por ser granulosa.

FARINHA DE ROSCA – Pão amanhecido ou duro ralado ou triturado. Também conhecido como *farinha de pão*.

FARINHA DE TRIGO – 1. Grãos de trigo reduzidos a pó. 2. Farinha de trigo integral, obtida da moagem do grão inteiro. 3. Farinha de trigo especial, moída bem fina e peneirada. 4. Farinha de trigo comum, também peneirada, mas de qualidade inferior à anterior.

FARINHEIRA – 1. Utensílio em que se guarda especialmente a farinha de mandioca. Pode ser fabricada de louça, de vidro, de metal ou de madeira. No Norte, geralmente é feita com a cuia. 2. Embutido de origem portuguesa preparado com carne e gordura de porco, colorau, vinho branco e farinha de trigo ou miolo de pão e temperos. Enche-se a tripa do porco e defuma-se.

FAROFA – Há numerosas formas de preparo da farofa, considerada um dos mais usados condutos da culinária brasileira. A mais comum é feita com farinha de mandioca torrada, temperada com toucinho, banha ou manteiga e, às vezes, misturada com miúdos de frango, linguiça ou carne. Na Amazônia, é famosa a farofa de casco, feita com a gordura existente na carapaça de tartaruga, à qual se junta a farinha e se leva ao forno. Há também: farofa de abóbora, de água, de torresmo, de toucinho, de azeite de dendê

{ FAVA VERDADEIRA }

preparada com farinha crua e (farofa amarela com a farinha crua), de caldo.

FAROFA DE BOLÃO – Preparada com farinha-d'água, água fervente, manteiga, cebola roxa e sal. Também conhecida como *farofa de farinha-d'água*.

FARÓFIA – Designação portuguesa ao doce composto de claras em neve, cozidas ao leite e regado com creme de ovos, polvilhado com canela. No Brasil é chamada de *ovos nevados*.

FARTALEJO – Massa semelhante à da polenta, feita com farinha de trigo, água, azeite e queijo.

FARTE – Doce de origem portuguesa. Bolo feito de amêndoas pisadas, ovos, açúcar ou mel, envolto em massa de farinha de trigo. Os bolos que contêm cremes são chamados também farte. Também conhecido como *farto*, *fartel* ou *fartem*.

FAST-FOOD – Palavra inglesa usada para definir estabelecimentos que servem comidas rápidas, geralmente lanches.

FATIA – Pedaço de qualquer produto.

FATO – Nome que se dá ao intestino e às vísceras de qualquer animal, quando usado para o preparo de determinados pratos. Também conhecido como *fatança*.

Fatia

FAVA – Nativa do mar Cáspio e Norte da África. Leguminosa de vagens comestíveis, semelhante ao feijão-branco, utilizada em sopas e guisados.

FAVA VERDADEIRA – 1. Leguminosa conhecida no Nordeste, apresentando um grão maior que a fava comum, é apreciada pelo seu excelente sabor. É preparada da mesma forma que o feijão, temperada com leite de coco, acompanha pratos à base de peixe.

127

{ FÉCULA }

2. Bolinho de fava cozidas, transformada em purê, amassada, passados em farinha de mandioca e frito. 3. Fava cozida com temperos verdes, que pode acompanhar galinha de cabidela, de capoeira, bode e porco guisado.

FÉCULA – Substância amilácea resultante do processo de extração de algumas sementes, grãos, raízes e tubérculos. Emprega-se como alimento e espessante de molhos e doces.

FEDEGOSO-VERDADEIRO – Nativo da América tropical, suas vagens são lineares, têm uso medicinal e suas sementes são utilizadas como sucedâneas do café. Também conhecido como *fedegoso, ibixuma, ibixuna, lava-pratos, maioba, mamangá, manjerioba, mata-pasto, pajamarioba, paramarioba* ou *tararucu*.

FEIJÃO – Grãos alimentícios do feijoeiro. Planta leguminosa originária das regiões tropicais da América do Sul. Quando os europeus chegaram ao Brasil, já havia várias espécies conhecidas pelos indígenas do litoral. É o prato básico de nossa alimentação. Há numerosas espécies de feijão: feijão-mulatinho, feijão-de-corda, feijão-bravo, feijão-gunadu, feijão-de-boi, feijão-de-pombinha, feijão-de-porco, feijão-de-rola, feijão-de-sopa, feijão-mucuna, feijão-preto, feijão-frade, feijão-de-foreira, feijão-tupari, feijão-de-pomba, feijão-de-moita, feijão-de-metro, feijão-roxinho etc.

FEIJÃO DAS ONZE – Prato preparado com feijão cozido, quase sem caldo, a que se juntam torresmos fritos e farinha de mandioca.

FEIJÃO-DE-AZEITE – Prato preparado com o feijão-fradinho cozido, temperado com cebola, salsa e camarões secos ralados em pedra e em cuja massa se adiciona o azeite de dendê. Também conhecido como *humulucu*.

FEIJÃO DE COCO – Prato típico da Semana Santa do Nordeste, preparado com feijão cozido em forma de purê, temperos verdes, leite de coco e azeite de oliva. Acompanha pratos à base de peixes.

{ FEITORIA }

FEIJÃO-DE-CORDA – Prato típico da culinária do Nordeste e sertaneja. Pode ser preparado de várias maneiras: cozido com carnes e legumes; escorrido e temperado ao vinagrete; em salada ou acompanhado de carne de sol. Também conhecido como *feijão-macáçar* e *feijão-fradinho*.

FEIJÃO-DE-LEITE – Iguaria preparada com feijão-mulatinho ou preto, pisado ou moído no pilão para desprender a película que o envolve, a que se junta leite de coco, sal e açúcar.

FEIJÃO-TROPEIRO – Grãos inteiros de feijão, misturados com toucinho e farinha. Era preparado pelos tropeiros durante as viagens em busca do ouro (Minas Gerais), dando origem ao nome que designa esta preparação. Também conhecido como *feijão de preguiça*, segundo Eduardo Frieiro.

FEIJÃO-VERDE – Feijão novo, ainda na vagem.

FEIJOADA – 1. Alguns documentos portugueses demonstram que a feijoada seria uma herança portuguesa, degustada antigamente nas festas de carnaval. Em tempos coloniais a feijoada da Bahia e Pernambuco tinha as mesmas feições do prato português. Era preparada com feijão-fradinho ou mulatinho, miúdos de porco, charque, paio, linguiça do norte, couve, abóbora, maxixe, quiabo e chuchu. Foi a partir do século XIX que a feijoada apareceu no Rio de Janeiro em nova versão, preparada com feijão-preto, carne-seca, costelinha de porco, embutidos e miúdos de porco. Considerada hoje famosa iguaria brasileira, é servida com farinha de mandioca crua ou torrada, refogado de couve, arroz branco e molho feito de caldo de feijão, molho de pimenta e laranja picada. A mais autêntica receita para o preparo de uma feijoada clássica foi escrita em versos, num poema de Vinícius de Moraes "Feijoada à minha moda", que consta do livro *Para viver um grande amor*. 2. A feijoada de peru é típica de Fortaleza. Após o natal as sobras do peru fazem parte da feijoada de feijão-mulatinho ou feijão-de-corda, paio, linguiça e toucinho, servido com arroz e farofa.

FEITORIA – Lugar onde se faz a salga do peixe, à beira de um rio ou de um lago, na região amazônica.

{ FENO-GREGO }

FENO-GREGO – Semente da planta papilionácea originária do Oriente Próximo utilizada como condimento em *curry*, *chutneys* e em pratos de carne. Seu sabor é agridoce.

FERMENTAÇÃO – 1. Transformação por reação de oxidação que sofrem os alimentos em razão da ação direta de micro-organismos como as enzimas, bactérias, leveduras ou fungos, como no caso do queijo, do iogurte, do vinho, da cerveja entre outros. 2. Processo de transformação de uma massa pela adição de fermento com o objetivo de fazê-la crescer e proporcionar uma textura mais leve. Também conhecido como *levedação*.

FERMENTO – 1. Cultura de um tipo de fungo ascomicete, que se junta ao mosto para produzir fermentação. O mesmo que *levedura*. 2. Fermento em pó, também conhecido como *fermento químico*, utilizado em bolos, pães de minuto etc. 3. Fermento para pão: vendido em pequenos tabletes, também chamado *fermento biológico*.

FERVIDO – Designação no Rio Grande do Sul para cozido de carne e hortaliças, acompanhado de farinha de mandioca.

FERVIDOS – Ingredientes colocados na panela para ferver com algum condimento. Neste sentido, se usa o termo no plural.

FIAMBRE – 1. Tipo de carne embutida especialmente preparada para se comer fria. Alguns autores dão ao vocábulo a sinonímia de *presunto*. 2. Como regionalismo gaúcho, é um tipo de carne assada ou cozida fria que se leva para comer em viagem. 3. Na região Norte, dá-se o nome de *paçoca*.

FIDÉU – 1. Termo mais usado no plural, fidéus. Vocábulo usado na antiga cozinha brasileira, designa tanto a massa de farinha em fios delgados com que se preparam sopas ou pratos doces como a aletria. 2. Espécie de bolinhos feitos a partir da mesma massa.

FÍGADO – Glândula próxima ao aparelho digestivo dos animais utilizado de várias formas. Preparado em bifes ou em iscas. Também é o produto básico utilizado para o processamento de patês.

{ FILHOTE }

FIGANÇA – Iguaria preparada apenas com fígado.

FIGO – Fruto da figueira, originário do Mediterrâneo, conhecido desde a Antiguidade. De formato ovalado, casca avermelhada e polpa vermelha, pode ser consumido ao natural, cozido ou assado como acompanhamento de aves, caças e carnes, assim como em tortas, compotas, geleias e licores. Os figos secos ao sol são uma especialidade da Turquia.

Figo

FILÃO – Pão semelhante à baguete francesa, só que mais grosso. No Maranhão, é conhecido como *massa grossa*; no Rio Grande do Sul, *cacetinho*; no Pará, *pão careca*; em Sergipe, *média*, *pão jacó*; e no Ceará, *pão de sal* ou *carioquinha*.

FILÉ – 1. São assim chamadas as partes de carne mais macias dos animais, que se encontra ao longo da espinha dorsal. 2. Designação também do bife de filé-mignon. 3. Chama-se também filé qualquer fatia de carne ou peixe sem espinha e pele.

FILHÓS – Designa uma enorme variedade de doces da doçaria tradicional portuguesa. 1. Pode ser um bolinho que se molda à colher. Outras variações: estendida a massa, ela é moldada no joelho ou aberta com o rolo e recortada com carretilha. São fritos e salpicados de açúcar. 2. Bolinhos fritos em forma de sonho, preparado com farinha de trigo e açúcar, segundo Laudelino Freire. 3. Constança Oliva de Lima registra em seu livro *Doceira brasileira* que este doce se distingue pela utilização da cerveja ou vinho branco na massa de farinha de trigo. Ingredientes: farinha de trigo, gotas de azeite, manteiga, sal, clara de ovos, abóbora, calda de açúcar e mel com canela. Também conhecido como *beilhó* e *belhó*.

FILHOTE – Peixe comum na Bacia Amazônica, e nos rios Araguaia e Tocantins. Chama-se piraíba, quando o seu peso está entre 50 e 60 quilos. É ingrediente importante no cardápio da

{ FILO }

região Norte do Brasil, sendo muito apreciado seu preparo com tucupi.

FILO – Massa folhada muito fina de origem persa, preparada à base de farinha, água e sal, é utilizada em doces árabes.

FIOS DE OVOS – Doce típico português, preparado com gemas de ovos batidas, que depois são passadas por um funil, cozidas em calda de açúcar.

FLAMBAR – Regar uma preparação salgada ou doce com bebida alcoólica aquecida e, depois, atear fogo para provocar a evaporação da mesma, deixando o sabor da bebida na elaboração do prato.

FLOCOS – Forma pela qual se apresentam vários gêneros alimentícios, como aveia, mandioca, milho etc.

FOCACCIA – Tipo de pão de origem italiana. A massa é feita com farinha de trigo, açúcar, sal, leite e ovos, geralmente temperada com azeite e alecrim e assada no forno.

FOFA – Doce ou biscoito de mandioca, conforme significação encontrada no Ceará.

Fogão

FOGÃO – Aparelho doméstico, normalmente feito de metal (ferro, alumínio), tendo, na parte superior, de quatro a oito aberturas ("bocas") pelas quais saem as chamas onde são colocadas panelas para cozinhar, aquecer ou fritar alimentos. Em sua parte inferior, normalmente se encontra o forno, com prateleiras internas, utilizada para assar os alimentos.

FOIE-GRAS – Termo francês, significa "fígado gordo". Pode ser de ganso ou de pato. *Foie gras entier* (fígado inteiro), feito do lóbulo de fígado inteiro cozido ou semicozido. *Bloco de foie gras*, comple-

{ FORNO }

tamente cozido e industrializado. Outras formas de apresentação são o *pâté*, o *mousse*, o *parfait* e a *terrine*.

FOLHADOS – I. Doce feito sobre brasas, cuja massa é composta de farinha de trigo, nata, açúcar, água de flor de laranjeira e manteiga. 2. Diz-se também de uma espécie de pastel (salgado ou doce) preparado com massa folhada, à base de ovos, farinha de trigo e manteiga. Os recheios podem ser de carne, frango, legumes (palmito, milho), doce de leite, creme, entre outros.

FOME – Sensação física que indica a necessidade de comer, de se alimentar.

FONDUE – Especialidade dos Alpes suíços e franceses. A receita tradicional é a base de queijo emmental e gruyère, vinho branco e quirche, temperado com alho, preparado em panela de cobre. É levado à mesa em fogareiro. Consome-se com um espeto próprio de dois dentes, fincando pedaços de pão, mergulhando no *fondue* derretido.

FORMA – Objeto de metal ou vidro, de vários formatos, utilizado no preparo de bolos, pudins, tortas etc.

FORMITURA – Regionalismo amazônico que significa fome, necessidade de comer.

FORNO – Distinguem-se duas espécies de fornos. A primeira é definida por Beaurepaire-Rohan como "uma espécie de bacia de cobre ou de ferro à semelhança de uma grande frigideira, que se coloca sobre uma fornalha especial e onde se põe a massa de mandioca para secar e reduzi-la a farinha". A segunda "é uma armação de ferro ou de tijolos (barro), que se aquece previamente para assar alimentos". Os velhos fornos de tijolo, tão usados em nosso interior, eram utilizados principalmente para assar o pão caseiro e, nos dias de festas, lugar onde se assavam frangos e leitões, assim como cabritos.

FOSFATINA – Nome com que é conhecida no comércio determinada fécula utilizada no preparo de mingaus, integrada com chocolate, fubá de arroz ou cevada e fosfato de cal.

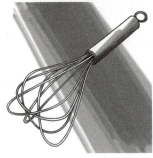

Fouet

FOUET – Termo francês para designação de chicote ou batedor de ovos, cujo formato é em espiral ou em voltas duplas.

FRAMBOESA – Fruto comestível de cor vermelha e mais raramente branca, roxa ou amarela, cultivado principalmente no Sul e Sudeste do Brasil. Utilizada no preparo de geleias, sorvetes, compotas, refrescos, vinagre e licores.

FRANGIPANA – 1. Nome com que se designa a película que se forma à superfície do leite fervido. 2. Creme feito com leite, amêndoas, manteiga, gemas, licor de laranja, açúcar e água.

FRANGO – Ave (filhote da galinha já desenvolvido, mas não adulto ainda) muito utilizada na culinária, com o preparo dos mais variados pratos e quitutes. Prepara-se assado, cozido ou frito, com os mais diversos tipos de acompanhamento, em sopas, cremes, caldos ou mesmo, depois de cozido e desfiado, em saladas.

FRANGO CAIPIRA – Criado solto, alimentado de milho e outros cereais, ao contrário do frango de granja. Há várias designações regionais: *pé duro, pé sujo de terreiro* e *capoeira*.

FRANGO CAPÃO – Castrado, prática comum no Norte e Nordeste. Abatido entre sete e oito meses, quando alcança o peso de cerca de 2,5 quilos, e, por ser superalimentado, sua carne é mais gordurosa e macia.

FRANGOLHO – Nome dado ao trigo em quirera para fazer papa cozida. Também é o nome dessa papa.

{ **FRIGIDEIRA DE UMBIGO** }

FRANGUEAR – Regionalismo gaúcho que significa comer milho assado, e especialmente milho-catete, conforme J. Romaguera Corrêa.

FRAPÊ – Termo de origem francesa que significa "batido". Diz-se da bebida gelada, batida até que se forme uma espuma.

FREGE – Espécie de tasca ou taberna de categoria inferior, cujo nome, segundo Beaurepaire-Rohan, deriva de sua principal atividade, que consistia em exibir peixe frito aos fregueses. Também conhecido como *frege moscas*.

FRESCAL – 1. Nome dado ao bacalhau quando tem pouco sal. 2. É também a designação do queijo de Minas fresco produzido por coagulação do leite com o coalho.

FRICANDÓ – Do francês *fricandeau*. Escalopes de vitela lardeados de toucinho, cozidos em caldo com temperos, cenouras e cogumelos.

FRICASSÉ – Prato de origem francesa. Ragu de vitela ou frango cortado em pedaços pequenos cozido no vinho branco e caldo de galinha, depois espessado com farinha de trigo e ovos batidos, para dar liga ao molho. No final, acrescentam-se cogumelos e creme de leite.

FRIGIDEIRA – 1. Nome do utensílio de metal formado de um cabo e de uma extremidade côncava, utilizada para frituras. 2. Nome que se dá a qualquer fritada recoberta com ovos batidos, na Bahia. Há numerosas formas de preparo da frigideira, inclusive a de bacalhau, que revela a origem portuguesa do prato. No Brasil, substituíram o azeite de oliva pelo de dendê. Há inúmeras variações: frigideira de camarão, de mamão, de bacalhau, de palmito, de caju, de coco, de siri mole, de atum, de caranguejo, de maturi. Também conhecida como *fritada*.

FRIGIDEIRA DE UMBIGO – Prato caiçara preparado com o cone arroxeado, chamado umbigo, do cacho de bananas ainda verdes. É necessário desfolheá-lo retirando as primeiras camadas mais

{ FRIOS }

grossas até chegar à parte mais macia, lavá-lo bem e cortá-lo em tiras finas e levá-las para ferver. Após, é preciso bater os ovos, temperá-los com sal e pimenta-do-reino e levá-los à frigideira com as tiras do umbigo da bananeira.

FRIOS – Série de produtos embutidos de preparação caseira ou industrial. Há inúmeras variedades: linguiça, salsicha, paio, salame, mortadela, presunto, entre outros. Também conhecido como *charcutaria.*

FRITANGADA – Frigideira abundante e malfeita. Também conhecida como *fritalhada.*

FRITO – Prato baiano preparado com carne de carneiro ou de porco, em pequenos pedaços e temperado com cebola, pimenta-do-reino, alho, coentro, tudo bem socado e transformado em farofa, com a farinha de mandioca na própria panela.

FRITO DE VAQUEIRO – Processo culinário usado na Amazônia que consiste na carne de vaca ou de búfalo frita na própria gordura e que se conserva por muitos dias. Era comida dos vaqueiros que se embrenhavam no mato e levavam na matula essa comida. Na Ilha de Marajó, é servido no café da manhã.

FRITURA – Técnica usada para corar alimentos em gordura fervente. A temperatura ideal é de aproximadamente 180 °C.

FRUITA – 1. Bolo feito de farinha de mandioca, açúcar e pimenta-da-índia. O mesmo que *doce de pimenta,* conforme Beaurepaire-Rohan. 2. É curiosa a variação semântica do vocábulo na área geográfica paulista. O caipira paulista chama fruita a jabuticaba e dá à árvore o nome de fruiteira.

FRUTA – Fruto ou infrutescências comestíveis, carnosos e suculentos de sabor agridoce, doce ou ácido.

FRUTA-DO-CONDE – Fruta originária da América tropical, introduzida no Brasil em 1626, pelo conde de Miranda (governador Diogo Luís de Oliveira), passando a ser chamada de fruta-do-

-conde. A casca é amarelo-esverdeada, dividida em gomos, com a polpa branca e adocicada, que envolve grande número de sementes. Também conhecida como *fruta-da-condessa*, *ata* e, na Bahia, como *pinha*.

Fruta-do-conde

FRUTA-PÃO – Árvore da família das moráceas nativa da Ásia. Fruto ovoide, de casca verde, carnosa, de sabor e consistência de pão. Pode ser consumida assada ou cozida e suas sementes também são comestíveis, com sabor semelhante à castanha. Segundo Florival Serraine, há duas espécies: a fruta-pão de massa e a fruta-pão de caroço (seminífera). É originária da Polinésia, conforme informa Josué de Castro, onde se considera alimento básico. Foi introduzida no Brasil por João Severiano Maciel da Costa, quando governador da Guiana Francesa, para alimentar os escravos negros.

FRUTAS CRISTALIZADAS – Começaram a ser confeccionadas na Europa na Renascença, com a abundância de açúcar importado do Novo Mundo. São frutas frescas como figo, abacaxi, cereja, pera, damasco etc., cozidas lentamente em calda rala de açúcar, em várias operações e entremeadas por períodos de repouso, permitindo que absorvam bem o açúcar. Tipo de conserva que pode ser guardada por tempo indeterminado.

FRUTAS SECAS – Técnica de conservar as frutas como passas, ameixas, tâmaras, damascos, entre outras, pela secagem natural, ao sol ou secagem artificial (liofilização, estufas ou fornos).

FRUTOS DO MAR – Nome genérico dado aos crustáceos e moluscos marinhos.

FRUTOSE – Espécie de açúcar muito comum nas frutas, mas presente também em cereais, vegetais e no mel. A frutose aproveitada em alimentos processados, como energéticos, sorvetes e refrigerantes, é obtida a partir do xarope de milho. Também conhecida como *levulose*.

FUÁ – Molusco encontrado em rios e lagos, com cerca de 15 centímetros de comprimento e concha de cor castanha. Usado como alimento depois de cozido e condimentado.

FUBÁ – Farinha de milho. É o ingrediente principal do angu, da polenta, e do cuscuz, este último temperado com leite de coco e açúcar muito apreciado no Nordeste.

FUMEIRO – Modo muito antigo de conservação dos alimentos. Espécie de gradil, de varas de madeira ou de ferro, suspenso sobre o fogão, onde eram dependuradas as carnes. Era muito utilizado para a conservação de carnes e embutidos.

FUNDO – Expressão derivada do francês *fond*. Termo utilizado para designar caldos concentrados utilizados na preparação de molhos. Distinguem-se dois tipos: o marrom, preparado com carnes, ossos e legumes; e o branco, à base de aves e peixes.

FUNGHI SECCHI – Cogumelos do tipo Bolletus, desidratados. De sabor característico, é utilizado em molhos, massas e carnes. Antes de utilizar, devem ser lavados e deixados de molho em água fria por 30 minutos.

FURÁ – Espécie de bebida preparada com várias frutas em fusão em rituais afro-brasileiros.

FURRUNDU – Doce de cidra ralada, gengibre e açúcar mascavo ou rapadura muito conhecido no Vale do Paraíba (São Paulo). Também conhecido como *furrundum*.

Fuzili

FUZILI – Massa de origem italiana, enrolado na forma de parafuso.

G

GALETO – Frango de leite abatido aos três meses. Sua carne é macia, de sabor delicado e pouca gordura. No Sul do Brasil, os imigrantes italianos introduziram o "galeto ao primo canto", assado no espeto.

GALFARRO – Pessoa que come muito, comilão.

GALGO – 1. Regionalismo do Rio Grande do Sul. Esfomeado, pessoa sempre disposta a comer. 2. Gastrônomo, conforme o registro de J. Romaguera Corrêa.

GALHETEIRO – Utensílio de serviço de mesa com recipientes para sal, pimenta-do-reino, vinagre e azeite.

Galheteiro

GALINHA – Fêmea do galo. Trazida na nau de Pedro Álvares Cabral, não era conhecida do índio brasileiro, segundo se lê em Pero Vaz de Caminha. Alguns anos depois, a galinha se adaptou bem entre os indígenas e se transformou em objeto de troca. O navegante Pigaffeta dá um testemunho curioso: "Por um rei de ouros me deram seis galinhas e ainda imaginaram ter feito um magnífico negócio". Utilizada em numerosos pratos da cozinha universal.

GALINHADA – Prato típico de Goiás e do interior paulista. Galinha cortada nas juntas, temperada e frita. Junta-se arroz, açafrão-da-terra e água para cozinhar.

{ **GALINHA-D'ANGOLA** }

GALINHA-D'ANGOLA – De origem africana, é uma ave maior que a galinha doméstica, normalmente com plumagem acinzentada e pequenas manchas brancas arredondadas espalhadas pelo corpo. Sua carne é mais escura e mais saborosa que a da galinha convencional. Na culinária sertaneja, é preparada guisada, de cabidela ou recheada com farofa de miúdos em dias de festa. Também conhecida como *galinha-da-guiné*, *capote* ou *galinhola*.

GALINHA DE CABIDELA – Guisado de origem portuguesa. Cortada em pedaços, temperada e cozida no sangue fresco da própria ave. Acompanha feijão-de-corda, arroz branco e farofa, em Pernambuco. O mesmo que *frango ao molho pardo*.

GALINHA DE CAPOEIRA – É a galinha criada no terreiro das casas, também conhecida como *galinha caipira*.

GALOPEADO – Prato de carne picada e guisada, formando um molho no qual se incorpora farinha de mandioca, para reduzi-lo a angu.

GAMBÁ – Designação comum ao mamífero marsupial do gênero *Didelphis*, típico das Américas. Animal de caça apreciado no Brasil, principalmente na região Norte. Sua carne é saborosa, após ser retirada a catinga natural desse animal. Tem pelagem normalmente cinza, comprimento de até 50 centímetros, vive em árvores e se alimenta de frutos, ovos e insetos. Pode ser preparado guisado ou assado. Manuel Querino informa que o animal deve ser morto de susto, de repente. Perseguido ou acuado, desprende nauseabundo e entontecedor gás intestinal, de que a própria carne fica impregnada. Também conhecido como *timbu*.

GAMELA – Utensílio semelhante a uma bacia, feito da madeira de gameleira, utilizada para despejar água ou levar comida à mesa durante as refeições.

GANACHE – Termo francês que designa creme à base de chocolate, creme de leite fresco e manteiga utilizado para recheio de bolos, tortas etc.

{ GASTRÔNOMO }

GANSO – Ave anseriforme da família dos anatídeos, de plumagem branca ou cinza. A espécie doméstica é criada para consumo na preparação da carne e do fígado, este último utilizado para fabricação do *foie-gras*.

GARAPA – Nome comum a diversas bebidas refrigerantes. A significação consagrada é a do caldo de cana-de-açúcar, em São Paulo, Goiás e Mato Grosso. A garapa picada é o caldo de cana fermentado, em algumas regiões do Norte, onde também se aplica o termo a qualquer bebida adoçada com melaço, como garapa de maracujá, por exemplo. Também conhecida como *caldo de cana*.

GAROUPA – Peixe de água salgada do Atlântico Tropical e do Mediterrâneo, comum na costa do Rio de Janeiro e de São Paulo. Existem diversas espécies e alguns podem chegar a pesar 3 quilos. No Brasil, também é conhecido como *galinha-d'água*.

GARRA – Biscoito típico do sertão preparado com farinha de trigo, manteiga, ovos, leite de coco e amoníaco. Sua espessura é fina, com formas e tamanhos variados.

GASPACHO – Sopa de origem espanhola composta de tomate, pimentão e pepino, que se toma fria, com pedacinhos de pão.

GASTRONOMIA – A primeira menção ao termo foi feita no século IV a.C. pelo grego Arkhestratos, em um tratado culinário, *A gastronomia*, que foi perdido, mas que Athénée transmitiu seus fragmentos. O primeiro tratado sobre gastronomia foi escrito por Jean Anthelme Brillat-Savarin, gastrônomo francês, autor de *Physiologie du goût* [Fisiologia do gosto], em 1825, que assim a define: "conhecimento fundamentado de tudo o que se refere ao homem, na medida em que ele se alimenta. Seu objetivo é zelar pela conservação dos homens, por meio da melhor alimentação possível".

GASTRÔNOMO – Apreciador da culinária e aquele que se dedica aos conhecimentos do universo culinário.

{ GELATINA }

GELATINA – Substância inodora que se extrai dos ligamentos e ossos dos animais, geralmente incolor, usado na culinária, quer em doces ou salgados.

GELEIA – Foi inventada pelos árabes que já conheciam o açúcar de cana. Somente na Idade Moderna é que o açúcar se difundiu na Europa. É preparada com frutas ou legumes maduros e açúcar. A cocção é feita pela evaporação da água.

GELEIA REAL – Conhecida como alimento da abelha rainha, o que a diferencia das demais abelhas pelo melhor desenvolvimento que a geleia real proporciona. Alimento semelhante ao mel, ligeiramente aromático, tem ação estimulante.

GELO – Solidificação da água pelo frio.

GEMA – Parte do ovo, de cor amarela e formato esferoide envolvida por clara, e que contém substâncias nutritivas.

GEMADA – 1. Gema de ovo batidas com açúcar, a que pode se juntar também leite quente ou *vinho do Porto*. 2. Em Pernambuco, é uma bebida à base de leite morno, gema de ovo, açúcar e canela, batidos no liquidificador. Servida antes do café da manhã, principalmente para quem precisa de uma alimentação energética.

GENGIBIRRA – Bebida fermentada à base de gengibre, açúcar, água, ácido tartárico, fermento de pão e, por vezes, suco de jenipapo, segundo a receita de Florival Serraine. No Nordeste, a gengibirra é conhecida como *champanha de cordão*, pois a rolha, depois da fermentação da bebida, é presa com barbante. Também conhecida como *jinjibirra*.

Gengibre

GENGIBRE – Planta herbácea de origem asiática, cultivada principalmente nas regiões Sudeste e Sul do Brasil. Sua raiz tem sabor e cheiro bem fortes. O gengibre é utilizado como chá, na produção de xaropes, como tempero e como ingrediente na confeitaria. Na Amazônia, é conhecido como *mangarataia*.

GERGELIM – Planta herbácea originária do Oriente. Seu fruto fornece óleo e farelo comestíveis com muitas vitaminas. A semente de gergelim é utilizada como tempero e sua farinha é ingrediente de biscoitos, pães e doces. Também conhecido como *sésamo*.

GERME DE TRIGO – Embrião do grão de trigo, de onde a nova planta começa a brotar. Rico em vitaminas e nutrientes está presente na farinha integral, mas não se encontra na farinha industrializada. Também conhecido como *gérmen de trigo*.

GIAÇA BRANCA – Cobertura feita com clara, açúcar fino e gotas de limão citado no livro *O cozinheiro imperial* como cobertura da receita de biscoitos de farinha de arroz.

GIGÔ – 1. Perna de carneiro ou cabrito. 2. Guisado de origem francesa preparado com a perna de carneiro refogada com toucinho, manteiga e condimentos, cozido em vinho tinto. 3. O gigô também é preparado assado ao forno, malpassado.

GINJA – Fruto da ginjeira, similar à cereja, de sabor agridoce, utilizado em doces, refrescos e licor. A ginja também é conhecida como *cereja doce*.

GIRASSOL – Planta ornamental, originária da América do Norte, de caule longo e inflorescência amarela, cujas flores se voltam para o sol. Suas sementes também são utilizadas em pães, bolos e patês e delas se extrai óleo alimentício do mesmo nome.

Girassol (e semente)

GLAÇAR – 1. Termo de origem francesa. Cobrir a superfície de bolos, pães e doces com uma camada brilhante e pastosa, à base de açúcar. 2. Espalhar um preparado espesso sobre um alimento, peça de carne, para dar brilho.

GLACÊ – É a pasta de açúcar extremamente fina obtida por dissolução e purificação do açúcar. Utilizado em produtos de confeitaria e panificação.

{ GLICOSE }

GLICOSE – Substância orgânica encontrada especialmente nas frutas, no mel e em alguns vegetais. Monossacarídeo facilmente assimilado pelo organismo e muito nutritivo.

GLÚTEN – Substância azotada, viscosa, extraída dos cereais, especialmente do trigo, depois da eliminação do amido. Presente em pães, massas, cervejas entre outros.

GODILHÃO – Substâncias farináceas mal dissolvidas em água. Também conhecido como *grumo*.

Goiaba

GOIABA – Do tupi, *coyab*, que significa "sementes aglomeradas". É o fruto da goiabeira, árvore da família das mirtáceas, com mais de 2 mil espécies, nativa da América do Sul e Central. A goiaba é arredondada, de casca esverdeada, polpa vermelha ou branca e possui muitas sementes. Pode ser consumida ao natural ou em sucos, sorvetes, compotas e cremes. Gabriel Soares de Sousa refere-se a esse fruto, em 1587, no *Tratado descritivo do Brasil*. Também conhecida como *araçá-mirim*, *araçaíba*, *araçá-goiaba* ou *araçaguaçu*.

GOIABADA – Doce de massa preparado com goiaba e açúcar, colocado em formas de madeira com formato de tijolo. A goiabada cascão é preparada da mesma forma, só que inclui cascas de goiaba. Consumida com queijo de Minas é chamada de "Romeu e Julieta", doce que, segundo Gilberto Freyre, é "saborosamente brasileiro".

GOMA – 1. Seiva translúcida e viscosa de alguns vegetais. 2. Amido extraído de qualquer substância feculenta usado especialmente na culinária. 3. A fécula da mandioca é uma goma cuja produção consiste em ralar, lavar e triturar a mandioca, depois é espremido o caldo no tipiti para separar o amido. Também conhecida como *polvilho* ou *tapioca*, no Norte e Nordeste. 4. Goma adraganta é retirada do caule do arbusto alcatira. Utilizada em confeitaria para decoração de bolos com desenhos de flores, bichos etc.

{ GRANJEIA }

GONGUINHA – Nome que se dá em Pernambuco à bebida fermentada feita de farinha de mandioca, água e açúcar.

GORDURA – Substância graxa usada na cozinha para o preparo de alimentos. Pode ser de origem animal ou vegetal. Uma das três classes de substâncias, juntamente com as proteínas e os hidratos de carbono, consideradas fonte de energia e calor para a vida animal.

GORDURA HIDROGENADA – Óleo vegetal que passa por processo de transformação em gordura sólida, por meio de tratamento por hidrogênio. Utilizada industrialmente na preparação de doces e salgados. Também conhecida como *gordura trans*.

GORGONZOLA – Queijo de origem italiana. Fabricado com leite de vaca, de sabor picante e coloração amarelada, apresenta ramificações esverdeadas na parte interna pelo crescimento de mofo, adquirido no seu processo de maturação quando são injetados fungos.

GOROROBA – Beberagem ou comida de aspecto desagradável, conforme registro de Florival Serraine. Em Goiás, significa comida fraca e malfeita.

GOURMAND – Termo de origem francesa. No século XVIII, era a pessoa que gostava de comer bem, sendo que, atualmente, é a designação para o guloso.

GRAMIXÓ – É a designação no Acre para o açúcar mascavo fino.

GRANITO – Regionalismo gaúcho que se refere à carne de cima do osso do peito do boi para fazer o assado.

GRANJEIA – Designativo dos confeitos muito miúdos, do tamanho de miçangas, brancos ou coloridos, usados em enfeites de doçaria.

145

GRANOLA – Mistura de aveia e outros cereais, frutas secas, passas e nozes consumido com leite, iogurte ou suco, geralmente no café da manhã.

GRÂNULOS – Grãos pequenos e redondos de qualquer substância.

Grão-de-bico

GRÃO-DE-BICO – Planta da família das leguminosas, originária do Cáucaso e do Himalaia, depois cultivada na região do Mar Mediterrâneo, espalhando-se pelo mundo. Seus grãos arredondados, de cor bege, são usados em saladas, sopas, guisados e purês.

GRATINAR – Dourar a superfície de um prato, polvilhado com farinha de rosca ou queijo ralado, levados ao forno. Pode ser salgado como os legumes, peixes, aves e carnes ou doce como as frutas e cremes.

GRAVIOLA – Fruto da gravioleira, da família das anonáceas, de origem americana. Chegou ao Brasil pelo Peru e pela Colômbia, sendo mais cultivada atualmente na Amazônia e no Nordeste. A graviola tem formato oval e pode chegar a até 3 quilos. Sua casca é verde mesmo quando madura, e a polpa é branca leitosa, de sabor agridoce com sementes pretas. Pode ser consumida ao natural ou preparada como sorvete, creme ou geleia. Também conhecida como *jaca-do-pará*, *jaca-de-pobre* ou *araticum-manso*.

Grelha

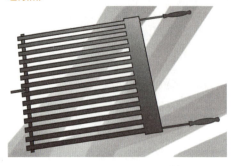

GRELHA – Utensílio feito com hastes de ferro ligadas entre si, formando uma espécie de estrado que se coloca sobre brasas com a finalidade de assar carnes, aves, peixes e legumes.

GRELHAR – Colocar o alimento em contato com uma fonte de emanação de calor. Pode ser diretamente na brasa, em grelha a carvão, a gás, elétrica ou na chapa.

GRELO – Brotos novos ou hastes de algumas plantas comestíveis, usados em guisados: grelo de abóbora, com o nome de cambuquira; grelo de mandioca, de brócolis, de bananeira etc.

GRISSINI – Tipo de biscoito de origem italiana em forma de palitos longos e finos preparado com massa de pão e azeite de oliva, que depois de assado fica crocante. Serve de acompanhamento para antepastos.

GROLADO – 1. Farofa escaldada feita com a goma do palmito da carnaubeira nova. 2. Doce de frutas preparado com casca.

GRONGA – Espécie de bebida feita de raízes e gengibre servida em rituais afro-brasileiros.

GRUDE – 1. Comida ou refeição diária, na terminologia popular. 2. Bolo de goma ou tapioca seca, coco ralado, envolvido em folhas de bananeira e assado ao forno, conforme Florival Serraine.

GRUMIXAMA – Fruto da grumixameira, originária do Sul do Brasil. Semelhante à jabuticaba, tem formato arredondado, cor avermelhada ou roxa, dependendo da variedade e polpa meio ácida. A grumixama pode ser consumida ao natural ou usada no preparo de licores, doces, geleias e vinho. Também conhecida como *grumixameira*, *guamixã* ou *gurumixama*.

GUABIJU – Fruto do guabijueiro, da família das mirtáceas, nativa do Sul do Brasil. Seu fruto, semelhante à jabuticaba, tem polpa bem doce, apreciada ao natural.

GUABIROBA – Nome comum a diversas plantas da família das mirtáceas. Os frutos nascem em cachos, são de coloração verde--amarelada e possuem uma amêndoa branca oleaginosa, comestível. Também conhecida como *gabiroba*.

{ *GUACAMOLE* }

GUACAMOLE – Especialidade mexicana preparada à base de creme de abacate, cebola picadinha, tomate, sal e chile (pimenta mexicana de sabor picante).

GUAIAMUM – Grande caranguejo da família dos gecarcinídeos encontrado na costa do Brasil, em mangues. Tem cerca de 10 centímetros, sua carapaça é azul. Muito apreciado no Norte e Nordeste, é cozido inteiro em água e sal ou com temperos verdes e leite de coco. Também conhecido como *goiamu*, *gaiamu*, *caranguejo-mulato-da-terra* ou *fumbamba*.

GUAIMBÉ – Nome dado à banana-do-brejo ou banana-de-imbé. O mesmo que *guembê*, termo usado em São Paulo.

GUAJERU – Arbusto frutífero das áreas do litoral norte brasileiro. As drupas são comestíveis, usadas principalmente em conservas. No Ceará, é conhecida como *guajiru*, no Pará *uajuru*, segundo Beaurepaire-Rohan. Também conhecido como *abajeru* ou *ajuru*.

GUAPEBA – Fruto da família das sapotáceas, maduros possuem coloração amarela, sua polpa é esbranquiçada e pode ser utilizada em bebidas doces e geleias. Também conhecido como *guapeva*, nome comum a diversas espécies de plantas frutíferas.

GUAPURUNGA – Fruto da guapurungueira, da família das mirtáceas. No Paraguai e na Bolívia, esse é o nome que dão à jabuticabeira, conforme a lição de Beaurepaire-Rohan.

GUAQUICA – Planta frutífera, com pequenos frutos arredondados, casca amarela e sabor levemente doce, consumida ao natural.

GUARANÁ – Árvore nativa da Amazônia, que dá o fruto do mesmo nome, com casca vermelha e polpa branca. Com este fruto faz-se uma espécie de massa, bem dura, que, depois de moída, serve para o preparo do refrigerante conhecido com o mesmo nome. A utilização do guaraná foi transmitida pelos índios da tribo dos Maués, que ralavam a fruta em pedra ou na língua do pirarucu e misturavam com água. O guaraná também é vendido na forma de xarope ou em pó. Também conhecido como *uaraná*.

{ GURRUPIÁ }

GUARARÁ – Espécie de guisado da Amazônia preparado com as tripas grossas do pirarucu, condimentadas com sal, pimenta e limão. Também conhecido como *guererê*.

GUARIROBA – Palmeira nativa do Brasil (Bahia até Minas Gerais, Rio Grande do Sul, Goiás) que fornece o palmito conhecido por esse nome, amargoso e muito apreciado em Goiás. Seus frutos drupáceos também são comestíveis. Segundo Bariani Ortencio, o guisado de frango com guariroba é de excelente paladar. É também um dos principais ingredientes do recheio do empadão goiano. Também conhecido como *quero*, *baba-de-boi*, *coquinho*, *datil*, *jerivá*, *jeribazeiro*, *jerivazeiro* ou *pindó*.

GUARNIÇÃO – I. Dava-se este nome, antigamente, na lição de Annette Lisard, às ervas adicionadas às saladas para lhes dar gosto, tais como o cerefólio, o estragão, a segurelha etc. 2. Colocar a guarnição apropriada, tais como batatas, legumes etc., normalmente à volta dos pratos. 3. Significa também a decoração de um prato.

GUARU – Peixe teleósteo ciprinodontiforme encontrado nas lagoas salobras e córregos do Ceará ao Rio de Janeiro. As populações ribeirinhas usam para fazer moquecas.

GUISADO – Preparação de qualquer tipo de carne envolvida e cozida em líquido, deixando reduzir a fogo lento, formando um molho espesso e concentrado.

GULA – Segundo o dicionário *Aurélio*, é o "apego excessivo a boas iguarias" ou o "excesso na comida e na bebida".

GURERI – Variedade de ostra de mangue.

GURRUPIÁ – Fruto da árvore de mesmo nome, de cor esverdeada e amarelada quando maduro, geralmente com uma única semente. Consumida ao natural e utilizada no Vale do Paraíba (São Paulo) para o preparo de diversos pratos. Também conhecido como *grão-de-galo*.

GURUPEMA – Regionalismo da Amazônia. Peneira fabricada com a tala do guarumã (variedade de palmeira) para coar a farinha de mandioca. A gurupema também pode ser feita de miriti ou da jacitara. Também conhecido como *urupema*.

GUSTEMAS – Termo antropológico citado por Claude-Lévi Strauss, em *Antropologia Estrutural I*: "assim como a língua, parece-me que a cozinha de uma sociedade é analisável em elementos constitutivos, que poderíamos chamar nesse caso de *gustemas*, os quais são organizados conforme certas estruturas de oposição e correlação".

HADDOCK – Peixe marinho dos mares nórdicos que costuma ser consumido defumado e servido poché com batatas cozidas. Também combina muito bem com pastas, em mousses, ou acompanhando saladas e bufê de frios.

HAMBÚRGUER – Bife geralmente arredondado feito de carne (quase sempre bovina) moída condimentada, consumido frito ou grelhado. Por extensão, o sanduíche leva o mesmo nome, servido entre duas metades de pão arredondado, com vários acompanhamentos, como cebola, tomate, queijo, bacon, *ketchup* etc. Mundialmente conhecidas, são antigas as receitas de hambúrguer. Constam, por exemplo, no livro inglês *Art of Cookery, Made Plain and Easy* [Arte da cozinha, descomplicada e fácil], de Hannah Glasse, de 1763.

Hambúrguer

HARENGUE – Peixe do mar do Norte, consumido fresco, em conserva de salmoura ou defumado.

HIDROMEL – Mistura fermentada à base de água e mel, de teor alcoólico, consumida desde a Antiguidade. Sua fabricação, provavelmente, é anterior à do vinho e à da cerveja. Muitas civilizações apreciavam essa bebida, também conhecida como *melikraton*, pelos gregos, e *água mulsum* pelos romanos (variante feita com vinho de uva). Na mitologia nórdica, era a bebida favorita dos deuses. Os povos eslavos eram seus maiores apreciadores. Os celtas, saxões e vikings também a consumiam.

{ HISSOPO }

HISSOPO – Erva usada como condimento em saladas e omeletes e na fabricação de licores.

HOMUS – Prato de origem árabe. Pasta feita com grão-de-bico e *tahine*, temperada com suco de limão, cominho, alho, azeite e páprica.

HORS-D'OEUVRE – Termo de origem francesa que se refere a pequenos pratos frios servidos no início das refeições, tais como azeitonas, pão, manteiga, rabanetes etc.

HORTALIÇA – Nome genérico que se dá às plantas herbáceas e leguminosas.

Hortelã

HORTELÃ – Planta herbácea da família das labiadas. Nativa da Eurásia, é utilizada como condimento na culinária.

IABÁ – 1. No ritual afro-brasileiro, filha de santo que dirige a cozinha, encarregando-se do preparo das iguarias de acordo com o significado preciso das oferendas para os orixás. Deve ter bastante experiência e pertencer à classe dos ebômis – filhas de santo que já completaram sete anos de iniciação no terreiro. Também conhecida como *iabassê*. 2. Também pode designar a *carne-seca* ou *charque* em Sergipe e na Bahia, segundo A. J. de Sampaio, e *jabá* em outras regiões do Nordeste.

IAÇÁ – Espécie de tartaruga de água doce. O mesmo que *tracajá pequeno*.

IAPUÁ – Em tupi-guarani, é a designação da mandioca selvagem.

IBEGUIRI – Iguaria preparada com quiabo, peixe seco, camarão e azeite, no ritual afro-brasileiro.

IÇÁ – Fêmea alada da formiga conhecida como *saúva*. Os indígenas costumavam consumir o abdômen da içá torrada. Esse prato também era apreciado no começo da colonização brasileira, principalmente pelos paulistas, que eram chamados de "comedores de formiga". Gabriel Soares comparava o gosto da içá ao das passas de Alicante. Monteiro Lobato dizia que a içá torrada podia ser considerada a ambrosia do

Içá

{ IÇARA }

Olimpo e que só "um ser onipotente e onisciente poderia criar semelhante petisco". "Papa-formigas" foi o epíteto dos taubateanos durante muito tempo. No Vale do Paraíba, a iguaria é preparada frita e misturada com farinha de mandioca. Também conhecida como *tanajura*.

IÇARA – Espécie de palmeira nativa da Mata Atlântica e do cerrado, de tronco delgado e alto, com folhas que terminam como se tivessem sido cortadas em ângulo quase reto. Dela se extrai saboroso palmito, de elevado valor econômico. O processamento da polpa de seu fruto dá origem a um suco chamado de "açaí de juçara". Em razão da exploração desenfreada, corre risco de extinção, uma vez que o corte para a retirada do palmito provoca a morte da planta. Também conhecida como *açaí do sul, jussara, juçara, palmito-juçara, palmito-doce* ou *ripeira*.

IERÊ – Semente parecida à do coentro, de origem africana, usada na cozinha baiana como tempero do caruru, do peixe e da galinha.

Igaçaba

IGAÇABA – Nome indígena dado a determinados potes de barro de boca larga, usados para guardar farinha, água ou qualquer outro alimento. Os índios também usavam a igaçaba como urna funerária.

IMBURANA – Árvore nativa da América do Sul, pertencente à família das burseráceas. Seu fruto é preto-acinzentado por fora, amarelado e liso por dentro, e de gosto agridoce quando maduro. De suas sementes se extrai óleo medicinal. Em Alagoas e Sergipe, os índios das tribos kariri-xokó e xokó usam a casca e a madeira como incenso para combater diabetes e diarreia, ou para "esfriar a quentura". Também conhecida como *falsa-imburana, imburana-de-cheiro* ou *imburana-vermelha*.

INAIÁ – Designação comum a várias palmeiras nativas do Brasil, da Amazônia ao Centro-Oeste, de até 20 metros, com estipe anelado de onde é extraído palmito comestível. Produz frutos de polpa suculenta e de suas amêndoas se extrai óleo amarelo. Também conhecida como *inajá, anaiá, naja, palmeira-indaiá, anajá* ou *palmito-de-chão.*

INDUNGÁ – Termo de origem quimbundo para pimenta.

INFUNDE – Massa de mandioca amolecida com qualquer molho.

INFUSÃO – 1. Processo pelo qual se mergulham em água fervente ervas aromáticas para preparação de chás. 2. Bebida obtida com esse procedimento.

INGÁ – Fruto comestível da ingazeira, planta originária da Amazônia brasileira, muito comum nas margens de rios e lagos, pertencente à família das leguminosas. Suas sementes são cobertas por uma polpa macia, de sabor agradável, alojadas em vagens compridas. O ingá é rico em sais minerais, sendo também utilizado no tratamento de bronquite (xarope) e como cicatrizante (chá).

INGREDIENTE – Na culinária, é qualquer tipo de substância que integra uma receita.

INHAMBU – Ave da família dos tinamídeos, do gênero *crypturus*. A caça do inhambu é muito estimada por conta de sua carne saborosa. Seu habitat é a floresta tropical, muito ocorrente na região amazônica do Brasil, da Bolívia, do Equador, do Peru e da Venezuela. Alimenta-se de frutas, folhas, sementes e invertebrados. Algumas espécies são de cor uniforme, outras têm abundantes desenhos de linhas escuras no dorso e nas asas. Também conhecido como *nambu, inambu, inamu* ou *lambu.*

INHAME – Natural do Sudeste Asiático, chegou ao Brasil pelas ilhas de Cabo Verde e São Tomé, trazido pelos portugueses no período colonial. É um tubérculo utilizado em purês, sopas e no bobó de inhame. Possui muitas variedades: inhame-bravo (venenoso), inhame-caraquento, inhame-liso

Inhame

{ INJARA }

(o mais saboroso e mais cultivado nos trópicos), inhame-roxo, inhame-cará, inhame-casco e inhame-da-costa.

INJARA – Termo do dialeto crioulo de São João da Chapada (MG) que significa fome.

IN NATURA – Alimento em seu estado natural, ainda sem processamento.

IOGURTE – Produto obtido do leite que sofre ação fermentativa das bactérias láticas *Lactobacillus bulgaricus* e *Streptococcus termophilus*. Originário do Oriente, é preparado com leite fervido, ao qual são adicionados fermentos lácteos e bacilos especiais. Pode ser consumido ao natural ou com adição de açúcar, mel, frutas e cereais.

IPADU – Nome dado ao mingau feito com pouca água, grosso e consistente. Também conhecido como *padu*.

IPETÉ – Prato votivo do orixá Oxum, de origem africana, consiste de uma papa à base de inhame, azeite de dendê, cebola, pimenta e camarões não pisados ou moídos, mas ralados. Também conhecido como *ipetê* e *peté*.

IRU – Espécie de fava usada como condimento principalmente nos pratos de origem africana.

ISCA – 1. Tiras de peixe, bacalhau, carne e fígado temperadas e fritas. 2. Aguardente de cana, cachaça.

IURARÁ – Fêmea da tartaruga-da-amazônia, trata-se de um quelônio de carne muito apreciada na cozinha do Maranhão e da Amazônia. Também conhecida como *jurará* ou *jururá*.

JABÁ – Carne bovina cortada em mantas, salgada e seca ao sol. Apresenta variação do nome em diversas regiões brasileiras: *charque, carne-seca, carne de vento, carne do ceará, carne do sertão, carne do seridó,* utilizadas no preparo de numerosos pratos. Alguns autores, como Rodolfo Garcia, apontam distinções entre esses nomes. É consumida, principalmente, assada na grelha ou na chapa, acompanhada de e feijão e farinha. Frita, serve para fazer farofa, guisado, paçoca. No Ceará, também conhecido como *granja.*

JABUTI – Quelônio terrestre da família dos testudinídeos, encontrado na Amazônia. Sua carne é muito apreciada, principalmente no preparo de guisados e sopas. O fígado do jabuti resulta em iguaria de raro sabor. Para consumi-lo, os nativos usam a técnica chamada de irritação: jogam o animal várias vezes para cima, deixando-o estatelar-se no chão. Continuamente, esse movimento provoca o inchaço do fígado, tornando-o de melhor rendimento. Segundo Alfredo da Mata, há várias espécies: carumbé, jabuti machado, jabuti matamatá, jabuti pirema, jabuti piranga e jabuti jurará.

JABUTICABA – Vocábulo de origem tupi-guarani. Fruto da jabuticabeira, originária do Brasil. Os frutos são redondos, produzidos no tronco, de cor roxo-escura ou negra, com polpa branca e sabor doce. Pode ser consumida ao natural ou no preparo de excelente geleia, sorvete ou refresco.

JACA – Fruto da jaqueira, originária do Sul da Índia. Tem formato cilíndrico e casca espessa, de cor verde-amarelada, quando madura. É a maior fruta produzida em árvore, pesa

{ JACARÉ }

Jaca

em média 9 quilos, mas pode chegar a 15 quilos. Forma gomos viscosos e doces, consumidos ao natural e também em doces, compotas, refrescos, sorvetes e licor. Sua semente, quando torrada, tem gosto de amêndoa.

JACARÉ – Nome comum a vários répteis crocodilianos encontrados nos rios e pântanos da América do Sul. Sua carne é utilizada como alimento, principalmente o rabo, preparado guisado ou moqueado. Na Amazônia, em Belém, conforme A. J. de Sampaio, existiam açougues que vendiam carne de jacaré. Segundo Gentil Camargo, a carne do jacaré foi consumida durante muito tempo no Vale do Paraíba (São Paulo).

JACU – Nome popular dado à ave galiforme do gênero *Penelope*, da família dos cracídeos, consumida principalmente no interior. Muito apreciada na cozinha brasileira, prepara-se do mesmo modo que a galinha. Serve para canja, ensopados e guisados.

JACUBA – Palavra de origem tupi-guarani. Papa de farinha de mandioca, água e rapadura. A primeira refeição dos bandeirantes nos pousos do sertão era a jacuba, composta de farinha de milho diluída em água fervente ou em cachaça adoçada com rapadura. Na lavoura cafeeira, a água foi substituída pelo café. No Rio de Janeiro, a consistência era de mingau. Beaurepaire-Rohan ensina que, com açúcar e limão, a jacuba se torna refresco muito agradável. No ritual afro-brasileiro, significa farinha com açúcar, segundo José Ribeiro de Souza. Também é um refresco ou mingau ralo feito de fubá misturado com rapadura e água fria. Outra versão é feita com farinha de mandioca, açúcar e melado. No Pará e no Maranhão, é conhecida como *tiquara*, *chibé* ou *gonguinha*.

JACRUARU – Espécie de lagarto da família dos teídeos, encontrado no Amazonas, considerado de carne excelente. Também conhecido como *teiú*, *caruaru*, *jacuaru* ou *jacuruaru*.

{ JARAQUI }

JAMAQUI – Regionalismo da Amazônia. Cesto comprido e achatado que serve no transporte da mandioca para o poço e deste para o forno. O jamaqui é colocado nas costas da pessoa e preso à sua testa por uma embira.

JAMBO – Fruto do jambeiro, originário da Ásia, pertencente à família das mirtáceas. O fruto apresenta casca vermelho-escura, rosa ou branca, dependendo da variedade. Tem polpa branca esponjosa, suculenta e perfumada. Consumido ao natural, como doce em calda ou suco. Também conhecido como *jambo-vermelho*.

JAMBU – Hortaliça típica da região Norte, da família das compostas. As folhas e o talo são indispensáveis no preparo de pratos típicos do Pará, como o pato no tucupi e o tacacá. O efeito de suas folhas, segundo Josué de Castro, observando a característica da planta, sialagosa e adstringente, "faz o beiço tremer", porque deixa os lábios dormentes. Também conhecido como *agrião-do-pará*, *agrião-do-brasil*, *jambuaçu* ou *nhambu*.

JAMELÃO – Fruta originária da Índia. Pequeno, arredondado, de cor roxa, possui uma grande semente, envolta por uma polpa carnosa, pouco adstringente e de sabor agradável. Saboreado ao natural, tinge as mãos, os lábios e a língua. É muito apreciado em doces. Também conhecido como *jambolão*.

JARABOÁ – Espécie de feijão selvagem, utilizado na culinária do interior brasileiro.

JARACATIÁ – Árvore frutífera nativa do Brasil, espécie de cacau selvagem, cujos frutos são comestíveis; é considerada padrão de cultura por indicar terras boas. Do seu caule se faz, conforme Sebastião Almeida Oliveira, um ótimo doce. Também conhecida como *mamão-bravo, mamorana* e *mamaurana*.

JARAQUI – 1. Bebida feita com o suco da mandioca. 2. Designação de um peixe existente apenas nos rios amazonenses, muito comum no cardápio local, o que ajudou a criar o dito popular "quem come jaraqui não sai mais daqui". Suas ovas podem ser

Jasmim

transformadas em patê e em um produto similar ao caviar de esturjão.

JARDINEIRA – Guarnição de legumes variados e frescos para acompanhar assados.

JASMIM – Nome comum dado às plantas do gênero *Jasminum*, cujas flores são aromáticas e de cores variáveis: branca, amarela ou rósea. O jasmim é utilizado no preparo de chás, por influência da culinária chinesa, e sua ação é neutralizar os excessos de gordura e facilita a digestão.

Jataí

JATAÍ – 1. Abelha do gênero *Melipona*, cujo mel é muito apreciado. Também conhecida como *jati* ou *abelha-da-terra*.

JATICUM – Iguaria afro-brasileira preparada com camarão, cebola, alho, coentro, tomate, pimentão, sal e azeite. Essa pasta é misturada com arroz cozido e farinha de goma, segundo a receita de José Ribeiro. Os bolos obtidos são fritos em azeite de dendê.

JATOBÁ – Árvore do gênero *Hymenaea*, comum na Amazônia, que produz frutos em forma de vagem com até 15 centímetros de comprimento. De cor castanho-avermelhada, sua polpa farinácea de cor branco-amarelada é consumida ao natural ou cozida com leite, como mingau, bem como pode ser transformada em farinha, semelhante ao fubá, utilizada em bolos e pães. Também conhecido como *jitaí*.

JAÚ – Peixe teleósteo da família dos pimelodídeos, considerado um dos maiores peixes de água doce do Brasil, chegando a ter 2 metros de comprimento e 120 quilos. Habita as bacias dos rios Amazonas, Araguaia, Tocantins, São Francisco e Prata, além de algumas bacias do Atlântico Sul. É extremamente apreciado nas peixadas.

JAVALI – Porco selvagem de origem europeia, introduzido no Brasil a partir de 1950, vindo do Uruguai. A carne, sem gordura e fibrosa, é ligeiramente escura e consumida em embutidos, grelhada ou em ragu.

JAVEVÓ – Termo registrado por Cornélio Pires, que o define como "farinha de milho, crespa, bijuenta e grossa".

Javali

JEMBÊ – Guisado de quiabo e ervas, com lombo de porco salgado e angu, apreciado em diversas regiões de Minas Gerais.

JENIPAPADA – Doce de massa preparado com a polpa de jenipapo.

JENIPAPO – Em tupi-guarani, significa "fruta que serve para pintar". Os indígenas extraíam do fruto um corante, que oxidado tem cor azul-escura ou preta. Eles o utilizavam como pintura corporal, pintura em cerâmica e petróglifos. Fruto do jenipapeiro, da família das rubiáceas, sua casca tem coloração marrom e enrugada quando maduro. A polpa comestível é de cor clara, usada no preparo de doces, e a parte líquida, em refrescos, licores e vinho.

JERERÉ – Rede específica para a pesca de camarões. Conforme a descrição de Beaurepaire-Rohan, tem a forma de um saco preso a um semicírculo de madeira com uma travessa diametral que é munida de um cabo de madeira no meio do arco. No Rio de Janeiro é conhecida pelo nome de *puçá*. Também conhecido como *jareré*.

Jereré

{ JERIMUM }

JERIMUM – Designação no Nordeste para *abóbora*. Há delas várias espécies: jerimum-caboclo, jerimum de leite, jerimum-jandaia etc. É usado no preparo de numerosos pratos. Entre estes a cambica de jerimum, misturada com leite, em forma de purê. É famosa a farofa de jerimum. Também conhecido como *jerimu*.

JERIVÁ – Palmeira da família das palmáceas, encontrada de Norte a Sul do Brasil, cujo fruto fornece polpa comestível, suculenta e adocicada. O palmito ou o broto terminal é muito apreciado, porém seu sabor é ligeiramente amargo. O jerivá é também conhecido no Rio de Janeiro e em São Paulo como *baba-de-boi*, em alguns lugares do Rio Grande do Sul, como *cheribão,* e como *coco-de-cachorro* em Santa Catarina.

JEROPIGA – 1. Nome dado a certas bebidas, cuja fermentação natural é interrompida pela adição de aguardente, como o vinho de caju. 2. Também é a designação de vinho de má qualidade ou zurrapa.

JIBOIA – Cobra consumida por índios botocudos, segundo Hartt, citado por A. J. de Sampaio. Aos sertanejos não é estranho o manjar. A carne de jiboia é considerada de excelente sabor.

JIBOIAR – Repousar depois de digerir uma refeição copiosa.

JILÓ – Planta herbácea da família das solanáceas. O fruto do jiloeiro é comestível depois de cozido. De sabor amargo. é utilizado também na confecção de doce cristalizado. Também conhecido como *berinjela-branca*.

Jirau

JIQUITAIA – Nome dado à pimenta-malagueta seca e reduzida a pó, ou ao molho picante feito com esse mesmo pó de pimenta. Também conhecido como *jequitaia* ou *jiguitaia*.

JIRAU – Espécie de grelha formada por uma grade de varas sobre esteios

162

{ JURUBEBA }

fixados no chão. O jirau é utilizado pelos indígenas para moquear carnes e peixes.

JUÁ – Fruto do juazeiro, árvore nativa da caatinga e do cerrado brasileiro. É do tamanho de uma cereja, comestível, utilizado para fazer geleia, e serve de alimento aos animais em períodos de seca. Sua casca e outras partes da planta são ricas em saponina, com a qual se fabrica xampu e creme dental.

JULIANA – Referência à expressão francesa *julienne*, derivada do nome do chef francês Jean Julienne. Indica o corte de legumes em tirinhas finas e uniformes, com cerca de 5 centímetros de comprimento.

JUPARÁ – Mamífero carnívoro da Mata Atlântica e Floresta Amazônica de carne saborosa. Os indígenas utilizam seu pelo para confeccionar colares e braçadeiras. Também conhecido como *macaco-da-noite*.

JUQUIRI – Designação dada a várias plantas da família das leguminosas, cujas folhas, em alguns casos, são usadas na alimentação. Dessa verdura, Von Martius faz referências e informa que ao seu tempo era muito utilizada em Minas Gerais.

JURUBEBA – Arbusto brasileiro, da família das solanáceas. Seus frutos amargos são utilizados na preparação de um chá que previne problemas de fígado e má digestão. Comercializada normalmente em conserva, a jurubeba amassada no feijão é consumida principalmente no Centro-Oeste do Brasil. Também utilizada no preparo de frituras.

L

LABAÇA – 1. Planta herbácea da família das poligonáceas, de folha sagitada, parecida com o espinafre, utilizada no preparo de saladas. 2. O mesmo que cebola, no ritual afro-brasileiro.

LAGÃO – Termo em desuso para indicar o presunto.

LAGARTO – 1. Réptil da família dos sáurios, de carne apreciada no interior do país. 2. Nome de parte do boi de que se extrai a carne fibrosa do mesmo nome, geralmente usada em assados.

LAGOSTA – Crustáceo decápode, caracterizado por longas antenas, que vive nos fundos rochosos em mares temperados ou quentes. Existem inúmeras espécies em todos os mares do mundo. Sua carne é branca e delicada. Consome-se cozida inteira, ainda viva, em água fervente aromatizada com ervas e sal ou grelhada, gratinada, em saladas etc. Era apreciada pelos gauleses.

Lagosta

LAGOSTIM – Pequeno crustáceo decápode, de coloração rosada, encontrado em todo o mundo, em mares ou rios. É geralmente cozido ainda vivo, pois conserva seu sabor fresco, ou, então, grelhado ou frito. Também conhecido como *lagosta-sapata* ou *sapateira*.

LAMBÃO – Nome dado ao molho de nagô pelos negros da Bahia. Pasta feita pela maceração de pimenta-malagueta, cebola ralada, camarão seco e sal triturados em vasilhame de barro com a mão de pilão, e frita em azeite de dendê. O mesmo que *molho de guloso*.

LAMBAREIRO – Aquele que gosta de doce, conforme sentido registrado por Eduardo Frieiro em Minas Gerais.

LAMBARI – Nome de dezenas de espécies de um pequeno peixe de água doce, da família dos caracídeos. Muito presente nos rios brasileiros, tem escamas de coloração prateada, seu corpo é alongado e comprido, e mede entre 10 e 15 centímetros, dependendo da espécie. Apreciado frito como aperitivo. Também conhecido como *piaba* e *aracu*.

LAMEIRO – Espécie costeira de crustáceo muito apreciado na culinária, encontrado no Atlântico e Mediterrâneo, com comprimento máximo de 15 centímetros, que transita em profundidades inferiores a 50 metros. O lameiro é também conhecido como *lagosta-da-pedra*.

Lampreia

LAMPREIA – Peixe de corpo cilíndrico, com calda comprida e sem mandíbula. Diversas de suas espécies marinhas e de água doce podem ser consumidas como alimento.

LANCHE – 1. Pequena refeição, geralmente consumida entre as refeições principais. Também conhecido como *merenda*. 2. Qualquer refeição breve.

LAPEAR – Termo regional do Nordeste, que significa comer às pressas, sofregamente.

LARANJA – Fruto da laranjeira, árvore da família das rutáceas, é originária da China, com registros desde 2.400 a.C. Sua cultura seguiu a Rota da Seda, atingindo a Índia e depois a Europa, levada pelos árabes à Espanha. No século XIV, na França, era

{ LEGUMES }

considerada um luxo, e foi cultivada no Palácio de Versalhes. No Novo Mundo, foi introduzida pelos colonizadores. Há vários tipos: laranja-lima, laranja-pera, laranja-da-bahia etc.; seu sabor pode ser cítrico ou doce. É consumida ao natural ou utilizada em pratos salgados, molhos, doces, saladas de frutas e licores.

LARANJADA – 1. Suco de laranja. 2. Nome dado no Rio Grande do Sul ao doce de laranja em massa com formato de tijolo.

LARANJINHA – Aguardente de cana aromatizada com casca de laranja, conforme Beaurepaire-Rohan.

LARDEADEIRA – Agulha especial para lardear.

LARDEAR – É o ato de introduzir tiras de bacon ou presunto no interior de uma peça de carne, por meio da lardeadeira.

LARDO – 1. Camada de gordura embaixo da pele de algumas partes do porco. 2. Tiras de toucinho ou presunto com que se transpassam as carnes.

LASANHA – Prato de origem italiana, muito difundido entre os brasileiros, composto de tiras largas de massa de farinha de trigo, às vezes de coloração verde, quando feita com suco de espina-fre. A mais conhecida é à bolonhesa, preparada com camadas alternadas de massa, molho de carne moída e tomate, muçarela, presunto, salpicada de queijo parmesão ralado e levada ao forno para gratinar.

LATICÍNIO – Qualquer produto derivado do leite.

LATIPÁ – Prato preparado com as folhas inteiras da mostarda, que, depois de serem fervidas, são temperadas com efó e refogadas em azeite de dendê. Alimento votivo do orixá Omolu. O latipá é também conhecido como *amori*.

LEGUMES – Designação geral de hortaliças e verduras.

{ LEITÃO }

LEITÃO – Porco novo consumido logo após o desmame. São várias as receitas brasileiras para o preparo do leitão, principalmente assado. A leitoa à pururuca, depois de assada, recebe óleo bem quente para que a pele fique crocante. Prato comum em São Paulo, Minas Gerais e Paraná, geralmente servido com farofa, couve e outros acompanhamentos. No Sul, preparam a leitoa assada no fundo de um braseiro, dentro de uma manilha de barro.

LEITE – 1. Líquido branco, gorduroso, produzido pelas glândulas mamárias da fêmea dos mamíferos. O mais conhecido é o leite de vaca, utilizado no preparo de numerosos pratos na culinária de todo o mundo. O leite pode ser consumido puro como bebida ou misturado ao café, chocolate ou chá. Também é utilizado em várias preparações culinárias: molhos, sopas e como produto de base de confeitaria, em cremes, sorvetes, bolos etc. Há várias espécies de leite, muitas delas industrializadas. O leite de vaca subdivide-se nas seguintes partes: a. leitelho ou leite desnatado; b. nata, parte do leite de que se faz a manteiga e o creme de leite; c. lactose, açúcar do leite; d. soro, parte aquosa do leite; e. apojo. 2. Há também os leites vegetais, numerosos no Brasil, tais como o leite de coco (sumo da amêndoa do coco depois de ralado), leite de amendoim, leite de castanha, leite de soja etc.

LEITE CONDENSADO – Composto de leite integral ou leite em pó e uma alta adição de açúcar ou lactose, sua textura é espessa. Comercializado em lata ou em tubo, era importado da Europa antes de começar a ser fabricado no Brasil. Álvaro da Silveira, em seu livro *Consultor agrícola*, menciona uma máquina importada para o Brasil para fabricar leite condensado, em 1914, "com maquinismo completo para tratar de 750 litros de leite de cada vez, cada operação levando aproximadamente 3h30 horas".

LEITE EVAPORADO – É o mesmo que leite condensado sem açúcar, resultado da desidratação parcial do leite fluido, seguido de homogeneização, enlatamento e esterilização.

LENTILHA – Grãos de uma leguminosa da família das faváceas, originária do Oriente Médio. Há algumas variedades: a lentilha vermelha do Egito, a amarela e a verde de Puy etc. É consumida cozida, geralmente acompanhada de charcutarias e carnes.

LEVEDO – 1. Produto que permite a fermentação do pão ou da cerveja, vendido fresco ou liofilizado. 2. O levedo químico, composto de uma mistura de bicarbonato de sódio, amoníaco, ácido tartárico e fosfato de alumínio sódico, é utilizado, sobretudo nos domicílios, para bolos. 3. Levedura seca ativa, específica para vinho. São fermentos selecionados para dar um bom rendimento alcoólico e contribuir favoravelmente para o aroma do vinho.

LICHIA – Planta da família das sapindáceas, oriunda da Ásia. Seu fruto tem semente e uma parte carnosa comestível, muito espessa. Possui gosto adocicado e é muito perfumada. Consumida crua ou utilizada na preparação de compotas, sorvetes e sucos. Também conhecida como *lechia* ou *alixia*.

Lichia

LICOR – Bebida alcoolizada e açucarada, produzida por destilação, maceração ou com adição de essências.

LIMA – Variedade de cítrico originária do Sudoeste da Ásia. Foi introduzida no Oriente Próximo pelos árabes, na Europa, pelas Cruzadas e na América, pelos espanhóis. Consumida ao natural, em sucos e em confeitaria.

LIMÃO – Fruto do limoeiro, originário do Norte da Índia e depois difundido na Pérsia. Chegou ao continente americano pelos colonizadores. Variedade de cítrico muito usado na culinária em doces e salgados, o seu suco é um antioxidante natural e impede que legumes e frutas escureçam em contato com o ar. Dele há várias espécies: galego, siciliano, taiti e cravo. O limão é considerado o tempero por excelência, pois imprime gosto a todas as iguarias.

LIMONADA – Refresco feito da mistura do suco de limão com água e açúcar, servido de preferência gelado. A limonada cozida é preparada com água quente.

{ LÍNGUA }

LÍNGUA – Parte do animal localizada na cavidade bucal e largamente utilizada na culinária. Língua de boi, de carneiro, de vitela etc. Salgada ou fresca, prepara ótimos pratos e charcutarias.

LÍNGUA DE MULATA – Bolo chato e sólido, conforme Florival Serraine, com formato semelhante ao de uma língua. É feito com farinha de trigo, açúcar e coco ralado. Conhecido em Fortaleza e no estado do Rio de Janeiro.

LINGUADO – Peixe da família dos paralictiídeos, do Atlântico Tropical, de formato chato e oval, com 30 a 50 centímetros de comprimento, de cor castanho-escura, com pequenas manchas brancas, carne branca e magra, geralmente preparado em filés.

Linguiça

LINGUIÇA – Embutido preparado com carne de porco, frango ou carneiro, temperado e acondicionado em tripa seca ou fresca. Quando a linguiça é temperada com pimenta, recebe o nome de linguiça calabresa e, se feita de sangue cozido do animal, recebe o nome de *morcela* ou chouriço.

LINHAÇA – Semente do linho, muito utilizada na culinária como alimento funcional, rica em fibra e proteínas. Dela se faz o óleo de linhaça.

LISAÇÃO – Mistura de manteiga e farinha de trigo dourada ao fogo e dissolvida em líquido, utilizada para engrossar molhos. Faz-se também com fécula de batata ou gema de ovos.

LIVRELHO – Parte das vísceras de animais usada para feitura de vários pratos, principalmente guisados.

LIVRO – O menor dos estômagos dos ruminantes, assim chamado por analogia à forma do livro. Vários pratos são preparados com este na cozinha brasileira. Também conhecido como *folhoso*.

LOMBINHO – Designação dada comumente ao lombo suíno.

LOMBO – Corte de carne das costas do gado bovino e do suíno, é muito utilizado na cozinha brasileira no preparo de numerosos e apreciados pratos, como assados e guisados. Um exemplo é o lombo de pionono, muito conhecido da cozinha baiana. Também são apreciados o lombo de paca e o lombo de caititu.

LOSNA – Erva aromática nativa da Europa. Suas folhas são usadas em infusão, como excitante estomacal, ou no preparo do absinto.

LOURO – Folha do loureiro utilizada como condimento. Na Antiguidade, a coroa de louros ornava a cabeça dos imperadores após seu triunfo nas guerras. Para Alexandre Dumas, no *Grande dicionário de culinária*, "o louro é obrigatório em todos os ragus [...] e deve ser empregado com moderação, de preferência seco, a fim de que seu sabor mostre-se menos intenso e menos ácido".

LUBAÇA – O mesmo que cebola, no ritual afro-brasileiro.

LULA – Gênero de molusco marinho, da família dos cefalópodes, a lula é encontrada em toda a costa do Atlântico e do Mediterrâneo. Servida frita, recheada, ao molho de tomate, de alho etc.

Lula

LUMINÁRIA – Doce de massa folhada recheada de doce de coco amarelo. No Rio de Janeiro, a luminária é conhecida como *viúva*, e, em outras partes do Brasil, como *queijadinha*.

M

MAÇÃ – Fruto da macieira, originária do Cáucaso, desde a Antiguidade tornou-se popular na Europa e de grande utilização na culinária. Seu sabor pode ser ácido ou doce. É consumida ao natural ou em preparações salgadas ou doces; em compotas, geleias, saladas, tortas e como acompanhamento de carnes de caça. O suco da maçã é também utilizado na composição da sidra e, após destilação, dos calvados.

MAÇAL – Soro de leite que escorre do queijo fresco.

MACAMBA – Termo africano banto. No Brasil colonial, no Rio de Janeiro era nome com que as quitandeiras designavam seus fregueses habituais, segundo Raul da Costa e Sá.

MACAMBIRA – Bromeliácea do Nordeste, de cujo rizoma se extrai uma fécula utilizada na culinária. A goma extraída de suas folhas serve para o preparo de pão grosseiro de beiju.

MAÇAPÃO – 1. Doce à base de farinha de amêndoas, claras batidas e açúcar. Também conhecido como *marzipã*. 2. No Brasil, é também um doce feito com coco ralado, açúcar, manteiga, ovos e farinha de trigo, segundo receita registrada por Gilberto Freyre.

MACAPATÁ – Bolo de massa de mandioca mole que, depois de espremida no tipiti, é amassada com banha de tartaruga e pedaços de castanha crua, espalmada em pequenas porções alongadas, envolvidas em folhas de bananeira, para serem assadas em rescaldo.

{ MAÇARANDUBA }

MAÇARANDUBA – Nome comum a várias sapotáceas, nativas da Amazônia, frutos globosos, verde-amarelados, comestíveis.

MACAXEIRA – Segundo Manuel Querino, macaxeira é o nome indígena da mandioca. É a mandioca doce, não venenosa, segundo Vicente Chermont. Há várias espécies: a macaxeira-pacaré ou aimpim-amarelo no Ceará, a pernambuco, a pão-do-chile, a rosa, a tataibura. Comumente, macaxeira é o mesmo que *aipim* e *mandioca*.

MACEDÔNIA – Palavra derivada do francês *macédoine*. Mistura de legumes ou frutas frescas cortadas em pequenos dados. Nos cardápios dos restaurantes e confeitarias no Rio de Janeiro do século XIX, a salada de frutas era chamada de *macédoine aux fruits*.

MACERAR – Significa curtir elementos em uma substância líquida (vinho, álcool, xarope, óleo ou vinagre) geralmente com a adição de ervas aromáticas, para extração dos princípios odoríferos e excitantes, a fim de perfumar o líquido ou mesmo as substâncias que estão sendo maceradas. Aplica-se, sobretudo, às frutas e aos legumes.

MACIS – Nome dado aos filamentos da noz-moscada, que estão presos às sinuosidades e que formam como que uma segunda casca. O macis é utilizado moído em doces, bolos, cozidos e molhos.

MACUCAUÁ – Palavra de origem tupi-guarani, *Makuka'gwa*. Ave de penas cinzentas, com tamanho similar ao do pato, parecida com o inambu e a perdiz, de que se faz excelentes pratos, delicados e saborosos. Na região amazônica é conhecida por *jaó*.

MACUMA – Espécie de palmeira de que se extrai palmito pequeno usado como tempero, segundo informação de A. J. de Sampaio.

MADURO – Relativo aos frutos, quando estão no ponto de serem ingeridos.

MÃE-BENTA – A receita original é do Convento da Ajuda (Rio de Janeiro), século XIX, registrada no *Dicionário do doceiro brasi-*

leiro: "quinhentos gramas de carimã bem coado, 250 gramas de manteiga, 6 ovos, só as gemas, 250 gramas de açúcar, um pouco de coco ralado bem fino, água de flor de laranjeira e canela em pó. Depois de tudo bem batido leva-se ao forno em forminhas forradas com folhas de bananeira passadas pelo fogo. O forno deve estar quente".

MAIONESE – Emulsão de ovos, óleo ou azeite, sal, mostarda e um fio de vinagre batidos lentamente derramando óleo até adquirir ponto untuoso. Sua origem é controversa. A sua paternidade é atribuída ao cozinheiro do duque Richelieu, em 1758. Outros atribuem ao cozinheiro do duque de Mayenne, pois na Batalha d'Arques seu cozinheiro serviu frangos com um molho saboroso. Trata-se também de designação à salada de legumes (especialmente batata) preparada com este molho. É também a base de vários outros molhos.

MAISENA – Farinha de amido de milho, de produção industrial, utilizada geralmente como conduto em diversos pratos ou para o preparo de cremes e mingaus.

MAL-ASSADA – Torta de ovos batidos e fritos, segundo Luís da Câmara Cascudo. Para Sodré Vianna, na Bahia, mal-assada de ferrugem é o prato feito com carne frita com os temperos necessários e hortelã, que serve com arroz, farofa e molho de pimenta, sendo que o caldo resultante fica da cor de ferrugem.

MALCASADO – Espécie de beiju preparado com tapioca e leite de coco, envolvido em folhas de bananeira e assado em fogo brando, segundo Beaurepaire-Rohan. O mesmo que *malcassá*.

MALTE – Substância resultante da cevada germinada e seca num processo artificial. Trata-se de ingrediente essencial no preparo de bebidas alcoólicas, entre elas a cerveja e o uísque, e na produção de farináceos.

{ MAMÃO }

Mamão

MAMÃO – Fruto do mamoeiro, considerado excelente alimento, consumido ao natural quando maduro. Verde é utilizado na culinária com dois pratos característicos: o refogado e o ensopado de mamão, este último com carne-seca. Há várias espécies de mamão: o caiano, o crioulo, o mamão-melão, o mamão-de-corda, o mamão-bravo (o mesmo que jaracatiá), dentre outros.

MAMBECA – Ancestral indígena do atual pirão, feita com raspas de mandioca torrada.

MAMINHA – Corte da carne bovina que corresponde à ponta da alcatra, muito macia, utilizada para grelhados, ensopados e churrasco.

MANAPANÇA – Espécie de beiju espesso, cuja massa é feita de farinha de mandioca, açúcar e erva-doce, enrolada em folhas de bananeira e colocada a tostar no forno da farinha de mandioca. É a lição de Beaurepaire-Rohan. Também conhecido como *manampança* ou *malampança*.

MANAPAR – O mesmo que *comer*. Regionalismo registrado por Amadeu Amaral.

MANAPUÇÁ – Pequeno fruto da família das melastomatáceas, nativa do Brasil. Sua baga é negra e comestível. Também conhecido como *mandapuça*, *jabuticaba do cerrado* e *do campo*.

MANDI – Peixe da família dos pimelodídeos, encontrado nos rios Orinoco, Amazonas e Prata, de grande consumo na Amazônia. O mandi é apreciado assado ou cozido e é famosa a caldeirada de mandi.

MANDIOCA – Planta da família das euforbiáceas, originária da América do Sul. Gabriel Soares de Sousa, no século XVI, descreveu as plantações indígenas: "plantavam por estaca, pedaços de mais ou menos um palmo, retirados da rama, chamando-os manaiba ou maniva, os quais eram enterrados até a metade, em número de três a quatro em cada cova". As raízes são tuberosas, cônicas, polpudas, com casca pardacenta e massa branca. Há diferentes espécies de mandioca divididas em dois grupos. O primeiro engloba a mandioca mansa, conhecida como *macaxeira* ou *aipim*, em algumas regiões brasileiras e consumida cozida, frita, em purê, bolos, doces etc. A mandioca brava, da qual se fabrica a farinha, passa por um processo de eliminação do ácido cianídrico para se tornar própria para o consumo. Da massa se extrai diferentes tipos de farinha: de mandioca, d'água, seca, tapioca, carimã e polvilho.

MANDIOCABA – Espécie de mingau de arroz, preparado com suco doce de manicuera (variedade de mandioca), segundo A. J. de Sampaio.

MANDIOCA PUBA – Nome com que é conhecida a mandioca azeda, obtida por meio da maceração na água.

MANDIOQUINHA – Tubérculo da família das umbelíferas, de cor amarela e de sabor adocicado, utilizada no preparo de cremes, sopas e purês. Também conhecida como *batata-baroa*.

MANDOLINE – Utensílio de metal ou plástico usado para fatiar legumes de maneira uniforme.

MANDUBI – Nome de origem tupi dado ao amendoim. Também conhecido como *mendubi* ou *mudubim*.

MANEMA – Nome dado à farinha grossa de mandioca.

MANGA – Fruto da mangueira, árvore da família das anacardiáceas, originária da Ásia, de que há numerosas variedades. Tem polpa suculenta e saborosa, que pode ser consumida ao natural ou no preparo de doces, sorvetes e sucos. Famosas são as mangas de Itamaracá e as mangas-meninas do Pará.

MANGABA – Termo de origem tupi, *ma'ngawa*. Fruto da mangabeira, da família das apocináceas, árvore nativa do Brasil. Em Mato Grosso e no Nordeste é muito apreciada. Come-se ao natural e é excelente para o preparo de sorvetes, refrescos, doces e bebida vinosa.

MANGANGUERA – Sem gordura, seja carne ou feijão, conforme o dialeto crioulo de São João da Chapada, em Minas Gerais.

MANGARITO – Planta da família das aráceas, originária do Brasil central, hoje está quase em extinção. Consomem-se os rizomas cujo sabor é próximo ao da pinha. Segundo Beaurepaire-Rohan, o mangarito pode ser comido frito, ensopado, em purê ou simplesmente cozido, inclusive com melado. As folhas são utilizadas em refogados e sopas.

MANGUE-VERMELHO – Árvore de manguezal, pertencente à família das rizoforáceas, cujos galhos, devidamente preparados, são usados como espeto para o camarão. De seu tronco faz-se a extração de tinta vermelha.

MANGUITO – Manga pequena.

MANGUSTA – Nome que se dá à comida preparada com leite, açúcar e polpa de manga passada na peneira. Termo muito comum na região de Cariri, no Ceará.

MANIÇOBA – 1. Em guarani, *mandii hoba*, e em tupi, *mani sóba*. Caldo preparado com folhas de maniva moídas até obter uma pasta e cozida por aproximadamente oito dias para eliminar o ácido cianídrico, que é tóxico. 2. Também conhecida como a *feijoada do Pará*, composta de carne-seca, paio, linguiça, toucinho, lombo, orelha, rabo de porco, pimenta-de-cheiro, servida com arroz branco e farinha-d'água. Outros ingredientes podem ser utilizados: cabeça de porco, tripas e fiambres. Darwin Brandão registra uma receita da iguaria preparada com carne do sertão, mocotó moqueado e toucinho.

MANICUERA – Variedade de mandioca ou o sumo doce dessa planta, de sabor bem adocicado que dispensa o açúcar. Com este suco cozinha-se arroz.

{ MANJERICÃO }

MANIPEBA – Variedade de mandioca utilizada na culinária.

MANIPUEIRA – Na lição de Beaurepaire-Rohan, é líquido venenoso que se extrai por meio de compressão da mandioca ralada. O calor do sol ou do fogo elimina o veneno (ácido cianídrico) do líquido que serve, então, para preparar o tucupi. No século XVII, o sumo da mandioca ralada e prensada era denominado de manipueira pelos índios de língua tupi (termo ainda empregado no Acre pelos agricultores familiares) e como "água de mandioca" pelos portugueses. Os índios do rio Negro identificam como *tucupi* apenas o sumo venenoso extraído da mandioca ralada; depois de fervido, é a *manicuera*.

MANIVA – 1. Vocábulo de origem tupi, *maniýua*. Os guaranis chamavam de *mandiigigba*. A planta da mandioca. 2. Tolete ou folha da planta da mandioca; usa-se na alimentação da região Norte, especialmente no Pará.

MANJAR-BRANCO – 1. Em Portugal, a receita é do século XV, composta do peito de uma galinha preta desfiada finamente, farinha de arroz, leite e açúcar, registrado no códice português da Biblioteca Nacional de Nápoles, do Livro de cozinha da infanta D. Maria. Constança Oliva de Lima cita seis receitas pelo menos, embora haja muito mais: manjar-branco, manjar-branco amarelo, manjar-branco assado, manjar-branco banhado, manjar-branco de peros e manjar real, todas elas tendo como base o peito de galinha, açúcar e leite. 2. No Brasil, é uma variedade de doce preparado com leite de coco, leite e maisena.

MANJERICÃO – Designação comum a várias espécies do gênero *Ocimum*. Nativa da Ásia, trata-se de erva fortemente aromática utilizada como condimento na culinária. Há diferentes espécies com aromas diversos: doce, limão, canela, cânfora. O manjericão mais conhecido é o de cor verde, sendo mais raras e aromáticas as espécies com folhas avermelhadas. Dele também se extrai óleo essencial. Também conhecido como *basilicão* e *basílico*, *alfavaca* e *alfavaca-cheirosa*.

MANJERONA – Erva nativa do Mediterrâneo, de folhas de sabor suave usadas como condimento.

MANJUBA – 1. Denominação de várias espécies de peixes pequenos de água doce e marinhos. Muito utilizada em conservas e de grande valor comercial no litoral brasileiro, principalmente em São Paulo. 2. Termo regionalista que designa *comida*, na Bahia, assim como *grude* ou *boia* em outras regiões. 3. Amadeu Amaral registra o significado de comida boa, quitute.

MANOEL SEM JALECO – Sopa substanciosa da região de Minas Gerais e Estados vizinhos. Preparada com lombo de porco, paio, nabo, mostarda, couve e serralha cozido em água. Após o cozimento, a sopa é engrossada com fubá de milho.

MANTA – Grande pedaço de carne ou peixe. No geral, posta de carne-seca.

MANTEIGA – 1. Alimento derivado do leite, composto de 80% de gordura e o restante de água e resíduos de lactose. A manteiga é muito utilizada na culinária no preparo das mais variadas receitas. 2. Na Amazônia, segundo José Verissimo, dá-se o nome de manteiga a todo óleo espesso ou banha: manteiga de cacau, de peixe-boi, de castanha, entre outras.

MANTEIGA DE GARRAFA – Produzida no Nordeste do Brasil, é a manteiga clarificada, semilíquida, de coloração amarela, vendida em garrafas. Processada de forma artesanal, define-se como o produto gorduroso obtido pelo batimento e fusão do creme derivado exclusivamente do leite de vaca. É mais pura e forte do que as manteigas tradicionais. São necessários 50 litros de leite para cada litro de manteiga de garrafa. É obtida a partir do aquecimento do creme de leite entre 110 e 120 °C até a total eliminação da água, separada por decantação. O mesmo que *manteiga de gado, manteiga da terra* ou *manteiga de cozinha*.

MANTEIGA DE TARTARUGA – É a gordura extraída dos ovos crus desse quelônio. São esmagados em uma vasilha e misturados com água e esquentados ao sol. Com o calor, a gordura vem à tona. Com a aragem da noite, a gordura coagula e é retirada e guardada em potes de barro. Atualmente esse processo feito pelos indígenas é pouco usual.

MANUÊ – 1. Bolo feito de fubá de milho, mel e outros ingredientes. O mesmo que *pamonha de mandioca puba*, que, segundo Beaurepaire-Rohan, é o pé de moleque de Pernambuco e Alagoas. Uma das receitas, entre dez, divulgada por Constança Oliva de Lima exclui o fubá de milho, indicando a utilização da farinha de arroz peneirada, feito ao forno em pequenas formas untadas de manteiga. Outras receitas da mesma autora indicam a utilização de cará, farinha de raspas de mandioca, aipim e carimã. Também conhecido como *manauê*. 2. Com esse nome também se conhece o bolo feito de fubá de milho, mel e leite.

MÃO DE VACA – Ensopado preparado com ossobuco, tomates, pimentões e cebola temperado com sal e pimenta-malagueta. Com o molho se prepara o pirão com farinha-de-mandioca. O mesmo que *chambaril*.

MAPARÁ – Peixe teleósteo dos rios amazonenses, cuja carne é semelhante à do bacalhau.

MARACOTÃO – Expressão gaúcha. Espécie de pêssego de casca aveludada, polpa rija grudada no caroço.

MARACUJÁ – Fruto do maracujazeiro, originário da América, de variadas espécies, segundo o registro de Florival Serraine: açúcar, melão, de raposa, fedorento, do mato ou vaqueiro, suspiro etc. O fruto é utilizado no preparo de doces e refrescos e possui propriedades tranquilizantes.

Maracujá

MARAJÁ – Espécie de palmeira nativa da Amazônia. O fruto, comestível, é roxo-escuro e sua polpa é branca ou rosa, de sabor agridoce, sendo utilizado para a produção de licor ou vinagre.

{ MARANHO }

MARANHO – 1. Prato preparado com miúdos de carneiro, arroz e pedaços de galinha. 2. Nome dado a determinado molho feito com tripas.

MARAPATÁ – Prato da Amazônia que, segundo Alfredo da Mata, é constituído de beijú, banha de tartaruga, pedaços de castanha--do-pará, enrolado em folha de bananeira.

MARGARINA – Sucedânea da manteiga, extraída da gordura vegetal e, como tal, usada em diversos pratos, como frituras, assados etc.

MARIA-FARINHA – Nome que se dá, em várias regiões do Nordeste, a uma espécie de caranguejo comestível.

MARIA-GOMES – Erva da família das portulacáceas, encontrada na Ásia e na América do Sul. As folhas são carnosas, macias e comestíveis usadas também como verdura. Também conhecida como *língua-de-vaca*.

MARIA-ISABEL – Prato típico das regiões Norte, Nordeste e Centro-Oeste. No Baixo Amazonas, é constituído de arroz e carne-seca cozidos. Em Goiás, a maria-gomes é preparada, pelos garimpeiros, com arroz bem mole acompanhado de charque cozido.

MARIA-MOLE – Doce típico brasileiro preparado com claras em neve, açúcar, coco ralado e gelatina. Depois de pronto a sua consistência é macia e esponjosa.

MARIMARI – Árvore nativa do Pará, cujos frutos têm polpa verde, comestível, de efeito laxante. As hastes cozidas são diuréticas. Também conhecida como *canafístula*, *canafístula-de-igapó*, *jeneúna* ou *seruaia*.

MARINADA – Líquido onde se maceram todos os tipos de carne. Há marinadas para carnes vermelhas, compostas de óleo, cebola picada, alho, louro, tomilho, pimenta-do-reino e sal. As aves e as grandes peças como peru devem receber vinho branco e ficar por mais de dois dias nesse líquido para absorver melhor o tempero. O tempo da marinada pode variar, desde alguns minutos, horas ou dias.

MARINAR – Macerar ou temperar carnes, peixes e aves com antecedência em uma mistura de salmoura ou vinho branco, especiarias, sal, alho e cebola.

MARINHEIRO – Grão de arroz com casca, ou meia casca, mesmo depois de passar por beneficiamento.

MARIOLA – Doce com a forma de pequeno tablete, feito de goiaba ou banana, originalmente embrulhado em folha de bananeira, e hoje em papel celofane ou impermeável.

MARIQUINHA – 1. Tripé que foi um dos utensílios fundamentais da cozinha do tropeiro ao ar livre, armada sobre o fogo. Em uma corrente dependurava-se o caldeirão para a cocção dos alimentos. 2. Trata-se também de espécie de bolo composto de farinha de trigo, ovos, açúcar, manteiga, anisete e essência de limão, assado ao forno.

MARISCO – Denominação geral de crustáceos e moluscos comestíveis.

Mariquinha

MARMELADA – 1. Nome genérico na Europa para as conservas de frutas utilizando sua polpa e açúcar até adquirir ponto consistente. Por exemplo, marmelada de goiaba, de laranja, de marmelo etc. 2. No Brasil, é designação do doce do marmelo em barra.

MARMELO – Fruto do marmeleiro, da família das rosáceas. Nativo da Ásia, cultivado desde a Antiguidade. De cor amarelo-dourada, possui polpa rígida e aromática. Bastante usado no preparo de doces e geleias e até mesmo de pratos salgados como em sopas e cremes.

MARMITA – 1. Conjunto de recipientes sobrepostos com armação em forma de alça para transportar comida. 2. Vasilha metálica

{ MARROCO }

ou de plástico com tampa, utilizada para transportar a refeição do trabalhador.

MARROCO – Africanismo que significa pão.

MARROQUE – Pão dormido ou pão duro, segundo L. F. R. Clerot.

MARTELO – 1. Pequeno copo para bebida. 2. Medida para líquidos, equivalente a 0,16 litro. 3. Porção de aguardente.

MARUFO – Vinho ou bebida alcoólica obtido da fermentação da seiva, de preferência extraída de palmáceas.

MARUMBAVA – Nome dado a uma espécie de feijão rústico, usado principalmente na região de Santa Catarina. Também conhecido como *marundaí*.

MASSA – 1. Define todas as massas feitas com farinha de trigo ou semolina, água e ovos, recheadas ou não. A massa tem origem desconhecida, vários estudiosos dizem que veio da China com Marco Polo, mas há controvérsias. A massa seca foi levada para o sul da Itália pelos árabes. Na Itália, a designação é *pasta*. O macarrão é um dos tipos de massa. 2. Trata-se também de mistura de farinha de trigo ou outro cereal, com adição de ingredientes que podem variar, como, por exemplo, ovos e leite entre outros, servindo de base e cobertura para tortas doces e salgadas, empadas, folhados, bolos, biscoitos e pastéis. 3. Designação para massa que também pode ser preparada à base de outros ingredientes, como a batata, no preparo de nhoque. 4. Regionalmente, na lição de Beaurepaire-Rohan, é a mandioca ralada, a qual, depois de exprimida no tipiti, é peneirada, antes de ir ao forno em que, pelo cozimento, se completa a fabricação da farinha. 5. Manuel Querino registra que massa é uma iguaria de origem africana, preparada com arroz cozido envolvido em farinha de arroz, em forma de bolinhos, fritos em azeite de dendê. Também dos bolinhos se faz refrigerante, dissolvidos em água e açúcar. Na Paraíba, L. F. R. Clerot dá-lhe o nome de *pão de biscoito*.

MASSAMORDA – Termo registrado por A. J. de Sampaio que significa *comida malfeita*.

MASSA PODRE – Mistura à base de farinha de trigo, com adição de boa quantidade de gordura (manteiga ou gordura hidrogenada). Depois de assada, adquire consistência quebradiça, utilizada no preparo de empadas e tortas.

MASSOCA – Prato para crianças, feito de cureta, ou seja, aparas de mandioca que sobram da peneira.

MASTIGO – Comida, refeição, porção de alimentos ou pão.

MASTRUÇO – Planta herbácea da família das crucíferas, nativa da América do Sul, de flor alaranjada, cujos brotos e folhas podem ser utilizados em saladas, sopas, refogados e purês, servindo também como condimento de iguarias. O mastruço também é conhecido como *agrião-do-pará* ou *erva-de-santa-maria*.

MATA-FOME – 1. Arbusto sarmentoso da família das icacináceas, nativo do Brasil (Ceará a Minas Gerais, Espírito Santo), cujos tubérculos são enormes, utilizado para o preparo de polvilho para biscoitos, bolos e mingaus. Também conhecido como *batata-ceará*, *batata-de-arroba* ou *batata-de-puri*. 2. Comida ligeira, de baixa qualidade e barata, ingerida para satisfazer a fome. 3. Biscoito à base de rapadura e gengibre vendido em tabuleiros no Nordeste.

MATALOTAGEM – Na Amazônia, Vicente Chermont define o vocábulo como "a rês abatida para o consumo da fazenda".

MATAMBRE – 1. Palavra do espanhol *mata hambre*, mata fome. Capa de carne encontrada entre a manta do costilhar do boi ou do porco. 2. O mesmo nome é dado à capa de carne recheada e adubada com ervas e enrolada como rocambole. Prato típico do Rio Grande do Sul. Também conhecido como *vaqueira*.

MATARU – Vaso de barro utilizado na fabricação do azeite de peixe.

MATEAR – Tomar mate.

MATETÊ – Caldo gordo muito condimentado e espessado com farinha fina, passada pela peneira.

MATOLÃO – Vocábulo que designa, na Paraíba, conforme L. F. R. Clerot, o "alforje de couro geralmente de carneiro ou bode, fechado por correias para o transporte de roupa, víveres etc. em viagem".

MATRUCO – Carne da rês abatida que abrange desde as regiões das pernas até metade do lombo.

MATURI – É o nome dado à castanha-de-caju verde, segundo o registro de Beaurepaire-Rohan. Muito utilizado em pratos da culinária nordestina, como a moqueca de maturi, considerada afrodisíaca, composta de camarão seco, maturi, azeite doce, tomates, pimentão e coco. Na Bahia, prepara-se a frigideira de maturi com camarões frescos, ovos batidos, coentro e azeite de dendê.

MATUTAGEM – 1. Corruptela de matalotagem. 2. No Ceará, a expressão "fazer matutagem" significa, na lição de Florival Serraine, abater uma rês para fins festivos.

MAXIM – Faca longa usada em regiões de prevalência da cultura negra que serve para cortar erva.

MAXIXADA – Na Bahia, é preparada com maxixe em rodelas e carne desfiada. Também se faz com camarão seco. A maxixada de leite leva carne de sol escaldada, temperada com cebola, alho, coentro, salsa e vinagre e depois de cozida leva a nata da coalhada. Acompanha farinha de mandioca. No Ceará, é feita com maxixe, carne-seca, manteiga de nata e cheiro-verde, segundo Noé Mendes de Oliveira. Em Pernambuco, é um guisado de maxixe cortado em rodelas cozido com carne verde em pedaços.

MAXIXE – Fruto do maxixeiro, trepadeira da família das curcubináceas, de pepônios piriformes verde-claro, consumido cozido e largamente usado na cozinha brasileira como conduto. Segundo

{ **MELADURA** }

os especialistas, o termo é de origem quimbundo. Também conhecido como *chuchu* e *machucho*.

MBEU – Prato indígena. Espécie de bolo de farinha de mandioca cozida sobre pedra quente, o que hoje se conhece por beiju.

MEDALHÃO – Prato preparado com filé-mignon cortado em forma arredondada, fatia alta, selado na frigideira e regado com molho ao *poivre* ou mostarda.

MEDIDA – Quantidade de ingrediente a ser usada na receita dosada por recipiente de mesmo nome. Há medidores padronizados com indicação de quantidades em unidades de medida, por exemplo, gramas, para sólidos, e mililitros, para líquidos.

MEL – Produto doce da secreção das abelhas, obtido a partir do néctar das flores. A utilização do mel nas preparações de geleias e compotas advém de um método ancestral para conservar as frutas.

MEL DE FURO – Calda grossa que extravasava das formas do açúcar processado nos antigos engenhos. Popularmente chamado de *cabaú* e também conhecido como *mel de tanque*.

MEL-DE-PAU – Denominação do mel que certas abelhas depositam em troncos ocos das árvores.

MEL DE TOUCINHO – Doce de garimpeiros preparado com mel de rapadura, toucinho e farinha de mandioca.

MELADINHA – Mistura de aguardente e mel.

MELADO – Produto da evaporação do caldo de cana, em forma pastosa. Também conhecido como *mel de engenho*.

MELADURA – Caldo da cana que é transferido para a caldeira para ser limpo e escumado, nos engenhos de açúcar.

{ MELANCIA }

Melancia

MELANCIA – Planta herbácea, da família das cucurbitáceas, nativa da África. Seu fruto tem tamanho variado de acordo com a espécie. A polpa é vermelha, suculenta e doce. Há várias espécies, entre elas: a melancia-da-praia, que é do tamanho de um tomate, com polpa agradável ao paladar; melancia arrebenta boi; arrebenta cavalo; de-santa-bárbara etc.

MELÃO – Fruto da família das cucurbitáceas, cuja origem é provavelmente do oeste da África e da região central da Ásia, levado para a Europa no início da Era Cristã. Sua polpa é carnosa e suculenta, de sabor suave, cujo tamanho e cor variam de acordo com a espécie. Consumido ao natural. Há vários tipos: melão amarelo, cantalupo etc.

MELÍCIA – Doce assado em frigideira composto de amêndoas pisadas, manteiga, açúcar, pão ralado, mel, coco, canela e cravo. Também conhecida como *milícia*.

MELINDRE – 1. Doce composto de gemas de ovos, claras, açúcar, canela e farinha de trigo, assado ao forno, conforme receita de Constança Oliva de Lima. 2. Hildegardes Viana registra como um creme preparado com gemas, queijo e coco ralados, açúcar em calda, água de flor, canela e cravo.

MENINICO – Guisado típico do Nordeste. Preparado com o fato de carneiro e o bucho inteiro. Recheia-se o bucho com as vísceras cortadas bem miúdas, temperadas com alho, cebola, sal, hortelã, pimenta-do-reino, cominho e vinagre. Também pode adicionar a carne da cabeça do carneiro. A cocção é feita em bastante água temperada com sal e toucinho, durante a noite inteira. É acompanhado com o pirão do próprio caldo.

MERENGUE – Palavra de origem francesa. Clara de ovos batida em neve com calda de açúcar a 120 °C. Moldado em formato redondo e assado ao forno. Sua textura deve ser cremosa por dentro e crocante por fora. Geralmente é recheado com chantili.

MERINGA – Doce preparado com claras de ovos batidas em neve, açúcar e casca de limão picadinha. Divide-se em porções em assadeira forrada de papel manteiga e polvilhada de açúcar, levadas ao forno para assar. Depois de prontas, retira-se com uma colherinha o centro do suspiro e este é guarnecido com geleia de qualquer fruta. Devem ser servidas ainda quentes.

MERLUZA – Peixe marinho teleósteos, da família *Merlucciidae*, preparado em filé, empanado, ao molho de tomate ou grelhado.

MEXIDO – 1. Prato preparado com vísceras e carne-seca que se come com farinha. 2. Doce de macaxeira ralada e peneirada, calda de açúcar, mel e casca de limão.

MEXILHÃO – Designação comum aos moluscos bivalves, de conchas ovaladas e escuras, geralmente comestíveis. Há várias espécies, dentre elas, o sururu ou siriri, encontradas do Espírito Santo ao Uruguai, de concha oval e alongada, coloração pardo-avermelhada e cerca de 8 centímetros de comprimento. Também conhecido como *marisco-das-pedras*, *mexilhão-das-pedras* ou *ostra-de-pobre*.

MEXIRIBOCA – Segundo Eduardo Frieiro, é uma espécie de minestrone, como "designativo burlesco de várias iguarias misturadas comida com colher".

MIAMIAMI – Farofa preparada com azeite de dendê, no ritual afro-brasileiro. Também conhecida como *farofa amarela*.

MIAPITA – Variedade de beiju. Também conhecido como *miapiata*.

MIDUBA – Regionalismo amazônico: mandioca cuja cor é amarela.

MIJADRA – Prato de origem persa, que se difundiu no mundo árabe entre as décadas de 1940 e 1950, em consequência das guerras e migrações. Sua receita leva basicamente arroz, lentilha e

{ **MIL-FOLHAS** }

temperos, que podem sofrer pequenas alterações de acordo com o lugar em que é preparada.

MIL-FOLHAS – Doce criado pelo confeiteiro francês Rouget, feito com camadas de massa folhada superpostas recheadas tradicionalmente com creme *patissière*.

MILHO – Espécie da família das gramíneas, tão antiga na América como suas civilizações. No Brasil, no período pré-cabraliano, o milho e seus derivados, como as farinhas e as bebidas fermentadas, faziam parte da dieta alimentar dos nativos. O milho verde era cozido ou assado no borralho; com o milho branco seco, faziam pipoca (do tupi, *pi'poka*, "estalando a pele") e canjica; com o amarelo, o curau sem sal e açúcar, cuja consistência era de mingau, e a pamonha, que consiste do milho verde ralado envolto na própria palha e depois cozido. As bebidas fermentadas eram utilizadas nos rituais religiosos, como a catimpuera de milho ou aipim. Cada região ou estado brasileiro utiliza o milho na alimentação cotidiana com temperos locais. No Norte e no Nordeste, como a sua colheita coincide com as festas juninas, as espigas de milho verde são assadas na fogueira. No Pará, consomem-se canjica, pamonha e munguzá de milho branco no café da manhã. Em Pernambuco, as negras de tabuleiro vendiam cuscuz doce e farinha de milho adoçada em cones de papel, iguaria conhecida no sertão como tabaco de raposa. O fubá, no final do século XIX, foi o principal mantimento dos imigrantes italianos, que o empregavam no preparo da polenta. Já era um produto conhecido por eles, pois o milho migrou para Europa no século XV, transportado por Cristóvão Colombo. Há uma variedade de iguarias e bebidas fermentadas de milho como o caramuru e a jinjibirra. Tem várias aplicações na culinária, usado como cereal, depois dos grãos secos, em forma de fubá, farinha e canjiquinha e os grãos frescos são consumidos como legume em ensopados, saladas, sopas e doces. Dele existem muitas variedades, tais como o milho amarelo, amarelinho, crioulo, quarentão, branco, dente de cavalo, milho híbrido, milho de pipoca etc. O mingau de milho também é conhecido com o nome de *chá de burro*.

190

{ MIXIRA }

MINEIRO COM BOTAS – Sobremesa, típica da culinária mineira, preparada com banana, queijo e goiabada.

MINESTRONE – Sopa italiana, de consistência espessa, preparada com legumes variados e acrescida de macarrão ou feijão, ou os dois juntos.

MINGAU – Nome comum dado às papas feitas de qualquer espécie de farinha, temperada com açúcar, leite e ovos: mingau de tapioca, de carimã, de sagu etc. Informa Beaurepaire-Rohan que em Pernambuco o mingau pitinga é feito com a mandioca puba e temperado com pimenta e hortelã. No Pará, dão o nome de tacacá a uma espécie de mingau de tapioca que se tempera com o molho de tucupi. No Ceará, é conhecido o mingau de caridade, feito de farinha de tapioca ou de mandioca cozida em água e sal, a que se junta pimenta-do-reino. Há também o mingau de maisena, que é preparado com açúcar. C. Teschauer lembra, com muita propriedade, que o mingau é a preparação de farinha ou de polpa de frutas temperada com açúcar em forma de papa. O mingau, no Brasil Colonial, deve ter surpreendido muitos viajantes estrangeiros.

MIOLO – 1. Parte interna do pão. 2. Parte central do cérebro de boi ou outros animais. Podem ser preparados diversos pratos tais como miolo à marinheira, à milanesa, gratinado, guisado, ao vinagrete etc.

MIÚDOS – Denominação que se dá às vísceras de animais utilizadas para o preparo de variados pratos. O sarapatel é feito de miúdos de porco. Ponta de asas, moelas, pescoço, coração, rins, pés de aves servem para preparar sopa ou arroz. Também conhecido como *abatizes*.

MIXIRA – 1. Forma de conservação da carne da tartaruga. Primeiramente a carne é cozida e, em seguida, frita na própria banha e armazenada em potes de barro, imersa na própria gordura para conservar. 2. Nome dado à conserva na gordura do peixe-boi, tambaqui e de tartarugas pequenas. Geralmente acompanha farinha-d'água torrada. Sua produção conta com uma indústria bem desenvolvida no Baixo Purus e Solimões. Raramente a mixira é feita com carne bovina.

MOCA – Variedade nobre de café originária da Arábia.

MOCÓ – Alforje ou bolsa que se usa nas zonas rurais para conduzir o alimento preparado adrede para longas caminhadas.

MOCORORÓ – Nome dado a diversas bebidas refrigerantes. O suco de caju, puro e simples também leva esse nome. Também conhecido por *aluá*, que no Pará, segundo Beaurepaire-Rohan, é feito de mandioca. No Maranhão, é feito com "arroz contuso", de que se fazem papas grossas pouco cozidas, as quais se deitam em vasilhas de barro com água e açúcar para fermentar durante dois dias.

MOCOTÓ – 1. Pata de animais bovinos, sem o casco, utilizado como alimento, do qual se faz geleia. 2. Prato preparado com as cartilagens e tendões das pernas de boi ou de porco, a que se juntam fiambre, orelha de porco, chispe, tripa, chouriço etc. Também conhecido como *mão de vaca*.

MOER – Triturar qualquer tipo de alimento.

MOJANGUÊ – Prato em que se usa milho verde.

MOJICA – 1. Prato amazonense de tradição indígena. Caldo de peixe apimentado, à base de peixe moqueado e triturado, camarão ou caranguejo e engrossado com farinha de mandioca, tapioca ou goma. Também conhecido como *mujica* ou *mujeca*. 2. Em Mato Grosso, é um ensopado no qual o filé de pintado é cortado em cubos e cozido com mandioca, cheiro-verde, cebolinha e coentro em uma panela de barro.

MOJICAR – Vocábulo curioso de que nos dá lição Beaurepaire-Rohan. É o processo de engrossar o caldo ou mingau com qualquer fécula. É mais usado, porém, o substantivo mojica, que tem origem tupi, do que o verbo propriamente.

{ MOLUSCO }

MOLEJA – Glândula carnosa que se localiza na parte inferior do pescoço dos animais novos, como o cordeiro e a vitela. Utilizado para preparar iguaria com acréscimo de alguns ingredientes que podem variar de acordo com a receita, entre eles limão, manteiga, sal e pimenta.

MOLHO – Preparação líquida ou cremosa à base de caldo de ave, carne, peixe e legumes, adubado com condimentos variados. Os molhos podem ser frios, como o vinagrete ou a maionese, ou quentes, como o de tomate, bechamel etc. Há também os que são emulsionados com leite ou manteiga como o *béarnaise* e o holandês. Sobre esse capítulo de molhos distingue-se a lição de Sodré Vianna, nenhuma vasilha de louça ou nenhum instrumento de metal para triturar deve ser usado. Os machucadores para o preparo de molhos baianos devem ser de pedra ou de madeira.

MOLHO DE ARUBÉ – Palavra tupi-guarani. Molho típico do Amazonas. Massa de mandioca com sal, pimenta e alho, desfeita em molho de peixe, servindo de tempero à mesa.

MOLHO DE CUMARI – Preparado com a pimenta-cumari, sal, açúcar, vinagre e cachaça, batido no liquidificador e passado na peneira.

MOLHO NAGÔ – Representativo da culinária baiana, consiste em uma pasta feita pela maceração de pimenta-malagueta, sal, cebola ralada, camarões secos, triturados. Tudo isso é frito no azeite de dendê e colocado em vasilhame de barro para macerar.

MOLOCUM – Massa feita com feijão-fradinho pisado, cebolinha, camarão seco, também pisado, sal, pimenta e azeite de dendê. Diferencia-se do acará pelo tratamento do feijão, que nessa receita fica de molho e é ralado na pedra.

MOLUSCO – Nome genérico de uma classe de animais marítimos, bastante utilizados na culinária pelos excelentes pratos que proporcionam. Entre os mais conhecidos, temos as ostras, uruás, aibis, caramujos, polvos, caracóis, lulas etc.

{ MONTAGNE }

MONTAGNE – Termo que designa o presunto de porco-montês ou porco-do-mato.

MOQUEAR – Beaurepaire-Rohan explica que o verbo significa "assar a carne ou peixe no moquém em grade de paus" e fogo brando. Tanto a palavra como a técnica culinária são de origem tupi. Vicente Chermont distingue moquear de assar: o primeiro processo é sobre as chamas e o segundo sobre o calor das brasas. J. Romaguera Corrêa dá ao verbo um sentido extremamente restrito ao defini-lo: "sapecar a carne com o fim de conservá-la em bom estado ou quando se quer tirar a murrinha de certas caças, como a raposa etc.". Já C. Teschauer considera o moquear simplesmente uma técnica de conservação da carne e do peixe e não um ato de higienização.

MOQUECA – Guisado de origem afro-baiana à base de peixe, crustáceos, temperado com azeite de dendê, coco e pimenta. O modo de preparar a moqueca absorveu e difundiu o uso de outros ingredientes, como carne, ovos, bacalhau, xaréu, maturi, repolho, miolos, carne verde, fato (bucho, vísceras do boi, na Bahia) e galinha. No Ceará, a moqueca também pode ser um "pequeno molho de vagens de feijão-verde bem novo", conforme Florival Serraine. Também conhecido como *muqueca* e no Pará, *poqueca*.

MOQUECA CAPIXABA – Tradicional prato do Espírito Santo cujo preparo é semelhante à moqueca baiana, mas sem leite de coco e azeite de dendê.

MOQUECA DE FOLHA – Iguaria do Vale do Paraíba. Mistura de farinha de mandioca com carne de frango formando pequenos croquetes envolvidos em folhas de caetês (um tipo de bananeirinha decorativa) ou de bananeira, amarradas com imbira, levadas para assar ao forno.

MOQUÉM – Definição de Beaurepaire-Rohan: "grade de paus em forma de grelhas, com 60 centímetros de altura e sobre a qual se põe a carne ou o peixe para moquear". Era o fogão indígena. De forma triangular, cada ângulo descansando em uma pedra ou em uma forquilha de madeira, sobre a qual se põe a carne ou o peixe para assar, segundo definição de José Verissimo. Essa madeira é refratária ao fogo, chamada na Amazônia de "pau de moquém". O mesmo que *muquém*.

MORANGA – Variedade de abóbora, de casca lisa, arredondada, formando gomos, muito utilizada na culinária. Com sua polpa preparam-se doces em pastas, compotas, mingaus doces, sopas, cremes, purês e recheios. Também pode ser feita inteira (como o camarão na moranga, por exemplo), abrindo-lhe uma tampa na parte do cabinho e retirando-lhe as sementes e as fibras. Colocada para assar e depois recheada com catupiri e camarões ao molho de tomate. Suas sementes podem ser consumidas como aperitivo, sem casca, salgadas e torradas. Também conhecida como *moganga* e *mocanga*.

MORANGO – Originário da Costa do Pacífico, na América. A fruta tem coloração vermelha com um cálice folhoso em forma de estrela. Consumido fresco ou em doces e geleias.

MORCELA – 1. Tipo de embutido de origem espanhola, preparado com miúdos e sangue de porco, condimentado com especiarias e comprimidos numa tripa de porco. 2. Há outras variedades entre as quais a morcela de arroz (com grãos de arroz), a morcela doce (temperada com pimentão), a morcela de farinha (ligada com farinhas diversas). Pode ser preparada de diversas maneiras: assada, cozida ou frita, servida como prato principal, como acompanhamento ou aperitivo. Termo muito usado no Rio Grande do Sul. Também conhecido como *morcilha*.

MORILHA – Espécie de cogumelo esponjoso cujo gosto se aproxima ao das túbaras, conforme *O cozinheiro imperial*.

MORINGA – Bilha de barro. Recipiente para refrescar e guardar a água com um ou dois gargalos.

Moringa

MORTADELA – Embutido de origem bolonhesa (Itália), feita com diversos cortes de carne suína, cubos de gordura, grãos de pimenta-do-reino e temperos.

MORTIFICADO – Termo usado para designar a caça que se deixa por algumas horas descansando para adquirir mais aroma.

MOSTARDA – 1. Planta da família das crucíferas originária da Europa. Suas folhas são utilizadas como hortaliça em saladas ou cozidas. Seus grãos são torrados e moídos e misturados com vinagre de cidra, sal, açúcar, condimentos, azeite e curcuma para dar coloração. Pode ser encontrada em pó ou em pasta. Usada como condimento de carnes e aves grelhadas, cozidas, saladas etc.

MOSTO – Sumo de uvas frescas que ainda não entraram em fermentação.

MOUSSE – Sobremesa cremosa preparada à base de creme de leite, gemas, açúcar, claras batidas em neve com a adição de chocolate ou frutas, servida gelada.

MUAMBA – Padre António da Silva Maia registra o termo na culinária angolana. Guisado feito com o caroço do dendê esmagado em almofariz e cozido com água. A muamba é o caldo restante que se mistura ao refogado de galinha, carne bovina ou peixe. Note-se a utilização do dendê. Também conhecido como *quidobo*.

MUÇARELA – Do italiano *mozzarella*. Denominação usual para queijo largamente consumido no Brasil e produzido a partir de leite de vaca pasteurizado. Sua receita tradicional, que remete à região sul da Itália, prevê o uso de leite de búfalo, resultando em um queijo geralmente de forma arredondada.

MUÇU – Peixe bastante apreciado na Amazônia em forma de guisado, de carne muito parecida com a das lampreias.

MUÇUÃ – Pequena tartaruga de água doce da região amazônica. A casquinha de muçuã é preparada de duas formas, segundo Osvaldo Orico: "refogada com farofa ou cozida com as patinhas e os miúdos, depois devidamente destrinchadas". É também servida com molho preparado com o caldo que ficou no casco, limão, alho, sal e pimenta-de-cheiro.

MUCUJÊ – Fruto de bagas suculentas e comestíveis, da árvore de mesmo nome, nativa do Brasil. Da planta também se extrai um leite adocicado para o preparo da goma de mascar. Gabriel Soares de Sousa, em seu livro *Notícia do Brasil*, faz referência ao fruto.

MUCUNÃ – Leguminosa nativa de regiões tropicais, de flores avermelhadas, possui vagens com pelos urticantes cujas amêndoas são utilizadas na alimentação no interior do Brasil. Também é conhecida pelo curioso nome de *café-do-pará*, usada como sucedâneo do café.

MUCURI – Nome dado à castanha-de-caju, quando verde. É preparada assada, em fritadas ou guisados.

MUFFINS – Espécie de bolo de origem norte-americana, feito com farinha de trigo, ovos, manteiga, leite e fermento.

MUJANGUÊ – Massa feita de gemas de ovos de tartaruga ou tracajá, farinha-d'água e açúcar, desfeita em água para ser bebida. É utilizada principalmente no Pará.

MUNGUNZÁ – Milho cozido em caldo açucarado, a que às vezes se adiciona leite de coco ou de vaca, açúcar, manteiga e canela. É prato conhecido por duas formas de preparo: o mungunzá de colher, e o mungunzá de cortar. Nina Rodrigues grafa mugunzá e o define como "massa de milho branco, cozido com água, sal e coco". Da mesma autora é outra receita: faz-se o mugunzá sob a forma de purê com caldo açucarado. Também conhecido como *muguzá*, *mugunzá* ou *mucunzá*.

MUNHO – O mesmo que *farinha de milho*, segundo registro de Eduardo Frieiro.

{ MUNZUÁ }

MUNZUÁ – Vocábulo registrado por Afrânio Peixoto. Armadilha de taquara para prender camarões e pitus nos rios.

MURICI – Nome comum a diversos arbustos e arvoretas que produzem frutos para alimentação. Segundo Beaurepaire-Rohan, os frutos são macerados em água com açúcar e se convertem em alimento, denominado no Ceará de *cambica*. O doce de murici é famoso em todo o Norte. Com os frutos também podem ser feitos sucos, licores, geleias e sorvetes. Do murici já nos dá notícia Gabriel Soares de Sousa, que achava o sabor do fruto parecido com o do queijo do Alentejo.

MURTA – Nativa do Brasil, trata-se de fruto da família das mirtáceas, tem a forma de uma baga vermelha, amarela ou preta com um caroço envolvido por polpa comestível, muito aromática e ácida.

MUTREITA – Gordura excessiva do animal vacum, conforme J. Romaguera Corrêa.

MUXIBA – Pelancas da carne. Carne ruim.

N

NABO – Hortaliça comestível da família das crucíferas nativa da China e Oriente Próximo. Suas folhas e raízes podem ser consumidas cruas, em saladas, ou cozidas, em sopas. O prato mais famoso talvez seja a nabada, isto é, a caldeirada de nabos cozidos.

NACO – Pedaço de qualquer coisa, como carne, peixe, doce.

NAGÔ – Na Bahia, é a designação de molho preparado com camarões secos, quiabos, jilós cozidos, condimentado com pimenta, sal e suco de limão.

NANDU – Caça de carne apreciada encontrada nas matas brasileiras, também conhecida como *nandú--ema* na Amazônia.

Nandu

NÃO-ME-TOQUE – Doce preparado com a goma da tapioca, leite de coco e açúcar. Assim designado porque desmancha facilmente nos dedos, segundo Domingos Perdigão.

Narceja

NARCEJA – Ave do brejo, da família das galinholas, encontrada em toda a América do Sul. Sua carne, muito saborosa, é preparada assada. Também conhecida por *agachada, batuíra, bicudo* e *rasga--mortalha*.

{ NATA }

NATA – Camada gordurosa que se forma na superfície do leite, utilizada para fazer manteiga e creme de leite.

NÉCTAR – 1. Na mitologia grega, era uma bebida consumida pelos deuses do Olimpo, que lhes dava imortalidade. 2. Designação do líquido açucarado que as abelhas recolhem das flores para a fabricação do mel. É rico em sacarose.

NECTARINA – 1. Planta nativa da China. 2. Fruto dessa árvore, similar ao pêssego, cuja pele é lisa e brilhante. A nectarina possui uma polpa doce como néctar, daí o seu nome. Consumida ao natural, assadas ou em doces.

NEGO-BOM – Doce popular vendido pelas quituteiras do Recife. Preparado com banana-prata, açúcar e suco de limão, cozido até adquirir ponto de enrolar. São feitas pequenas bolinhas enroladas em papel e vendidas em tabuleiros.

NÊSPERA – Fruto da nespereira, da família das rosáceas, originária do Japão e da China. O fruto é de casca fina e polpa amarela, consumida ao natural ou em geleias. A nêspera também é conhecida como *ameixa-amarela*.

NEVE – Nome dado às claras batidas, que tomam a cor da neve.

NHANDI – Fruto da Amazônia da família das piperáceas, muito aromático, utilizado como condimento. Em tupi *ña'ndï*, o mesmo que seiva, líquido que escorre. Também conhecido como *capeba-cheirosa* (Piper marginatum), *jaborandi-manso* (Piper unguiculatum), *pimenta-dos-índios* ou *betre*.

Nhoque

NHOQUE – Massa de origem italiana preparada com batatas cozidas, manteiga, sal e farinha de trigo e cortada em pequenos nacos cozidos em água fervente. Acompanha molhos variados: ao sugo, branco, à bolonhesa ou pesto. Servido com queijo parmesão ralado.

NONATO – Feto que se encontra no ventre da vaca abatida, utilizado como alimento. É temperado com sal e pimenta, considerado muito saboroso. Também conhecido como *tapichi*, *bacari* ou *vacari*.

NOVILHO – Bovino com idade inferior a 30 meses. A carne apresenta cor vermelha e quase sem gordura intra/intermuscular.

NOZ – 1. Fruto em drupa da nogueira, originário da Pérsia, aclimatada na Europa desde a Antiguidade. Consumida fresca ou seca em confeitaria e em pratos salgados. Pode ser usada inteira, em pó ou quebrada. Utiliza-se também para licores e azeites. 2. Aplica-se essa designação a várias espécies vegetais: noz de pecã, de macadâmia, de caju, de castanha-do-pará etc.

Noz

NOZ-MOSCADA – Semente da moscadeira, da família das miristicáceas, nativa da Indonésia, citada por Chrétien de Troyes, no fim do século XII, como "o grão do paraíso". Especiaria usada como condimento na culinária, deve ser ralada no momento de ser usada para que ofereça o seu poderoso aroma. Segundo alguns autores, é o mais tóxico de todos os condimentos, se usado em grandes quantidades.

NOZ-MOSCADA-DO-BRASIL – Árvore descoberta por Von Martius na província da Bahia e de Minas Gerais. Os frutos crescem em cachos e lembram a noz-moscada. Eles possuem o arilo cor escarlate, são laciniados, cobrindo uma noz do tamanho de uma cereja, de sabor amargo e aroma pouco acentuado. São utilizados no Brasil como substitutos da noz-moscada. Também conhecidos como *bicuíba redonda*, *vicuíba* e *bocurva*.

NUGÁ – Doce de amêndoas em forma de tijolinhos. Há uma variedade feita com castanhas-do-pará. Origina-se do francês *nougat*.

NUTRIENTE – Substância encontrada nos alimentos e que é absorvida pelo organismo.

OBA – Termo de origem tupi-guarani, que designa folha. É encontrado como sufixo no nome de numerosas substâncias utilizadas na cozinha brasileira. Tais como taioba, maniçoba etc.

OBEGUIRI – Iguaria do ritual afro-brasileiro, preparada com carne de costela, cebola pisada, alho, salsa ou coentro, pimenta-do-reino e sal, quiabo e azeite de dendê. Neste prato, a carne pode ser substituída pelo bagre.

OCHITO – Carne, no dialeto crioulo de São João da Chapada, em Minas Gerais.

OFICINAS – Vocábulo usado no plural. Nome dado às charqueadas que, no século XVIII, existiam em Aracati e Acaraú, no Ceará. Recebiam também os nomes de *fábricas* ou *feitorias*, segundo lição de Florival Serraine.

OGUEDÊ – Termo nagô, de origem iorubá, para o quitute feito com banana-da-terra frita no azeite de dendê e servido como sobremesa. É uma oferenda ao orixá Oxum.

OIÓ – Espécie de gramínea alimentícia, usada, muitas vezes, no preparo do caruru.

OITI – Fruto do oitizeiro, árvore nativa do Norte e Nordeste, que costuma ser consumido na Amazônia e na Bahia. De cor amarelo-esverdeada quando maduro, sua polpa é pastosa, pegajosa, de sabor e aroma fortes. Possui amêndoas

{ ÓLEO }

ricas em óleo. O oiti também é conhecido como *goiti*, *oiti-da-praia* ou *oiti-coró*.

ÓLEO – Nome dado aos azeites em geral, extraídos de sementes de certas plantas ou de animais: algodão, dendê, amendoim, soja, oliva, pequi, coco, bacaba, gergelim, tartaruga, baleia etc. É usado como condimento na culinária.

OLHA – 1. Iguaria feita com carne de porco, costela de vaca, linguiça, nabos, alho, sal, pimenta e demais condimentos, de origem espanhola e muito comum no Brasil durante os séculos XVIII e XIX. 2. Também designa um caldo gordo obtido com carne cozida devidamente temperada.

OLIVEIRA – Árvore frutífera, de origem mediterrânea, que produz a azeitona, da qual se extrai o azeite chamado doce ou de oliva.

OLONITI – Bebida espumante extraída da seiva fermentada do buriti, segundo A. J. de Sampaio, citando Amilcar Magalhães.

OLUBÓ – Quitute afro-baiano, espécie de pirão, feito com a raiz da mandioca cortada em fatias finas e secas ao sol por dois dias. Em seguida, são piladas até se obter a farinha, passada na peneira (urupema). Sobre a massa jogam-se água fervente e sal, mexendo o conjunto sem parar para evitar que se formem grumos. Acompanha carnes ensopadas.

OMALÁ – Conjunto de alimentos votivos destinados aos orixás e que varia, por exemplo, entre o caruru com angu ou arroz (omalá para Xangô) e acará, acaçá, acarajé, abará e a farofa de azeite de dendê (omalá para Ibeji).

OMELETE – Prato de origem francesa, feito com ovos batidos, sal, temperos (salsa, manjericão, pimenta etc.) e demais ingredientes (presunto, queijo etc.).

OMOLOCUM – Oferenda ao orixá Oxum, este prato é preparado com feijão-fradinho cozido e amassado com cebola, sal e camarões secos ralados na pedra. O omolucum é temperado com azeite de dendê e adornado com ovos cozidos inteiros, segundo Claudia Lima. Também conhecido como *omulucu*.

ONGURO – Porco, conforme o dialeto crioulo de São João da Chapada, em Minas Gerais.

ONJEGUÊ – Milho, no dialeto crioulo de São João da Chapada, em Minas Gerais.

OPUTÁ – Angu, segundo o dialeto crioulo de São João da Chapada, em Minas Gerais.

ORA-PRO-NÓBIS – Folha de um arbusto nativo do Brasil, muito comum em Minas Gerais. É uma hortaliça de folhas grossas e tenras que pode ser usada misturada ao feijão ou em sopas, refogados e mexidos. Recebeu esse nome, pois, no Brasil Colônia, as igrejas o usavam para fazer cerca. Quando o padre rezava o ora-pro-nóbis, as mães pediam para seus filhos apanharem as folhas desse arbusto. Ficou conhecido como "carne de pobre", pois completava a refeição familiar. Também conhecido como *mata-velha*.

OREAR – Regionalismo gaúcho para ventilar o charque ao ar livre.

ORÉGANO – Erva aromática, nativa da Europa e Ásia Central, cujas folhas podem ser utilizadas frescas ou secas como condimento na culinária para realçar o sabor de diversos pratos. Também conhecido como *orégão*.

ORERÁ – Vocábulo que significa toucinho no dialeto crioulo de São João da Chapada, em Minas Gerais.

ORIGONE – Regionalismo gaúcho. Designação de talhadas de pêssego secas ao sol, segundo Beaurepaire-Rohan, com as quais se faz um doce em calda.

OSSEMÁ – Termo que significa fubá no dialeto crioulo de São João da Chapada, em Minas Gerais.

OSSOBUCO – Guisado de chambão de vitela, cortado em rodelas com o tutano. Passa-se em farinha de trigo e frita-se em óleo quente. Tempera-se com vinho branco, sal, pimenta-do-reino, caldo de carne, cravo-da-índia, cenoura, alho, aipo, raspa de limão, sálvia, tomilho, alecrim e concentrado de tomate. Existem variações de ingredientes para preparar a receita.

OSTRA – Nome comum que designa vários tipos de moluscos bivalves do gênero *Ostrea y Gryphaea*, cuja parte branca é comestível. Pode ser consumida crua com suco de limão, cozida com molho, ou gratinada. No Brasil, prepara-se moqueca de ostras.

Ostra

OTOMBÔ – Farinha de mandioca, segundo o dialeto crioulo de São João da Chapada, em Minas Gerais.

OVA – Nome genérico dos óvulos de peixe, de água doce ou salgada, muito apreciados na culinária. Particularmente notável é a caviarina, ova da tainha. Inicialmente seca ao sol e, depois de assada ou frita, preparada com molho levemente picante, constitui prato saboroso. Moqueca de ovas é outra excelente iguaria. As mais conhecidas são as ovas de esturjão, chamadas de caviar. Há as de salmão, de bacalhau, de peixe-voador e de mujol, entre outras.

Ovelha

OVEIRO – Utensílio de arame, munido de uma haste longa, em que se colocam os ovos para cozer.

OVELHA – Animal domesticado há mais de 10 mil anos na Ásia Central. Para a alimentação, ela deve ser consumida com menos de um ano de idade. Pode ser preparada de várias formas, cozida ou grelhada. A perna de ovelha é muito apreciada assada, malpassada, servida com feijão-branco.

OVO – "Corpo que se forma em parte própria na fêmea de muitas classes de animais e que contém, dentro de um invólucro duro ou mole, os líquidos onde se pode desenvolver um animal da mesma espécie, nutrindo-se à custa deles certo tempo." Eis a curiosa definição de Laudelino Freire para o produto da galinha, que é o mais utilizado na culinária. São inumeráveis as iguarias preparadas com ovos, podendo-se relacionar mais de quinhentas, entre doces e salgados. Há ovos de outros animais que também podem ser utilizados na culinária, como os de codorna, pato e avestruz.

OVOS MOLES – Doce de origem portuguesa, preparado com calda de açúcar, ovos e baunilha, e salpicado de canela, servido em pequenos copos.

OXIMEL – Mistura de mel, vinagre e água. Tempero usado principalmente na culinária chinesa para o preparo de diversos pratos agridoces.

OXINXIN – No ritual afro-brasileiro, é uma iguaria preparada com carne fresca temperada com camarão e azeite de dendê.

OXOXÓ – Iguaria feita de milho, camarão seco, cebolinha, coco, azeite de dendê e demais temperos. O coco vai no final, como enfeite, partido aos pedaços, conforme a receita ortodoxa.

PÁ – Perna dianteira do boi. Preparada como assado de panela, cozida ou picadinha. -Também conhecido como *paleta*.

PACA – Mamífero da ordem dos roedores considerado uma das melhores caças do Brasil pela excelente carne. Os colonizadores portugueses chamavam de "caça real", segundo d. Raphael Bluteau. É utilizada no preparo de assados e guisados. A paca e a pacarana são domesticadas na Amazônia.

PACICÁ – Espécie de sarapatel feito com a carne e os miúdos picadinhos da tartaruga temperada com chicória, pimenta murupi, sal e limão, servida na carapaça da própria tartaruga. Geralmente acompanhada com farinha suruí (farinha-d'água). Também conhecido como *paxicá*.

PAÇOCA – *Pa'soka* significa em tupi-guarani esmigalhar com a mão. Iguaria preparada em todo o Brasil, sempre feita no pilão, com algumas variações conforme o Estado. Pode ser de carne-seca (charque), carne de panela, de amendoim, de castanha-do-pará e de caju misturada com farinha de mandioca torrada. Na paçoca de carne de vaca ou carne-seca, estas são previamente cozidas ou assadas com os devidos temperos e depois socadas no pilão com farinha de mandioca. No sertão brasileiro, a paçoca é acompanhada de banana ou rapadura. Darwin Brandão a considera comida de vaqueiro, que transporta em seus alforjes nas viagens pelo sertão. Outra variante é a paçoca de peixe, usada no litoral. No Pará, o nome de paçoca é dado a uma iguaria doce feita de castanha-do-maranhão torrada e pisada com

{ **PACOVA** }

farinha de mandioca e açúcar. No Sudeste, a paçoca doce é com amendoim torrado e pisado com açúcar e farinha de mandioca.

PACOVA – Nome indígena do fruto de uma bananeira nativa do Brasil, muito comum na Amazônia. Sua casca quando madura é amarela ou avermelhada com polpa pastosa e doce. Deve ser consumida assada ou cozida, em purês e como mingau. Também conhecida como *pacovão*.

PACU – Designação comum a vários peixes de água doce, teleósteos da família dos caracídeos. Pode ser encontrado nas bacias dos rios Amazonas e São Francisco e na Bacia do Prata. Com até 18 centímetros de comprimento, escamoso, de carne branca. Quando gordo, é assado na brasa, sem escamá-lo, regado com molho de pimenta, limão e sal, acompanhado de farinha-d'água. Também pode ser ensopado, refogado com cebola, alho, tomate e cheiro-verde.

PADARIA – Estabelecimento comercial onde se fabricam e vendem pães, biscoitos etc. Também conhecida como *panificadora*.

PAELLA – Prato da cozinha espanhola, em especial de Valência. A receita varia conforme a região. Preparada em uma grande panela, a *paellera*, é uma combinação de arroz refogado em azeite de oliva e perfumado com açafrão, com vários tipos de moluscos, camarões, lagosta, peixes de carne firme, ervilhas e pimentão. Pode-se juntar também frango ou coelho. É importante que os grãos de arroz fiquem secos e soltos.

PAELLERA – Panela especial para preparar a *paella*.

PAIO – Embutido, de origem portuguesa, de carne de porco defumada, temperada com alho, ervas e condimentos envolto em tripa. Utilizado grelhado, frito, no cozido português e no caldo verde.

PAJUARÚ – Bebida fermentada usada pelos indígenas do Amazonas. "É feita de beijuaçu, logo que retirado quente do ipauna [forno]. Põe-se de molho em água fria, depois amontoam-no entre folhas de imbaúba ou de pacova-sororoca [bananeira] permanecendo assim entre quatro e cindo dias até mofar. Então é peneirado e bebe-se. Pode-se ajuntar ao líquido o sumo de frutas." Também conhecida como *caxiri de beiju e paiauaru*.

PALAFRÃO – Tabuleiro para assados, com bordas de dois dedos de altura.

PALANGANA – Regionalismo da Paraíba. Xícara grande ou tigela para tomar café.

PALMITO – Miolo comestível da parte terminal das palmeiras, de agradável sabor, e largamente utilizado na culinária. Do palmito, de que há inúmeras variedades conforme a palmeira. Fazem-se numerosos e excelentes pratos: tortas, empadas, saladas, refogados etc.

PAMONÃ – Termo de origem tupi que significa misturar. É iguaria feita da mistura de farinha de mandioca, ou de milho com feijão, carne bovina ou peixe, apreciada em São Paulo e Mato Grosso como farnel levado em viagens a lugares ermos e com falta de recursos. Também conhecido como *virado* ou *revirado*.

PAMONHA – 1. Massa de milho verde ralado, açúcar e leite de vaca ou de coco. A massa, em pequenas porções, é envolvida em folha de milho verde e cozida em água. 2. A pamonha de mandioca puba é comum no Rio de Janeiro e na Bahia.

PAMONHA COM GALINHA DE CAPOEIRA – Típica de Pernambuco, é uma espécie de pudim de milho verde ralado, açúcar e leite de coco, mas também pode ser salgada. Servida com galinha de capoeira guisada ou, então, de cabidela.

PANADA – Segundo A. J. de Sampaio, "fatias de pão (de preferência tostadas no forno) fervidas em água que em seguida se coa para servir a doentes". Também conhecida como *água de pão*.

PANAR – Envolver um alimento em ovos batidos e farinha de rosca antes de fritar ou assar.

PANCETA – De origem italiana, é preparada com a carne da barriga do porco, condimentada com pimenta-do-reino, e outros condimentos, salgada e deixada para curtir durante algumas semanas ao sol.

PANELA – Recipiente que pode ser de vários formatos e materiais, dotado de alças ou cabo utilizado na cocção de alimentos.

PANELADA – Prato feito com intestinos, pés e miúdos do boi, temperado com toucinho, linguiça, servido com pirão escaldado de farinha de mandioca preparado com o próprio caldo da panelada.

PANETONE – Originário de Milão, Itália. Doce tradicional da época natalina, com produção em escala industrial. Trata-se de bolo de massa fermentada recheado com frutas cristalizadas e passas.

PANIFICAÇÃO – Produção de pão.

PANQUÊ – Doce preparado com ovos, açúcar, queijo ralado, farinha de arroz, assado em forminhas.

PANQUECA – Massa de farinha de trigo, leite e ovos cozida em uma chapa ou frigideira, enrolada com recheios variados salgados ou doces. A panqueca propriamente dita é o invólucro de massa. O significado da panqueca como iguaria salgada nos vem por meio da cozinha italiana e, ortodoxamente, é preparada com a carne moída de galo velho. Também conhecida como *crepe*.

PANTAGRUÉLICO – Refeição que apresenta grande quantidade de comida.

PÃO – Massa de cereais e água fabricada primeiramente na Pérsia. Antigamente não era fermentada. Foram os egípcios que iniciaram a fermentação utilizando uma parte da massa de véspera. Somente no século XVI, os franceses passaram a utilizar fermentos diversos. A fermentação clássica é feita com levedura de cerveja.

Assado ao forno. Alguns têm o nome conforme a farinha usada, como o pão de milho, de trigo, de leite, integral etc.

PÃO ÁZIMO – Confeccionado sem uso de fermento, muito utilizado na culinária judaica.

PÃO DE FORMA – É preparado da mesma maneira que os outros pães, só que é assado em forma própria e comercializado em fatias. Muito utilizado para sanduíches, torradas etc.

PÃO DE LÓ – Bolo de consistência fofa à base de claras batidas em neve, gemas, farinha de trigo e açúcar.

PÃO DE MIGA – De origem portuguesa, tipo de pão de forma de massa leve, com miolo branco e quase sem casca.

Pão de forma

PÃO DE MILHO – Nome com que em certas regiões do Norte é conhecido o cuscuz de milho.

PÃO DOS ÍNDIOS – Cogumelo tuberoso comestível. Também conhecido como *saporema*.

PÃO-DURO – Espátula de material plástico duro utilizada para raspar vasilhas com preparação de massas e molhos.

PAPA – Nome genérico dado ao mingau preparado com fubá, milho, caruru, banana, abóbora, batata, ervilha etc. Conforme certas características próprias, a papa é conhecida também pelos nomes de *curau, buré, purê, caiçama, jimbelê* e *frangolho*.

PAPA-CHIBÉ – Expressão paraense: aquele que se alimenta de chibé (água e farinha). Também conhecido como *papa-xibé*.

PAPEL-ALUMÍNIO – Folha de alumínio, laminada, usada geralmente para embalar alimentos.

{ PAPEL-MANTEIGA }

PAPEL-MANTEIGA – Folha de papel de cor branca, opaca, utilizada para fins culinários. Também conhecido como *papel vegetal*.

PAPILHOTA – Designativo de antigo papel com que se embrulhavam costelas, aves, carnes em geral, para assar ao forno e com o qual se servia a iguaria na mesa.

PAPILOTE – Termo francês. Maneira de cozer um alimento envolvido em papel-alumínio, preservando o suco e seu aroma.

PAPO DE ANJO – Doce de origem portuguesa, preparado com gemas de ovos batidas, assadas em forminhas individuais e depois imerso em calda rala de açúcar.

PAPOULA – Nativa da Grécia e Oriente Médio, é uma planta da família das papaveráceas, Suas sementes apresentam propriedades alimentares, oleaginosas e medicinais. Todas as partes da papoula são consideradas venenosas, com exceção das sementes maduras. As sementes torradas são utilizadas em pães, biscoitos e bolos.

PÁPRICA – Condimento típico da cozinha húngara, feito com pimentão-doce seco e depois triturado, transformado em pó. A páprica é classificada como doce, meio-doce e picante, quando leva pimenta. As mais conhecidas são húngaras e espanholas. Utilizada no *goulash*, em carnes, em sopas e para dar coloração ao arroz.

PARACARI – Erva da família das escrofulariáceas, nativa do Brasil, utilizada na Amazônia como tempero, segundo Josué de Castro. Também conhecida como *hortelã-do-mato* no Amazonas, *meladinha-verdadeira* e *parinari* no Pará.

PARATY – 1. Nome de uma aguardente de cana de primorosa qualidade fabricada no município de mesmo nome. 2. Nome de peixe, também conhecido como traíra. 3. É também uma espécie de mandioca.

PARFAIT – Perfeito em francês. Refere-se a uma espécie de sobremesa composta de creme de ovos, creme de leite, açúcar e chocolate em pó levado ao congelador. Uma espécie de sorvete cremoso.

PARGO – Peixe de delicado sabor encontrado em toda a costa brasileira. Possui carne firme e pouco gordurosa.

PARMEGIANA (À) – Prato de carne ou legumes preparado à milanesa, regado com molho de tomate e salpicado com queijo parmesão ralado, levado ao forno para dourar.

PARMESÃO – Queijo originário de Parma, Itália. Variedade de queijo duro para ralar e temperar numerosos pratos e, principalmente, massas.

PARRILLA – Nome que se dá ao preparo de carnes na lenha no Rio Grande do Sul, Argentina e Uruguai.

PASSA – Processo de secagem das frutas ao sol ou em estufa. No Brasil, produz-se a passa de caju, de carambola, de mangaba em que são cozidas as frutas em calda de açúcar, depois se coloca em uma peneira para escorrer a calda e deixa-se secar.

PASSA MOSCATEL – Uva seca ao sol, de cor marrom com sementes. As passas de Málaga são cultivadas na região da Andaluzia. A passa sultana é produzida com uva sem semente.

PASTA – Mistura de alimentos moídos, combinados até ficar cremoso.

PASTA DE GERGELIM – Preparada com sementes de gergelim, cremosa e de sabor forte, muito usada da cozinha do norte e oeste da China e na cozinha árabe.

PASTEL – Massa de farinha de trigo, ovos e óleo para ser utilizada como invólucro, cujo recheio pode ser de refogado de carne, queijo, palmito, peixe, camarão ou mesmo de banana, que se frita ou assa.

PASTEURIZAR – Modo de esterilizar líquidos, em especial o leite, aquecendo em temperatura elevada e arrefecendo rapidamente.

{ PASTILHA }

PASTILHA – Massa delicada preparada com açúcar bem fino, que recebe o nome do aroma que a acompanha: pastilha de café, pastilha de jasmim, pastilha de rosas etc., conforme Constança Oliva de Lima.

PATÊ – Conhecido desde a Antiguidade pelos romanos. O livro de cozinha *Le Viandier de Taillevent* [A cozinha de Taillevent] menciona 25 receitas de patês de carne, aves e peixe. Denominação genérica para o preparo de terrinas de carne de porco, pato, fígado de aves, cuja consistência pode variar da mais cremosa a mais consistente. Servido frio como entrada, acompanhado de pão ou torrada.

PATO – Foi domesticado na China e no Egito há mais de 2 mil anos a.C. Ave da família dos anatídeos. Há espécies selvagens e domesticadas. O pato fornece o *foie-gras* (fígado gordo) para patês e a carne do peito para o preparo do *confit*, pato assado com laranja etc.

PATO NO TUCUPI – Prato típico do Pará preparado assado, cortado em pedaços e fervido no tucupi, ficando de molho durante algum tempo para tomar gosto. O molho leva alho, chicória e alfavaca. O jambú é aferventado em água e sal, escorrido e colocado sobre o pato. Acompanha arroz branco, farinha-d'água e pimenta-de-cheiro.

PATUREBA – 1. Nome designativo do bagre salgado. Desse peixe fazem-se vários pratos, inclusive excelente sopa. 2. É também uma espécie de biscoito feito ao forno e cuja massa é composta de mandioca ralada e calda de açúcar.

PAU-A-PIQUE – Broinha preparada com fubá, farinha de trigo, ovos, açúcar, gordura de porco, leite, erva-doce. A massa é enrolada e envolta em folha de bananeira e assada. O pau a pique também é conhecido como *cubu*.

PAU-DO-ÍNDIO – Bebida criada pelos indígenas da tribo de Águas Belas, em Pernambuco, é considerada a bebida oficial do carnaval de Olinda. Preparada com aguardente de cana, açúcar, mel, corante e 32 ervas aromáticas que são segredo dos índios.

216

{ PEIXADA }

PAULISTA – Regionalismo da Bahia. Iguaria também designada como *lagarto paulista*, com molho ferrugem, preparada da mesma forma que a carne assada.

PAVESA – Influência italiana. Sopa de caldo de carne, com pedaços de linguiça curtida e ovos escalfados no próprio caldo.

PÉ – Regionalismo goiano. Pelota que o polvilho de má qualidade deixa no fundo da sêmola.

PECTINA – Substância extraída de certos frutos e vegetais que tem a propriedade de solidificar geleias e doces de frutas.

PÉ DE MOLEQUE – 1. Doce seco e achatado, feito de rapadura ou glicose de milho e amendoim torrado. Pode se juntar gengibre. 2. No Nordeste, pé de moleque é um bolo, segundo L. F. R. Clerot, feito com mandioca mole (puba), rapadura, amendoim, erva-doce e cravo.

PEDRA DE RALAR – Instrumento de cozinha muito usado na Bahia. Segundo Manuel Querino, "consiste numa pedra de 50 centímetros de comprimento por 23 de largura e 10 centímetros de altura. A face plana da pedra é picada por canteiro imprimindo-lhe a necessária aspereza de ralador. Usa-se um rolo cilíndrico da mesma pedra para o movimento de vaivém. Nessa pedra ralam-se cebola, alho, castanhas, feijão, amendoim e as próprias ervas para o preparo de pratos afro-brasileiros".

PEDRA E CAL – Prato preparado com carne-seca e os necessários temperos, torresmo e a que se junta arroz.

PEITO DE FORNO – Comida típica amazonense preparada com carne picada de tartaruga temperada com limão, sal e pimenta e uma leve camada de farinha-d'água. Assado ao forno no casco da tartaruga para aproveitar a gordura do quelônio, segundo receita de A. da Mata.

PEIXADA – Ensopado preparado com peixe temperado com limão, alho e sal. Com a cabeça do peixe faz-se um caldo com

217

{ PEIXE }

cebola, alho, cheiro-verde e sal. Coa-se o caldo e junta-se o peixe para cozinhar. Acompanha pirão de farinha de mandioca feito no caldo do peixe.

PEIXE – Produto largamente utilizado na culinária, com numerosas variedades de preparo de características regionais. Entre as espécies mais apreciadas estão as enguias, a pescada, o bagre, o cambucu, a carpa, o robalo, o pirarucu etc. Centenas de pratos se fazem com o peixe, cada qual com seu caráter próprio, destacando-se entre os mais conhecidos o peixe assado, o peixe de escabeche, o peixe ensopado etc. Alguns restaurantes do Rio de Janeiro homenageiam pessoas com suas peixadas, onde há sempre um elemento característico da marca da casa. Assim, no restaurante Rio Minho temos a Peixada à José Olympio, o grande editor brasileiro e, no Timpanas, a Peixada à Carlos Ribeiro, conhecido editor e livreiro, ou melhor, mercador de livros. De modo geral, peixe designa os animais vertebrados que nascem e vivem na água doce ou salgada.

PEIXE-BOI – Mamífero chamado pelos tupis de *yauarauá, ipupiara* ou *garaguá*. Segundo José Verissimo, "sua carne, sua banha, seu couro, seus ossos obtiveram, durante mais de dois séculos, senão ótimos preços, excelente reputação, quer como alimento, quer como produto para iluminação, quer como material para objetos que reclamam resistência superior à da sola". É um herbívoro e sua carne é semelhante à de vitelo ou porco. É utilizado de vários pratos, assado, no espeto ou cozido.

PEIXEIRA – I. Vasilha de metal, de forma oblonga, para cozinhar o peixe. Tem um fundo móvel com duas asas, por meio do qual se tira o peixe sem parti-lo ou rachá-lo. O utensílio é descrito por Annette Lisard. 2. Trata-se também de faca para cortar o peixe.

PEJERECUM – Árvore da família das anonáceas, nativa da Amazônia e das Guianas, cuja casca é aromática e picante e suas sementes são usadas como condimento. Também conhecido como *ibira, pau-de-embira, pindaíba, pindaíva, pindaúba, pindaúva, bejerecum, pirerecum, pijerecum, coajerucu, pimenta-do-sertão, pimenta-do-mato ou pimenta-de-gentio.*

{ PEQUI }

PELAR – Retirar a pele. Para retirar mais facilmente a pele das amêndoas e tomates, deve-se emergi-los em água fervente.

PELOTA – Almôndegas grandes de carne, conservadas e guardadas em gordura de porco.

PEMBA – Bebida preparada com mel, vinho branco e sangue de pombo, já em decomposição, segundo Sodré Vianna.

PENEIRA – Utensílio doméstico feito com tela de arame, plástico ou outro material, destinado a separar as partes mais finas de qualquer iguaria.

PENEIRAR – Coar ou passar alimentos sólidos pela peneira.

PENICAR – Comer pouco, beliscar apenas os alimentos.

PEPINO – Fruto do pepineiro, da família das cucurbitáceas, originário do sul do Himalaia, cultivado desde tempos imemoriais. De formato alongado com casca esverdeada e polpa branca com sementes, de que há inúmeras variedades como o pepino japonês, o pepino caipira e o pepino holandês. É utilizado sobretudo em saladas, picles, sopas como o gaspacho, à grega com iogurte.

PEPTÓGENO – Nome dado a determinados ingredientes que preparam e predispõem todas as funções digestivas do estômago, como, por exemplo, o caldo de carne.

PEQUECA – Variedade de beiju.

PEQUI – Na língua tupi-guarani significa "casca espinhosa". Nativo do cerrado, é o fruto do pequizeiro, tipo drupa, arredondado, do tamanho de uma pequena laranja. Casca esverdeada. Partida a casca, há em cada fruto quatro amêndoas envoltas em polpa de coloração amarela, que envolve um caroço duro formado por uma grande quantidade de espinhos. A amêndoa é comestível e muito saborosa. Muito utilizado na cozinha do

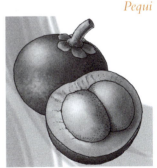

Pequi

219

{ PERA }

Centro-Oeste, no Nordeste e norte de Minas Gerais, geralmente na preparação de arroz, frango, feijão ou farofa. Também pode ser saboreado só, depois de fervido em água por 10 minutos. Atualmente é possível encontrar a polpa do pequi ou a própria fruta inteira congelada ou em conserva. Também conhecido como *piqui, piquiá, pequerim, amêndoa-de-espinho, grão-de-cavalo, suari*. No Pará, recebe o nome de *pequiá*. Do pequi é preparado um saboroso licor e também se extrai azeite.

Pera

PERA – Fruto da pereira, originária da Ásia Central. De casca fina e cor variável de acordo com a espécie (amarela, verde ou vermelha), cuja polpa também varia (pode ser macia, dura ou granulosa). Consumida ao natural ou em compotas, geleias, sorvetes, sucos, saladas de frutas e tortas. Há várias espécies: pera-d'água, williams e red.

PERDIZ – Ave da família dos tinamídeos, apreciada como carne de caça na Europa, desde tempos imemoriais. Pode ser guisada, assada, grelhada, feita em terrinas ou usada como recheio de tortas e empadas. No Sul do Brasil é conhecida como *perdigão*.

PERLUCHO – Fruto da família das passifloráceas, encontrado principalmente na Paraíba. Produz fruto globoso, com cerca de 2 centímetros de diâmetro, de polpa amarelo-esverdeada, cujo sabor é muito apreciado, consumido ao natural ou em compotas.

Peru

PERNIL – Parte delgada da perna de um animal, pode ser de porco, de vitela, de carneiro etc.

PERRIXIL – Erva carnuda, nativa da costa rochosa da Europa, de que se faz tempero com vinagre (*escabeche*), serve como condimento e pode ser consumida fresca.

PERU – Galináceo originário da América do Norte. Levado para a Europa por Fernand Cortés, com o nome de galo-da-índia, no século XVI.

Passou pela Turquia, onde o nome *turkey* foi dado pelos ingleses. O peru é o prato de Natal por excelência. A grande receita nacional é o peru à brasileira, recheado com farofa, acompanhado de abacaxi, pêssego etc.

PÊSSEGO – Fruto do pessegueiro, da família das rosáceas, originário da Pérsia e da China. Os romanos chamavam-no de "maçã persa" e teria sido introduzido no Brasil por Martim Afonso de Sousa. Formato arredondado, casca aveludada, cor amarelo--avermelhada, polpa suculenta, de sabor adocicado e com apenas um caroço. Consumido ao natural ou em doces.

PESTO – Palavra de origem italiana para molho composto de manjericão, alho, pignole, queijo parmesão ralado e azeite triturados no pilão.

PETA – Nome que se dá no Nordeste a um pequeno bolo feito de goma de mandioca, ovos e banha, servido com café.

PETISCO – Iguaria para acompanhar uma cerveja ou caipirinha, servida em botecos. Por exemplo: batata frita, bolinho de aipim, frango à passarinho, carne-seca desfiada, calabresa acebolada etc.

PETISQUEIRA – 1. Estabelecimento comercial que serve refeições e petiscos. 2. Utensílio para servir petiscos.

PETISQUEIRO – Regionalismo da Paraíba, que significa *guarda--comida*.

PIABA – Peixe de rio, designação comum dos peixes teleósteos, caraciformes da família dos anostomídeos, encontrado em cardumes na Bacia Amazônica, Araguaia-Tocantins, São Francisco, Prata e Atlântico Sul. No Norte, é conhecido por *matupiri*, no Nordeste, por *piava* ou *piaba* e nas regiões Centro-Oeste e Sudeste, por *lambari-do-sul*. É considerada a sardinha de água doce.

PICADINHO – Guisado de carne cortada em pedacinhos na ponta da faca, cozido no próprio suco. Há muitas variantes, entre as quais: picadinho de carne com abóbora, com angu, com cenouras, com batatas, com quiabos, com mandioquinha, entre outras.

PICADO – Cortado em pedaços.

PICANHA – Carne da parte posterior da região lombar da rês, muito utilizada em grelhados e churrascos.

PICATOSTE – Iguaria antiga, trata-se do recheio de picado de carneiro com ovos e pão ralado, temperado com limão.

PICHÉ – O mesmo que *farinha de milho*, conforme Eduardo Frieiro.

PICLES – Condimento indiano adotado pelos ingleses no século XVIII. Diversos tipos de legumes branqueados conservados em vinagre ou aguardente e aromatizados com especiarias.

PICUÁ – Espécie de saco forte que se usa para conduzir alimentos em viagem.

PICUÍ – Espécie de rolinha, encontrada em campos e caatinga em grande parte do Brasil. Sua plumagem é acinzentada com preto e branco nas asas e branco na cauda.

PILADO – Triturado com a mão de pilão.

Pilão

PILÃO – Instrumento de madeira ou outro material usado para amassar, triturar e moer temperos na cozinha. De velhos tempos, consiste num gral de pau rijo com a respectiva mão. A peça com que se tritura o alho, a pimenta-do-reino, a cebola etc., chama-se mão de pilão, enquanto a peça passiva é o pilão propriamente dito.

PILÉ – Nome dado ao açúcar cristalizado em torrões.

PIMENTA – Fruto muito utilizado na cozinha para o tempero de iguarias. Possui muitas variedades,

{ **PIMENTA MALAGUETA** }

todas transmitindo aos apreciadores, como escreve Garcia da Orta, excelente sabor: dedo-de-moça, cultivada principalmente nos estados de São Paulo e Rio Grande do Sul; chifre-de--veado e cambuci (também conhecida como chapéu-de-frade), de frutos pequenos, ovalados de cor vermelha quando maduros; a malagueta ou pimenta-da-costa, espécie de origem africana, da família das solanáceas, de grande consumo no Brasil; a pimenta--de-cheiro é predominante no Norte, de cor entre o amarelo, alaranjado, vermelho, salmão e preto e o sabor varia entre picante e doce. No Centro-Oeste, é comum a pimenta de bode, de fruto arredondado, cor amarela ou vermelha quando madura. A cumari do Pará possui frutos ovalados de coloração amarela quando maduros e aroma característicos que as distinguem das demais. A pimenta murupi é mais frequente no Pará e Amazonas, de coloração amarela e aroma picante.

PIMENTA-DA-JAMAICA – Originária do Caribe, da família das mirtáceas, tem um sabor levemente picante e lembra a combinação de cravo-da-índia, noz-moscada e canela. É usada em grãos ou em pó para temperar carnes e pescados.

PIMENTA-DO-MATO – Nativa do Brasil, produz fruto aromático usado como condimento. Também conhecida como *capeba--cheirosa, fruto-de-morcego* ou *pindaíba-vermelha.*

PIMENTA-DO-REINO – Especiaria originária da Costa de Malabar. Era apreciada pelos romanos e considerada produto de luxo. Da Idade Média até a Renascença era o condimento presente em todas as carnes e peixes. Muito aromática, considerava-se que possuía virtudes afrodisíacas. A pimenta-do-reino apresenta-se sob diversas formas dependendo da modalidade da colheita: a. a pimenta verde é colhida antes da maturação, sendo desidratada ou posta em salmoura; b. a pimenta negra é colhida madura e seca ao sol ou estufas; c. a pimenta branca também é colhida madura, embebida em água antes de ser macerada e perder a casca.

PIMENTA MALAGUETA – Variedade de pimenta muito conhecida no Brasil, originária da Costa da Malagueta, na África, locali-

{ **PIMENTÃO** }

zada entre a Serra Leoa e o golfo da Guiné. Também conhecida como malagueta.

PIMENTÃO – Leguminosa da família das solanáceas, originária da América. Há muitas variedades: vermelho, amarelo, verde, alaranjado. Consumido cru ou cozido, compondo saladas, recheados, gratinados e marinados em azeite de oliva.

PIMPINELA – Nome comum às plantas do gênero *Pimpinella*, nativas da Europa, Ásia e África.

PINGA DA CABEÇA – Nome que se dá à primeira extração da cachaça e que tem a mais forte graduação alcoólica. Também conhecida como *cachaça de cabeça*.

PINGADEIRA – Vasilha que se usa embaixo da carne que se está assando no espeto e que serve para recolher a gordura liberada da própria carne.

PINHÃO – Fruto da araucária, nativa do Brasil, árvore símbolo do Paraná. Usado à maneira da castanha, cozido ou assado, em doces e salgados. Gentil de Camargo informa que o pinhão integra o cardápio da Quinta-Feira Santa no Vale do Paraíba.

PINTADO – 1. Iguaria preparada com milho pilado e feijão, a que se juntam toucinho, carne-seca, carne de porco e um osso de canela de boi com bastante tutano. É prato muito apreciado na cozinha afro-brasileira. 2. Peixe de água doce.

PINTADO NA TELHA – Prato típico de Guairá, Paraná. Preparado em postas, temperado com cebola, tomates, pimentões verdes e vermelhos, cortados em cubos, e azeitonas verdes.

PINTÃO – Fruto que começa a amadurecer, tomando a cor amarelada.

PIONOMO – Prato preparado com batatas espremidas, gemas de ovos, manteiga, farinha, queijo e leite que resulta numa massa,

{ PIRÃO }

que depois é assada e, em seguida, recheada de camarões, presunto, galinha etc., enrolada e servida com molho de tomate.

PIPOCA – Variedade de milho em grão arrebentado ao fogo em caçarola com azeite ou óleo de algodão bem quente. O milho que não vira pipoca chama-se *piruá*. A variedade do cereal usado para esse petisco tem o nome de "milho de pipoca". A pipoca pode ser feita com sal e mel. Neste último caso, é inclusive valorizada com essências de frutas. Na Amazônia, é chamada pipoca o "milho assado sobre brasas que estalando mostra o alvo albúmen", segundo Vicente Chermont.

PIQUIRA – 1. Espécie de peixe do rio Paraíba, em São Paulo. 2. Guisado de peixe, tipo moqueca enrolada em folhas de bananeira ou de caetê.

PIRACUÍ – Iguaria típica da região amazônica, feita de peixe seco reduzido a farinha com os temperos necessários. Os indígenas preparavam o piracuí no moquém, assando o peixe até torrar e depois desfiavam-no, transformando em farinha de peixe – "cuí". Depois, era embalado em um paneiro coberto de folhas verdes. Comiam com farinha de mandioca. Utiliza-se de preferência o pirarucu ou o tambaqui.

PIRAÉM – Regionalismo da Amazônia. Peixe pirarucu seco ao sol depois da salga.

PIRAMUTÁ – Prato feito com o peixe do mesmo nome, considerado na Amazônia como comida de pobre.

PIRÃO – Prato de origem tupi-guarani, derivado de *mbaipirõ*, que significa papa grossa. Massa de farinha de mandioca cozida em panela e que serve de conduto para o peixe. Há numerosas formas para o preparo do pirão, sendo a mais comum o pirão preparado com a cabeça de peixe cozida. O pirão-d'água é feito com água fria, e o pirão escaldado, ou simplesmente escaldado, é preparado com caldo de peixe, carne ou ave fervente, escaldado sobre a farinha de mandioca.

PIRAPITINGA – Peixe da família dos caracídeos encontrado nos rios Paraibuna, Paraná e Goiás, de até 20 centímetros de comprimento, dorso escuro com nadadeiras amareladas. Sua carne é considerada semelhante à da truta. Também conhecido como *piabanha*, *tarapitinga* ou *trapitinga*.

PIRARUCU – Peixe de água doce, considerado o maior peixe de escamas da Amazônia, chegando a alcançar 2,5 metros de comprimento e pesar até 80 quilos. Seu nome em tupi é *pirarúku*, que significa peixe vermelho. Pode ser consumido fresco ou seco. Há diversas preparações apreciadas na região, por exemplo, pirarucu de casaca, frito, moqueca entre outros. O desfiado de pirarucu é um prato preparado com o peixe afervendado e desfiado, azeite, alho socado, cebola, cheiro-verde e tomate refogado. Pode-se acrescentar ovos, fazendo-se um mexido. Sua ventral é servida em forma de guisado e a cabeça moqueada é considerada manjar de primeira ordem. Também é conhecido como *bacalhau brasileiro*.

PIRARUCU GRELHADO OU NA BRASA – As postas do pirarucu ficam de molho durante algum tempo para a retirada do sal e depois são grelhadas. É acompanhado de molho para churrasco, farinha-d'água molhada, salada de feijão e manteiguinha de Santarém.

Pirulito

PIRARUCU NO LEITE DE COCO – As postas ficam de molho para retirada do sal e são cozidas em leite de coco ou leite de castanha-do-pará. Acompanha arroz branco e farinha-d'água.

PIRUÁ – Milho de pipoca que não arrebenta na panela.

PIRULITO – Mel escuro solidificado em cone, ou confeito também preparado com suco de frutas, de formatos e cores variados, preso a um palito. Doce da meninada, vendido nas ruas das cidades brasileiras.

PISTACHE – Drupa que mede de 1 a 2 centímetros, seu mesocarpo é duro e a fruta verde comestível. Conhecido há 7 mil amos, é originário da Síria e Líbano. Introduzido em Roma por Vitellius. Utilizado em embutidos como a mortadela, galantines, em confeitaria e sorvetes.

PITADA – Quantidade de farinha, açúcar, sal, ou qualquer tempero, que se apanha com a ponta dos dedos, entre o polegar e o indicador, para temperar alimentos.

PITANÇA – Alimento considerado de excelente sabor servido em dias de festa.

PITANGA – Fruto da pitangueira, encontrado em todo o Brasil, com a forma de uma pequena drupa globosa, nas cores vermelha, amarela e preta quando madura. Além do licor, é usada para dar um sabor mais forte à aguardente, um "gosto viril", na expressão de Gilberto Freyre.

PITÉU – Nome genérico a todo e qualquer prato de excelente preparo. Qualificativo de boa comida.

PITIMBOIA – O curioso vocábulo é explicado na lição de Beaurepaire-Rohan: "Certo aparelho simples para auxiliar a pesca dos camarões por meio do jereré". É um molho de folhagens onde os camarões se enredam, ficando facilmente presos.

PITIÚ – 1. Termo de origem tupi, usado na Amazônia, referente ao cheiro de peixe. 2. Utilizado também para designar o gosto da carne de certas aves ictiófagas.

PITOMBA – Fruto da pitombeira, da família das mirtáceas, originária do Brasil, de fruto comestível com um ou dois caroços revestidos por uma polpa suculenta, de sabor agridoce e cor laranja. Consumida ao natural e utilizada para doces e refrescos, a pitomba também é conhecida como *pitombo*.

PITORA – Iguaria preparada com talhadas de lombo fritas com toucinho.

Pitu

PITU – Camarão de água doce. São famosos no Brasil os pitus do rio Una, em Pernambuco, de que se fazem verdadeiros quitutes. Em certas regiões, recebe o nome de *mundaús*.

PIXÉ – Na lição de A. J. de Sampaio, o vocábulo designa a comida com cheiro e gosto de fumaça. Amadeu Amaral também registra o vocábulo com o mesmo sentido no interior de São Paulo.

PIZZA – De origem napolitana (Itália), é conhecida desde o século XVI. Preparada com farinha de trigo, fermento e água, sua massa é aberta em forma circular. A clássica à napolitana é a margherita. Na cobertura, molho de tomate, muçarela de búfala e manjericão fresco assada em forno à lenha. Há uma imensa variedade de recheios.

POCHÉ – Termo de origem francesa. Cocção em líquido a fogo baixo, sem ferver. Segundo o *Dicionnaire du gastronome*, a aplicação da palavra deriva do aspecto dos ovos pochés, nos quais a gema fica fechada entre a clara. Significa o mesmo que *escaldado*, ou seja, mergulhado em água fervente.

PODRIGAR – Segundo *O cozinheiro imperial*, significa "entesar em toucinho". Verbo em desuso.

POIA – Nome que se dá ao pão alto ou bolo grande de trigo, conforme A. J. de Sampaio.

POIÁ – Fogão rústico feito de pedras.

POLENTA – Prato típico do Piemonte, Itália. Preparada com sêmola de milho ou fubá mimoso cozido em água, temperada com sal, manteiga e queijo ralado. Serve como acompanhamento de carnes e aves.

POLME – Preparação culinária utilizada em frituras. Massa de consistência líquida composta de farinha de trigo, água, leite ou cerveja e ovos, na qual se envolvem os alimentos, cozidos ou

{ PONTO }

não, antes de fritá-los. Derivado do vocábulo latino *pulmentu*, que significa polpa.

POLPA – Parte carnosa geralmente comestível de frutas e raízes.

POLPE – A parte mais mole da carne de vitela.

POLVILHAR – 1. Salpicar sobre os alimentos alguma substância em pó ou ralada, por exemplo, parmesão. 2. Polvilhar uma forma: depois de untada com manteiga ou óleo, espalha-se a farinha e retira-se o excesso para que fique apenas a farinha que se agarrou à manteiga ou óleo.

POLVILHO – Amido da mandioca, de que há dois tipos: o doce e o azedo, este obtido por processo de fermentação e secagem. É muito utilizado para preparar pães, salgados, biscoitos etc.

POLVO – Molusco marinho da classe dos cefalópodes, bentônicos, da ordem dos octópodes, com oito braços, providos de ventosas e corpo globular sem nadadeiras. Pode ser preparado a vinagrete, grelhado, arroz de polvo etc.

PONCHE – 1. Bebida alcoólica preparada com rum ou vinho, frutas picadas variadas, maçã, pera, abacaxi, açúcar e limão, oferecida antigamente em festas familiares. Serve-se sempre gelado. 2. Regionalismo da Paraíba para refresco à base de frutas, conhecido na capital e litoral.

PONTO – 1. Especificamente, grau ideal de cozimento para carnes, que pode ser malpassado, ao ponto ou bem passado. 2. Designação da calda de açúcar. 3. Os livros antigos de cozinha distinguem várias espécies: ponto de alambre, ponto alto, ponto de cabelo, ponto de cabelinho, ponto de espadana, ponto de fio, ponto de pastilha, ponto de pelouro, ponto de pérola, ponto de bala mole, ponto de refinação e ponto de nevado. As pesquisas em torno do vocábulo não esclareceram, tecnicamente, o significado de cada ponto relacionado. Sabe-se, entretanto, como explica *O cozinheiro imperial*, que o ponto de cabelo é quando, tomando-se uma porção de calda, entre o indicador e o polegar,

229

{ **POPELINA** }

e abrindo-os, esta se divide em fios da grossura de um fio de cabelo. Por aproximação, pode-se entender os demais pontos. Modernamente, os pontos estão bem simplificados: a. ponto de fio: verificado pela pressão da calda entre o polegar e o indicador, abrindo e fechando os dedos apura-se o fio da calda; b. ponto de fio forte: verifica-se com o processo anterior e, neste caso, o fio não se quebra; c. ponto de voar: com o mesmo processo, faz-se a verificação da calda mais grossa com a escumadeira, enchendo-a e escorrendo a calda, o fio leve e fino é o ponto procurado; d. ponto de quebrar: verificado com a colocação da calda da escumadeira em água fria, comprimindo-a entre o polegar e o indicador para ver se quebra, que é o ponto procurado; e. ponto de pasta: quando a calda estiver pastosa.

POPELINA – Espécie de bolo feito ao forno, composto de massa de farinha de trigo, ovos, manteiga, açúcar, casca de limão ou laranja bem picadinha.

POQUECA – Do tupi-guarani *pokeka*. Peixe temperado e embrulhado em folha de caeté, grelhado na brasa.

PORCO – Suíno de criação doméstica ou industrial. A carne de porco sempre foi é popular desde a Antiguidade em razão da fácil proliferação do animal. Ela é aproveitada em uma variedade de produtos e inúmeras iguarias.

PORCO NO ROLETE – Prato típico do Paraná. Consiste em assar o suíno inteiro de aproximadamente seis meses. Um mês antes do abate, é trocada sua alimentação, para diminuir a banha, sem perder o peso; quando limpo, deve ter em torno de 30 quilos. Previamente temperado e recheado com farofa preparada com farinha de mandioca e de pão, bacon, linguiça, carne moída, azeitonas, ovos cozidos, adubada com vários temperos. É assado em braseiro médio, durante um período entre 6 e 8 horas, dependendo do tamanho do porco, sempre girando na mesma direção e velocidade.

PORONGO – Fruto comestível, conhecido também como *abóbora-d'água*, de casca muito dura. Do fruto oco faz-se a cuia, que o gaúcho usa para tomar mate. Amadeu Amaral define o porongo como uma cabaça, registrando a grafia de purungo. Também conhecido como *purunga*.

POSTA – Pedaço de peixe geralmente cortado no sentido transversal à espinha.

PRAJÁ – Beaurepaire-Rohan informa ser uma espécie de doce feito com melaço a ferver, sobre o qual se lançam e se misturam ovos batidos.

PRALINA – Palavra de origem francesa. Amêndoas confeitadas. Também conhecido como *pralinê*.

PRATO – Utensílio de mesa onde são servidos os alimentos.

PRAZERES – Doce do estado do Rio de Janeiro, assim definido por A. J. de Sampaio: "lâmina de massa circular de farinha de trigo, açúcar, assada ao forno, enrolada em cartucho afunilado".

PREÁ – Roedor dos campos, parecido com o coelho, cuja carne é muito apreciada na zona rural.

PREDILETO – Doce frito feito com farinha de trigo, ovos, leite e açúcar.

PRENSA – Há vários tipos de prensa utilizados para retirar o suco de algumas raízes. Por exemplo, o tipiti, utilizado pelos indígenas para retirar o sumo da mandioca. Há também a prensa de madeira, de alavanca, de parafuso e a mista.

PREPARAR – Ato inicial para o preparo das carnes, limpando-as e temperando-as. Quando se refere a peixes ou produtos do mar, na lição de Annette Lisard, o verbo utilizado é *amanhar*. Escamar, lavar, abrir e salgar o peixe é amanhar. Entretanto, a distinção hoje é muito rara. Emprega-se o verbo preparar tanto para carnes como para peixes.

{ PRESA }

PRESA – Acompanha sempre o vocábulo massa. Presa da massa significa seu grau de consistência.

PRESUNTO – Pernil de porco salgado e curado em fumeiro. Hoje, aplicam-se processos industriais para seu acabamento. Há muitos tipos: cru, cozido, defumado.

PROTEÍNA – Principal componente de massa muscular; composto orgânico de carbono, nitrogênio, oxigênio e hidrogênio, que desempenha diversas funções no organismo, sendo: estrutural, hormonal, enzimática, imunológica, nutritiva e transporte cito-plasmático. Trata-se de elemento essencial aos organismos vivos, formando os constituintes dos tecidos e líquidos orgânicos. Pode ser encontrada em frutas, legumes, cereais, verduras, carnes, aves, peixes, ovos, leite e seus derivados.

PROVOLONE – Queijo de origem italiana, de leite de vaca, defu-mado. Sua massa é firme, levemente salgado.

PUBA – Vocábulo tupi que significa mole. É a mandioca colo-cada para curtir na água durante alguns dias, perdendo, assim, sua qualidade venenosa e tornando-se comestível. No Pará e no Maranhão, fabrica-se com essa massa a farinha-d'água.

PÚCARO – Vaso de barro pequeno que serve para beber.

PUCHERO – Cozido de origem espanhola, preparado à base de carnes e grão-de-bico, legumes variados e temperos picantes. Serve-se com seu próprio caldo e acompanhado de arroz. No Rio Grande do Sul, é também conhecido como *fervido*, servido com farinha de mandioca ou pirão.

PUDIM – Doce de consistência cremosa. O mais popular é o pudim de leite preparado com leite, ovos e açúcar, cozido em banho-maria, em forma caramelada. Também conhecido como *flan*, que segundo alguns autores teria uma consistência mais firme.

{ PUXA-PUXA }

PUPUNHA – Fruto da palmeira de mesmo nome, originário do Amazonas, com numerosos frutos que variam de cor, podendo ser vermelha, amarela e esverdeada. Seu formato é de uma esfera com 3 centímetros de diâmetro em média. A polpa é saborosa e pode ser consumida cozida em água e sal, utilizada também para geleias e compotas. O palmito de pupunha tem sabor levemente adocicado e textura crocante.

PURÊ – De origem francesa. Toda espécie de legumes, tubérculos ou frutas cozidos, passados em peneira e transformados em massa homogênea: purê de batata, mandioquinha, abóbora, inhame, maçã etc. Há um termo castiço para esse prato: o *polme*, hoje raramente usado na cozinha brasileira.

PURI – Variedade de mandioca.

PURURUCA – Pele do porco desidratada e frita como é conhecido o "leitão à pururuca".

PUXA-PUXA – Melaço consistente ou calda de açúcar quando começa a ficar sólida.

QUARENTÃO BRANCO DE ARRANCA – Designação no Acre de uma variedade de feijão-branco. Também conhecido como *feijão-de-praia*.

QUARTINHA – Bilha de barro, moringa, para conter água e refrescá-la.

QUEBRA-QUEBRA – Biscoito tipo sequilho preparado com polvilho doce, ovos, manteiga, açúcar cristal e coco ralado, enrolado em formato de rosquinhas e assado ao forno.

QUEBRA-QUEIXO – Nome dado no Piauí ao doce de coco puxa-puxa, segundo Noé Mendes de Oliveira. O mesmo que bala *puxa-puxa*.

QUEFIR – Bebida fermentada oriunda do Cáucaso. Espécie de coalhada de leite de ovelha, cabra ou vaca. Sua consistência é cremosa e de sabor agridoce, de alto teor nutritivo. O quefir pode ser misturado com frutas, mel ou cereais e utilizado em receitas como substituto do leite e iogurte.

QUEIJADA – Doce tradicional português, sendo a mais famosa a de Sintra. Tem como ingredientes uma massa, como invólucro, que recebe um recheio de queijo fresco, gemas, açúcar, manteiga e farinha de trigo. Coloca-se tudo em forminhas e assa-se ao forno.

QUEIJADINHA – Designação brasileira da queijada de origem portuguesa. Preparada da mesma forma, substituindo o queijo fresco por coco ralado.

{ QUEIJÃO }

QUEIJÃO – Doce típico do interior mineiro. Antigamente, era assado em forma de queijo, possuindo o mesmo formato e originando o nome dessa iguaria. Preparado com leite, ovos e doce de leite, assado no forno em banho-maria. Sua textura assemelha-se a de um pudim.

QUEIJO – As primeiras formas de queijo possuem registros de 5 mil anos a.C., nas regiões lacustres do Lago Neuchâtel, na Suíça. Considera-se que a indústria do queijo foi lançada na França por volta de 1850 por Charles Gervais. No século XIX, foi descoberta a pasteurização por Louis Pasteur, químico e biólogo. No Brasil, há relatos de uma queijaria artesanal nacional fundada em 1581, no colégio dos jesuítas, na Bahia. Data-se de 1888, no sul de Minas Gerais, a inauguração da primeira queijaria com máquinas e técnicos europeus. A mais conhecida variedade nacional é o queijo de minas ou apenas queijo minas. No Ceará, prepara-se o queijo do sertão. Em outras regiões sertanejas do Nordeste, fabrica-se o queijo coalho. O queijo manteiga feito a partir do leite cru também é chamado de requeijão do Norte. As correntes imigratórias trouxeram preciosa contribuição no setor: gorgonzola, parmesão, provolone, brie, camembert etc. O queijo prato, bastante popular, foi introduzido no sul de Minas na década de 1920 por imigrantes dinamarqueses.

QUEIJO COALHO – Típico da culinária nordestina, seu processo de fabricação é baseado na coagulação do leite e na prensagem da massa. Dizem que surgiu nas longas jornadas feitas pelos viajantes ao sertão, que acondicionavam o leite nas matulas e utilizavam uma enzima digestiva retirada diretamente do estômago de animais jovens (cabrito, cordeiro, bezerro) – logo após a sua sangria depois de abatidos – para a coagulação do leite obtendo uma massa saborosa.

QUEIMADINHO – Doce cremoso preparado com açúcar queimado, gemas de ovos e queijo parmesão ralado.

QUEIMADO – Nome que se dá à bala de açúcar.

236

{ QUIABADA }

QUEIXADA – Carne de caça de coloração vermelho-escura, de sabor acentuado e pouca gordura, muito estimada no interior, preparada de preferência em forma de assado do pernil ou palheta do animal. Também conhecida pelo nome indígena *pecari*, que significa "animais que fazem muitos caminhos", e *porco-do-mato*.

QUELÔNIO – Animais da classe dos répteis. A nomenclatura indígena e africana do termo é riquíssima e variada entre nós. Todos os tipos de quelônios são utilizados em pratos extremamente variados. Nessa nomenclatura encontramos, entre outros nomes, os de aiaça, aiapuça, anori, arapuça, aperema, tartaruga, tracajá, muçuã, jabuti, cágado, jururá, jurucua, matamaté, pitiú e capitari.

QUENGA – I. Guisado de galinha com quiabo, no sertão da Bahia. 2. É também o nome dado ao endocarpo do coco. Nele se coloca um cabo, servindo a quenga como concha para mexer alimentos ao fogo.

QUENTÃO – Bebida que marca as festas juninas. Preparada com aguardente, gengibre e açúcar, a que se pode juntar, na fervura, canela em pau e cravo-da-índia. O quentão é também conhecido como *gengibrada*.

QUENTE – I. Termo que se refere à temperatura do alimento que foi ao fogo ou aquecido. 2. Também pode ser associado à comida apimentada, picante, que dá ao paladar uma sensação forte.

QUEQUE – Espécie de bolo preparado com ovos, farinha de trigo e manteiga, assado no forno.

QUERERÊ – Iguaria amazônica preparada com as vértebras e o intestino grosso do pirarucu.

QUIABADA – Guisado típico do Nordeste preparado com carne de vaca, quiabos cortados em rodelas, toucinho, camarões secos moídos, temperado com alho, cebola, coentro, hortelã, tomate, pimentão e cominho. Acompanha angu de farinha de mandioca escaldada ou farinha seca.

{ QUIABO }

QUIABO – Fruto do quiabeiro, de origem africana, excelente comestível usado principalmente em guisados. Sua cor é verde, de formato fino e alongado. Há numerosas espécies: quiabo-azedo (caruru azedo), quiabo-bravo (carrapichinho), quiabo-cheiroso (da família das malváceas), quiabo-chifre-de-veado (comprido e curvo), quiabo comum, quiabo-de-angola, quiabo-de-caiena, quiabo-róseo e quiabo-roxo. O vocábulo africano com que é conhecido o quiabo recebe o nome de *quingombó*. Também conhecido como *bende* e *bendó*.

QUIBABÁ – Iguaria do ritual afro-brasileiro, preparada com milho triturado, feijão-verde, torresmo, temperada com cebola, sal, cominho e pimenta-do-reino. Come-se com linguiça assada na brasa e farinha, segundo receita de José Ribeiro.

QUIBE – Prato de origem árabe, constituindo-se de carne moída, trigo integral, temperado com hortelã, sal e pimenta. Pode ser consumido cru, frito ou assado.

QUIBEBE – Vocábulo de origem do quimbundo, *kibembe*. Iguaria feita de abóbora em purê, servida como acompanhamento de carne seca, frango ou carne. Usa-se a abóbora amarela para preparo do prato. Beaurepaire-Rohan ensina que, em Pernambuco, o quibebe é feito com leite; no Piauí, com folhas de vinagreira e outras ervas temperadas com pimenta. O quibebe também se faz de banana no Rio de Janeiro.

QUIÇAMÃ – Iguaria afro-brasileira feita de polvilho, carimã ou goma de mandioca, em forma de papa, dada às crianças novas.

QUICÉ – Faca pequena, velha, mas de bom fio ou corte.

QUICHE – Torta salgada composta de uma base de massa sem cobertura. Tem recheio cremoso, à base de ovos e creme de leite e diversas possibilidades como complemento: queijo, alho-poró, presunto etc.

QUILO – Unidade de medida, utilizada para mensurar quantidade de alimentos.

{ QUIRERA }

QUIMAMA – Prato feito com gergelim, farinha e sal.

QUIMANGA – Vasilha na qual os jangadeiros levam alimentos para o mar. Segundo Luís da Câmara Cascudo, tais alimentos são farinha, peixe, carne assada, banana, bolacha, rapadura etc.

QUIMBEMBÊ – Bebida feita com o milho-branco fermentado. É uma espécie de aluá.

QUIMBOMBO – Cerveja, em dialeto africano.

QUIMO – Nome dado ao alimento, em processo de digestão, que passa do estômago ao duodeno.

QUINANA – Iguaria preparada com gergelim, farinha, sal ou açúcar no ritual afro-brasileiro.

QUINDIM – Doce feito de gema de ovos, coco ralado, manteiga e açúcar, cozido no forno em banho-maria.

QUINGOMBÔ – Palavra de origem quimbundo para quiabo.

QUINHÃPIRA – Caldo de peixe apimentado, geralmente acompanhado de beiju e molho de tucupi preto, com ou sem saúvas (formigas do gênero *Atta*).

QUINHO – Docinho semelhante ao papo de anjo, cozido em calda de açúcar.

QUIPOQUÉ – Feijão quebrado cozido com vários temperos. Também conhecido como *quimano*.

QUIRERA – I. Designação do milho quebrado socado no pilão. Em Minas Gerais, prepara-se a canjiquinha ou péla égua (nome popular dado ao prato), um cozido com costelinha de porco e quirera. Em Santa Catarina, come-se a quirerada na Semana do Contestado, realizada todo mês de outubro, na cidade de Irani. Na Bahia, a quirera é conhecida como *lelê*, e é feita com carne de porco, mas também com outros tipos de carne, inclusive de

{ QUITANDA }

vaca, que podem entrar na preparação. 2. Arroz quebrado de qualidade inferior.

QUITANDA – 1. Mercado de frutas, hortaliças e aves. A origem do vocábulo é religiosa. Com efeito, anota Edison Carneiro que na quitanda dos iaôs vendiam-se, algumas semanas antes de completada a iniciação do terreiro, roletes de cana, doces de banana, acarajés, aluá e outros produtos. 2. Em Minas Gerais e Goiás, o termo significa qualquer biscoito, bolo de açúcar e doces em geral.

QUITANDÊ – Nome com que é conhecido na Bahia o feijão miúdo, do qual, ainda verde, se extrai a película. Assim é usado na cozinha para o preparo de sopas, mingaus e outras iguarias com os necessários temperos. O padre António da Silva Maia menciona essa receita, originária da culinária angolana.

QUITUTE – Comida gostosa, prato especial, iguaria delicada. Etimologicamente, o vocábulo significa indigestão, segundo lição de Renato Mendonça, o que explica o uso do termo.

QUITUTEIRO – Aquele que sabe fazer quitutes, ou que gosta deles.

QUIXABA – Fruto da quixabeira, da família das sapotáceas, encontrado desde o Piauí até o norte de Minas Gerais. De sabor adocicado, consumido ao natural ou em compotas.

QUIZIBU – Iguaria preparada com milho verde debulhado e quiabos verdes temperados com torresmo. Segundo a receita de José Ribeiro, a papa resultante da mistura é consumida com carne de sol passada na brasa.

R

RÃ – Batráquio comestível, de excelente sabor, que lembra a carne de frango. Utilizada no preparo de variadas iguarias, pode ser servida inteira ou só as patinhas à milanesa, à provençal, dorê etc.

RABADA – Guisado preparado com o rabo de boi cozido com os devidos temperos, servido geralmente com pirão de farinha de mandioca feito com o próprio caldo ou com polenta.

RABADILHA – 1. Região do tronco dos mamíferos onde está inserida a cauda. 2. Designação da cauda do peixe. 3. Porção do peixe que não foi vendido pelo pescador, que fica para o seu próprio consumo. 4. Parte posterior das aves, especificamente da galinha.

RABANADA – Doce de origem portuguesa servido na ceia de Natal, feito à base de fatias de pão embebidas em leite, cobertas de gemas de ovos batidas, fritas em azeite ou manteiga, polvilhadas com açúcar e canela. Também conhecido como *fatia-dourada* ou *fatias de parida*.

RABANETE – Originário da região Mediterrânea. Hortaliça de raiz avermelhada, crocante e de sabor picante, muito utilizada em saladas. Geralmente é acompanhamento de patês e queijos. O rabanete também é conhecido como *rábano*.

Rabanete

{ RABO DE GALO }

RABO DE GALO – Aperitivo alcoólico. Mistura de vermute e cachaça, em São Paulo. No Recife, é a mistura de vermute, conhaque e gim.

RACLETE – Prato de origem dos Alpes suíços. Preparado com "o queijo raclette" do Cantão do Valais, mas pode ser substituído por fontina, *gruyère* ou *tilsit*. Há um aparelho elétrico próprio para a raclete. Espeta-se um pedaço de queijo em um garfo longo de dois dentes e coloca-o para derreter próximo ao fogo. Raspa-se o queijo derretido no pão. Acompanha batatas cozidas, pepino e cebolas em conserva.

RAFAEL – Curioso regionalismo gaúcho registrado por Roque Callage, significa fome, apetite, disposição para comer, na linguagem popular. A expressão "chegou o rafael" significa que está na hora do almoço ou do jantar.

RAGU – O nome vem do francês *ragoût*, designação para carnes ensopadas cozidas com legumes e vinho tinto. Pode ser preparado com vários tipos de carne como bovina, de porco, vitela etc., cozido em fogo brando por mais de duas horas. O molho deve ficar consistente e a carne macia.

RAIVA – 1. Biscoito de origem conventual português. Preparado com farinha, açúcar, manteiga, ovos e canela. Molda-se a massa em rolinhos muito finos e sobre um tabuleiro untado e polvilhado com farinha a massa é moldada de forma irregular. Assa-se em forno moderado. 2. No sertão nordestino, é uma espécie de biscoito de goma de mandioca e leite de coco, assado no forno, consumidos no café da tarde.

RAIZ-FORTE – Planta nativa do sudoeste da Ásia, da família das crucíferas. Suas raízes, tuberosas e pontiagudas, são apreciadas como condimento picante. A raiz-forte é comumente usada na preparação do falso *wasabi*, mesmo no Japão. Na cozinha judaica, é utilizada em um molho agridoce, designado *chrain* e acompanha o *gefilte fish*. Também conhecida como *rábano-rústico*, *rabo de cavalo* e *rábão*.

RALADOR – Utensílio feito em chapa metálica ou de plástico, com orifícios de rebordos salientes e cortantes, utilizado para ralar alimentos.

RALAR – Friccionar os alimentos no ralador, a fim de obter pequenas lascas. No Brasil colônia, cereais e leguminosas eram ralados na pedra.

RAMEQUIM – 1. Tipo de empada preparada com uma massa de base e recheada com um creme de queijo, ovos e leite. 2. Por extensão, é também a tigelinha de porcelana canelada que vai ao forno, usada como base para esse tipo de tortinha.

Ralador

RANCHO – Comida diária, termo usado em certas comunidades. Vicente de Chermont informa que na Amazônia é "a comedoria para uma viagem embarcada", o que daria ao vocábulo conotação de *farnel*.

RAPADURA – Açúcar mascavo coagulado, a que se dá a forma de pequenos tijolos. Há algumas variedades: de açúcar branco, de leite, de laranja confeitada com castanha-de-caju. A rapadura do Cariri é mais mole, leva cravo e é embrulhada em folha seca de bananeira, conhecida como rapadura batida. Para Beaurepaire-Rohan, a rapadura também pode ser preparada com coco ralado, amendoim torrado e cidra. Também conhecida como *tijolo doce*.

RASPA – 1. Lascas de mandioca que, depois de secas, são enfarinhadas para uso na confecção de bolo ou pudim. 2. As raspas podem ser obtidas de outros alimentos – como de laranja, de limão, de amêndoas, de chocolate etc. – e são utilizadas para preparar numerosas receitas.

RASPA-RASPA – É uma mistura de gelo raspado com xarope de fruta, vendido por ambulantes, principalmente no Nordeste. O mesmo que *raspadinha*.

RATAFIA – Espécie de licor, que merece de Constança Oliva de Lima a seguinte definição: "Licores preparados por infusão cuja composição se tira a fragrância, as qualidades e a cor de qualquer fruta, espremendo-se o sumo dela na aguardente, que se dissolve, e carrega todos os seus princípios".

RAVIGOTE – Termo de origem francesa. Molho composto de cebola, alcaparra, pepino em conserva picado, salsa, cerefólio, estragão, noz-moscada, cebolinha, sal e pimenta. Esse conjunto é bem triturado, formando uma pasta que pode ser ligada com maionese e, então, compor um vinagrete. A pasta também pode ser servida quente, diluída em uma redução de vinho branco, gemas e manteiga, cozida ligeiramente, sendo utilizada para acompanhar carnes, aves e peixes.

Ravioli

RAVIOLI – Prato de origem italiana. Pasteizinhos preparados com farinha de trigo e ovos, recheados com carne de vitela, ricota, entre outros, servidos com diversos tipos de molho e salpicados com parmesão ralado.

REBUÇADO – Bala de origem portuguesa, preparada com calda de açúcar em ponto de pérola e mel, a que se acrescentam corantes e essências de vários sabores. São moldadas em forma de bolas e embrulhadas em papel-manteiga ou celofane.

RECHEIO – Mistura de ingredientes, dos mais variados tipos, com que se preparam as mais diversas receitas, como carnes, massas, tortas, bolos etc.

REDENHO – Nome dado à pele gordurosa que envolve as vísceras dos animais.

REDUÇÃO – Ato de apurar qualquer tipo de líquido ou semilíquido para deixá-lo com sabor mais concentrado e untuoso. É por meio da redução que um molho se transforma em demi-glacê ou glacê.

REFOGADO – 1. Passar qualquer alimento em gordura, azeite ou manteiga. O mesmo que *afogado*. 2. Também significa guisado

{ REPOLHO }

com molho preparado com gordura, azeite, manteiga e outros temperos.

REFOLEGO – Nome dado às partes externas mais tostadas de tortas, empadas, pastéis ou pizzas.

REFOLHADO – Salgado ou doce envolvido em folhas de massa de farinha de trigo, como folhado de atum, aliche etc. Também conhecido como *folhado*.

REFRATÁRIO – Recipiente resistente a altas e baixas temperaturas, indicado tanto para a utilização no forno como no freezer.

REFRESCAR – Passar o alimento quente em água fria ou regar o alimento em cozimento com vinho ou tempero líquido.

REFRIGERANTE – bebida gasosa, de sabor adocicado, não alcoólica, industrializada, comercializada em garrafas e latas.

REGIME – Dieta baseada em uma seleção de alimentos destinados a restabelecer a saúde.

REMINHOL – Grande concha de cobre fixa em um cabo de madeira usada nos engenhos para retirar o melado fervente do tacho ou mexer o açúcar das caldeiras. Também é conhecido como *rominhol*.

REMOLADA – Termo de origem francesa, *remolade*, citado pelo cozinheiro Menon em 1786, no livro *La Cuisinière bourgeoise* [A cozinha burguesa]. Consiste de uma maionese condimentada com mostarda, alho, alcaparra, anchova, estragão e salsinha. A remolada é utilizada fria para acompanhar saladas de legumes crus ou cozidos.

REPOLHO – Hortaliça cultivada desde a Antiguidade. É uma variedade de couve que possui folhas lisas ou crespas, sobrepostas e muito encostadas entre si. Seu tamanho é arredondado. Há diversas variedades: repolho roxo, repolho liso, repolho de bruxelas, repolho-chinês e repolho crespo. Utilizado para preparar

{ REQUEIJÃO }

sopas, conservas, saladas e cozido como acompanhamento de diversos pratos.

REQUEIJÃO – Queijo de consistência pastosa que pode ser de fabricação caseira ou industrial. Sua massa é feita com a nata do leite coalhada sob a ação do calor.

RESCALDO – Aparelho utilizado para conservar quente as comidas servidas à mesa.

RESSALGADA – Nome dado à pilha de charque que se ressalga depois de ter sido colocado o primeiro sal.

RESSUAR – Fazer que a carne ou os legumes soltem o suco pela ação do calor.

RÉSTIA – Trança feita com rama de alho ou cebola e suas respectivas cabeças.

RESTILHO – Cachaça, quando é duas vezes destilada no alambique.

RESUMO – Quantidade de areia (resumo de areia) usada em fogões antigos. A areia ficava em recipiente apropriado, que se aquecia e abrasava e sobre a qual se colocavam caçarolas e panelas para as iguarias não sofrerem processo de resfriamento.

RETALHAR – Ato de cortar as carnes e peixes em tiras finas ou filés.

REVIRO – Regionalismo do Paraná. Prato típico à beira do rio do mesmo nome. Massa preparada com farinha de trigo, leite, banha ou azeite, sal, açúcar e fermento em pó, depois pode ser frita ou cozida em panela de ferro. O reviro costuma ser servido acompanhado de carne-seca e chá de erva-mate. Também conhecido como *reviro paraguaio*.

RICOTA – Queijo de origem italiana, preparado com o soro do leite desnatado, sem maturação, em forma de massa, de sabor suave, com baixo teor de gordura. A ricota é muito utilizada como recheio em doces, tortas e salgados.

RIGATONI – Massa cilíndrica de aproximadamente 3 centímetros de diâmetro.

RIM – Víscera de animal utilizada para o preparo de vários pratos, de apreciados sabores. Desses pratos há enorme variedade, mas as receitas mais conhecidas são o rim à boemia, rim ao Porto, rim com champignon, rim com presunto, rim de carneiro ao vinho branco ou champanhe, rim de carneiro em palitos, rim de espeto, rim de vitela, rim guisado com batatas e omelete de rins.

Rigatoni

RISOTO – 1. No Brasil, o risoto é preparado no forno com arroz, palmito, ervilha, frango, carne, crustáceos e gratinado com queijo ralado. 2. O risoto de origem italiana é preparado com arroz arbóreo ou carnaroli, caldo de frango ou carne, vinho branco e uma variedade de guarnições: frutos do mar, legumes, embutidos, aves etc. O mais conhecido é o risoto à milanesa condimentado com açafrão.

RISSOLE – Iguaria preparada com massa de farinha de trigo, manteiga e leite. A massa é aberta em formato redondo, recheada com creme de camarão, picadinho de carne, refogado de palmito etc., dobrada em forma de meia lua e frita.

ROBALO – Designação comum aos peixes teleósteos perciformes da família dos centropomídeos, do gênero *Centropomus*, cujas espécies são diferenciadas pelo número de escamas da linha lateral e de espinhos na nadadeira anal. Sua carne é branca e saborosa, preparada em guisados, assado ou frito.

Rocambole

ROCAMBOLE – Espécie de pão de ló fino recheado com goiabada, creme de baunilha, doce de leite, creme de chocolate, enrolado e salpicado por cima com açúcar.

ROCHINA – Variedade de mandioca.

ROLETE – Pedaço de cana-de-açúcar descascado, de preferência a caiana, que é mole e doce. É cortado em rodelas e espetado em uma haste de bambu ou taquara. Muito comum no Nordeste, onde é vendido nas ruas, em tabuleiros.

ROLO – Cilindro de madeira utilizado para abertura da massa depois de trabalhada. É o conhecido *pau de macarrão*.

ROMÃ – Fruto da romãzeira, a romã era cultivada pelos fenícios na antiga Cartago. Tem o tamanho de uma laranja, com casca rígida e grossa e grande quantidade de sementes brancas. Possui uma polpa vermelha, bem doce, e dela é feito um suco, normalmente consumido ao natural.

ROMEU E JULIETA – Nome popular dado à sobremesa de goiabada e queijo branco.

ROMINHOL – Vasilha de lata fixa na ponta de um cabo de madeira, utilizada para retirar o melado quente do tacho, segundo Amadeu Amaral.

ROQUEFORT – Queijo de origem francesa fabricado com leite de ovelha, cuja característica é um bolor azulado que lhe confere um forte sabor.

ROSBIFE – Do inglês *roastbeef*. Citado no livro de M. M. Viard e Fouret, *Le Cuisinier royal*, de 1698. Consiste de um corte de carne bovina (contrafilé, alcatra, filé-mignon ou lagarto), de forma arredondada, temperada somente com sal e mostarda. Pode ser frito ou assado, devendo ser bem tostado externamente e sangrento no seu interior.

ROSCA – Tipo de pão doce preparado com farinha de trigo, banha, ovos, erva-doce, leite, açúcar e uma pitada de sal, assado ao forno.

{ ROXO }

ROUPA-VELHA – 1. Iguaria preparada com os sobejos de charque ou restos de carne de panela de uma refeição anterior, desfiada e misturada com arroz e feijão. 2. Também é o nome de charque desfiado, misturado com farinha de mandioca, o mesmo que *paçoca*. 3. Refogado preparado com colchão mole, até que a carne se desfaça pelo cozimento.

ROXO – Termo dado no interior de São Paulo à mistura de café com cachaça.

S

SABONGO – Doce preparado com coco ralado, melado e cravo da índia, segundo Gilberto Freyre.

SACA-PUXA – Saco usado para confeitar e adornar tortas e bolos. Feito de tecido grosso, na forma de funil, com boquilhas de enfeites, de metal ou plástico, em diversos formatos.

SACA-ROLHAS – Instrumento usado para retirar as rolhas de cortiça das garrafas, principalmente de vinhos.

SACAROSE – Nome dado ao açúcar da cana ou da beterraba.

SAGU – 1. Fécula comestível retirada da estipe do saguzeiro. Trata-se de substância semelhante ao amido, utilizada no preparo de diversos doces. 2. No Brasil, sagu também é um doce, feito de bolinhas de tapioca, cozidas com açúcar e vinho tinto, suco de uva ou de laranja.

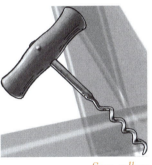

Saca-rolhas

SAL – Tempero usado na culinária, de origem terrestre ou marítima. Condimento fundamental da cozinha. Na Grécia e em Roma, o sal era utilizado como moeda de troca, daí a origem da palavra salário.

SAL GROSSO – Sal marinho tal como sai das salinas, em pequenos cristais, ainda antes de ser moído e refinado para o consumo. Muito utilizado em churrasco.

{ SALA }

SALA – Parte determinada da carne dos animais que vai do meio das coxas até o meio das costelas.

SALADA – Vegetal verde, cru ou cozido, geralmente condimentado com sal, azeite e vinagre ou limão, ao qual muitas vezes se adicionam outras hortaliças ou legumes, crustáceos, carnes e/ou frutas. Temos da salada grande quantidade, não poucas vezes acompanhada de maionese, tais como saladas de agrião, de alface, de batatas, de carnes, de bacalhau, de grão-de-bico, de beterraba, de brócolis, de camarão, de palmito, de vagem, de pepino etc. Também se denomina salada a comida fria, em que predominam produtos industriais como o presunto, salame, fiambre etc.

SALADEIRO – Estabelecimento em que se prepara o charque ou a carne-seca. Também conhecido como *charqueada*.

SALAMANDRA – Forno industrial, sem porta, muito utilizado em restaurantes, destinado a gratinar ou caramelizar os alimentos.

SALAME – Embutido de origem italiana, preparado com carne de porco. Sua produção pode ser doméstica ou em escala industrial. Existem vários tipos como o hamburguês, o italiano, o milano etc.

SAL-AMONÍACO – Composto de cloreto de amônio utilizado na culinária para preparar biscoitos, tornando-os mais macios.

SALGADINHOS – Nome dado aos aperitivos que servem para diversas ocasiões, como bolinhos de carne ou de queijo, coxinhas, empadas, amendoim, canapés etc.

SALGAR – Ato de temperar os alimentos com o sal.

SALMÃO – Variedade de peixe encontrado no Atlântico e Pacífico, em rios e lagos, da família dos salmonídeos. O salmão nasce em água doce, migra para o oceano e retorna ao local de nascimento para a desova. Sua carne é rosada e saborosa. Muito utilizado na culinária no preparo de grelhados, assados, saladas etc.

{ *SALTIMBOCA A LA ROMANA* }

SALMOURA – Mistura de água, vinagre e sal, com a qual se pode conservar e temperar alimentos.

SALPICÃO – 1. Termo português referente à linguiça defumada. 2. Também uma espécie de salada preparada com galinha desfiada, batata, maçã verde e salsão com os devidos temperos.

SALPRESO – 1. Carnes, principalmente de porco, conservadas em sal. 2. Alimento levemente salgado.

SALSA – Erva aromática da família das umbelíferas muito usada como condimento na culinária em guisados, molhos, sopas, saladas etc.

SALSAPARRILHA – Designação comum às plantas da família das esmilacáceas cujas raízes aromáticas são utilizadas como tempero.

SALSICHA – Embutido de carne de porco pisada, temperada, produzido em escala industrial.

SALSICHÃO – Salsicha de tamanho grande, cuja utilização nos vem da influência alemã.

SALSIFI – Hortaliça tuberosa de raízes comestíveis, semelhante à cenoura, de origem europeia e pouco usada em nossa cozinha. Também conhecida como *cercefi*.

SALTEADEIRA – Recipiente com que se executa, no fogão, o ato de saltear a iguaria.

SALTEAR – Ato de cozer a iguaria rapidamente, em fogo vivo, agitando e sacudindo continuamente a salteadeira para que não se queime.

SALTIMBOCA A LA ROMANA – Prato de origem italiana à base de escalope de filé mignon, passado em farinha de trigo, sobreposto uma fatia de presunto cru, sálvia e frito.

{ SÁLVIA }

SÁLVIA – Erva aromática da família das labiadas, nativa da Ásia Ocidental, e aclimatada nos países do Mediterrâneo. Utilizada pelas suas propriedades medicinais, foi celebrada por Hipócrates e por médicos árabes pelas suas propriedades digestivas. De sabor forte, é aromatizante de carnes e legumes. Na Itália é onipresente na *saltimboca à la romana*.

SAMANGAIÁ – Conserva de peixe em molho de tomate ou óleo.

SAMBIGUIRA – Nome dado à glândula oleosa da galinha.

SAMBONGO – Doce de coco ralado e mel de furo.

Sanduíche

SANDUÍCHE – Pode ter variados sabores, levando fatias de carne, presunto ou queijo, entre outros, inseridos entre dois pedaços de pão. De origem inglesa, a invenção é atribuída ao lorde John Montagu, Conde de Sandwich (1718 a 1792). Enquanto fazia seu carteado, pediu ao criado para preparar uma refeição rápida, quando recebeu dois pedaços de pão recheados de carne, queijo e pepino em conserva.

SANGRADOURO – Regionalismo gaúcho. Nome que se dá ao assado feito com a carne do local em que se sangra a rês.

SANGRIA – Refresco de origem espanhola, feito com vinho, água e açúcar e frutas picadas, como limão, maçã e laranja.

SAPECAR – Queimar de leve, ligeiramente, chamuscar, como no caso do porco, antes de ser retalhado.

SAPOTA-DO-SOLIMÕES – Nome de árvore nativa da região amazônica, cujo fruto possui casca marrom esverdeado e polpa suculenta de sabor adocicado.

SAPOTI – Fruto do sapotizeiro, originário da América Central. Tem casca fina, coloração castanho-escura, a baga globosa e carnuda, envolvendo sementes pretas. Comestível ao natural ou em doce, geleia e refresco. Também conhecido como *saputá* e *saputi*.

SAPUCAIA – Árvore nativa da Amazônia, da qual se tiram sementes doces, comestíveis. Também conhecida como *castanha sapucaia*.

SARAPATEL – Iguaria originária da Índia, trazida pelos portugueses na colonização. Preparada com miúdos de porco ou carneiro, sangue, condimentada com coentro, cebola, alho e pimenta. Dos miúdos da tartaruga ou do tracajá também se faz na Amazônia o sarapatel, que Bates considerou uma "*delicious soup!*" [sopa deliciosa]. Também conhecido como *sarrabulho*.

SARAPÓ – Nome que em algumas regiões do Norte e Nordeste se dá ao beiju de coco.

SARDELA – Antepasto italiano preparado à base de tomates, pimentões vermelhos, anchova, alho, pimenta calabrês, tudo batido no liquidificador e depois cozido.

SARDINHA – Peixe de mar, pequeno e saboroso, que se prepara de modos diversos. A sardinha é dos peixes mais usados industrialmente e, assim, de utilização muito difundida na culinária.

Sardinha

SEGURELHA – Erva nativa do Mediterrâneo com folhas aromáticas, de sabor picante, utilizada na culinária como condimento.

SEMBEREBA – Do coco do buriti se faz um suco com esse mesmo nome, de cor amarelo-escuro, misturado à farinha puba e que serve para matar a fome do trabalhador rural.

SEMEIDA – Espécie de biscoito preparado com claras de ovos e manteiga e depois misturado em calda doce.

SÊMOLA – 1. Trigo cujos grãos são partidos e depois preparados para a ingestão. Quando o grão de trigo é triturado de forma bem pequena, a resultante recebe o nome de *semolina*. 2. Também significa massa alimentar obtida da batata.

SEQUILHO – Biscoito seco que pode ser feito com polvilho doce, araruta ou maisena, manteiga, açúcar e ovos. Algumas receitas acrescentam leite de coco.

SERIDÓ – Queijo de manteiga do Rio Grande do Norte.

SERRAIA – Planta da família das compostas, utilizada na culinária. Cornélio Pires registra o termo definindo-o como "verdura nativa nas lavouras. Ótimo alimento". Herbácea de folhas, serve para salada e o suco é usado como aperitivo e emoliente. Trata-se de uma planta europeia introduzida no Brasil pelos portugueses, segundo se conclui dos comentários de Alberto Lofgren. Também conhecida como *serralha*.

SERTÃ – Espécie de frigideira de ferro, larga e rasa.

SESTA – Momento de repouso após o almoço.

SEVAR – Ralar a mandioca para reduzi-la a massa com a qual se faz a farinha. Segundo lição de Beaurepaire-Rohan, chama-se de sevadeira a mulher que seva a mandioca.

SHOYU – Tempero de origem japonesa utilizado principalmente em *sushis* e *sashimis*.

SILVEIRA – Carne assada ou cozida, em seguida picada e misturada com ovos mexidos. Há várias receitas dessa iguaria, que pode ser preparada inclusive com camarões.

SINIMBU – Beaurepaire-Rohan informa que é uma espécie de sáurio de cor verde (répteis escamados, incluindo lagartos) cuja carne é muito apreciada, sobretudo no Mato Grosso e no interior de São Paulo.

SIRI – Nome de diversas espécies de crustáceos, de que se faz excelentes quitutes, como a casquinha de siri ou o siri recheado.

SIRICAIA – Doce de origem indiana, adotado pelos portugueses na época das rotas das especiarias, que trouxeram a receita para o Brasil no tempo da Colônia. Popular na Amazônia, é preparado com farinha de trigo, gemas batidas, açúcar, leite, canela em pó e claras em neve, assado ao forno.

SERIGUELA – Pequeno fruto de árvore homônima (*Spondias purpúrea*), de casca fina e lisa e de cor amarela ou vermelha. Sua polpa é doce e suculenta, muito apreciada nas regiões Norte e Nordeste do Brasil, principalmente em Fortaleza, conforme Florival Serraine. É utilizada no preparo de sucos, doces, sorvetes, compotas, manjares e geleias. Também conhecida como *ciriguela*.

SOBREMESA – Geralmente frutas ou doces servidos no fim de uma refeição.

SOJA – Trata-se de uma leguminosa de cujo grão se extrai óleo do mesmo nome, já de grande uso no Brasil. Seus grãos são ricos em proteína, muito utilizados em escala industrial e também em numerosas receitas, com destaque para as vegetarianas. Da soja são retirados outros subprodutos como o leite, o queijo etc.

SOLA – Variedade de beiju preparado com tapioca.

SONHO – Doce feito de farinha de trigo com massa fofa, servido com açúcar ou calda. Pode ser recheado de creme.

SOPA – Complexo culinário de numerosas variedades, geralmente líquido, tendo por base caldo de carne, como no caso de cremes e mingaus.

SOPA DE CAVALO CANSADO – Nome com que era conhecido em alguns estados do Nordeste um doce preparado com fatias de pão torrado ou amanhecido, vinho tinto Trasmontano, polvilhado com canela, segundo Humberto Campos.

SOPA DOURADA – Doce preparado com fatias de pães dourados na manteiga cobertos com creme de ovos, açúcar e canela e levado ao forno para dourar.

SOQUETE – Regionalismo gaúcho registrado por J. Romaguera Corrêa. Ossos com pouca carne cozidos com aproveitamento do caldo.

SORO – Parte líquida que se separa do leite coalhado.

SORVA – Fruto comestível da Amazônia, de formato arredondado, do tamanho de uma cereja e cor verde-escura, com polpa gelatinosa e doce, normalmente utilizada para preparar saboroso refresco.

Sorvete

SORVETE – Doce preparado com purê de frutas, cremes e calda de açúcar para, depois, ser congelado. O sorvete é uma das grandes descobertas do homem para seu prazer gastronômico. E vem sofrendo várias alterações em sua composição. Assim, no século XIX usava-se muito o sorvete de café, ao lado do sorvete de agraço, de canela, de jasmim e de violetas, conforme as receitas de Constança Oliva de Lima.

STRUDEL – Doce de origem alemã trazido para o Brasil pelos imigrantes. Massa folhada recheada com maçãs aromatizadas com canela e passas, enrolada como um rocambole e assada.

SUÃ – Carne da parte inferior do lombo de porco, como também os ossos da espinha dorsal do animal. Suã ensopado é prato feito com essa parte do porco, preparada com sal, alho socado, pimenta, salsa, tomates. Com o caldo se faz o angu com que é servido.

SUBIU E DESCEU – Regionalismo do Nordeste. Nome com que se denomina na cozinha, principalmente da Bahia, o aferventado de charque. É a carne-seca servida em pedaços, a que se juntam depois quiabos e jilós. Com o caldo faz-se pirão e o prato é servido com o molho de nagô.

SUCO – Denominação genérica do sumo das frutas obtido pelo processo de pressão.

SUFLÊ – Termo de origem francesa, *soufflé*. O suflê tradicional é a base de creme branco, queijo e ovos, cujas claras são batidas em neve. Preparam-se também suflês de legumes, camarões, salmão etc., bem como doces de goiabada, limão e laranja.

SULAR – Ato de triturar o milho, ou qualquer outro produto, no gral ou no pilão.

SÚPLICAS – Doce composto de açúcar, treze gemas e quatro claras de ovos, sal, canela, casca de limão ralada e farinha de trigo, assado ao forno.

SURRÃO – Saco de couro cru, pequeno, com o qual os vaqueiros levam comida em suas longas viagens.

SURUBIM – Peixe de água doce, de grande porte – algumas espécies podem chegar até 3 metros de comprimento –, geralmente com o corpo de cor amarelada e faixas escuras. Habita principalmente os rios da Amazônia, onde é muito apreciado. Também conhecido como *surubi*.

SURURU – Molusco bivalve, popularmente conhecido no Nordeste. O caldo de sururu é feito à base de leite de coco e dendê. O sururu de capote é um prato regional de Alagoas preparado com os moluscos cozidos em leite de coco e, depois, servido com pirão feito no próprio caldo. Também usado no preparo de excelentes pratos, como fritadas, empadas, refogados etc.

SURURUCA – 1. Mingau de farinha de milho cozido com queijo ralado, onde se adiciona café bem quente. 2. Regionalismo paulista. Espécie de peneira grossa.

{ SUSPIRO }

SUSPIRO – Doce feito com clara de ovos, açúcar branco e casca de limão ralada, muito bem batidos, pingados na assadeira e postos no forno para assar.

TABASCO – 1. Variedade de pimenta da espécie *Capsicum frutescen*. 2. Designação de molho à base de pimenta homônimas, inventado pela McIlhenny Company, em Lusiana, nos Estados Unidos. O molho é indicado para o tempero de carnes, peixe, sopas e guisados.

TABEFE – 1. Creme preparado com leite, açúcar, gemas e goma primorosa. Deita-se em xícaras e, quando estiver quase frio, polvilha-se com canela, segundo Constança Oliva de Lima. 2. Nome dado ao soro de leite coalhado para fazer queijos, segundo Laudelino Freire. 3. Frei João de Sousa diz que se trata do leite de ovelha fervido e engrossado com farinha e açúcar, conforme sua origem árabe.

TABU – Açúcar que não coalhou bem, segundo A. J. de Sampaio.

TABULE – Prato de origem árabe, trazido pelos imigrantes, preparado com trigo cru, cebola, tomate, salsa, hortelã, azeite, suco de limão e sal.

TACACÁ – Iguaria de origem indígena, consumida sobretudo na região Norte do Brasil. Trata-se de uma espécie de caldo preparado com tucupi, goma de mandioca e camarões; tempera-se com alho, sal, pimenta e jambu. No Pará, é servido principalmente por "tacacazeiras" em barracas instaladas nas principais ruas das cidades.

{ TACHO }

Tacho

TACHO – Recipiente de ferro, cobre, barro ou outro material, com alças, utilizado na culinária para preparação de doces.

TACURU – 1. Fogão improvisado, montado com três pedras ou tijolos, sobre o qual se assenta a panela, conforme Amadeu Amaral. Na Amazônia, é conhecido como tacurua. 2. Em guarani, significa também *cupim*.

TAFIÁ – Aguardente de cana feita com o xarope e a escuma do açúcar.

TAHINI – Pasta de origem árabe, preparada com sementes de gergelim cruas e moídas.

TAIADA – Corruptela de talhada, refere-se a doce típico do Vale do Paraíba preparado com rapadura, farinha de mandioca e gengibre, colocado em formas. Apresenta-se como um doce de massa que, para ser consumido, é cortado em fatias.

TAINHA – Variedade de peixe do mar, bastante apreciado, quer fresco, quer salgado, principalmente por suas ovas. Um prato típico do litoral da região Sul é a tainha na telha, assada na brasa. Também conhecida como *curimã*.

TAIOBA – Nome de origem tupi para planta nativa do Brasil, cujas folhas são utilizadas refogadas ou em guisados com camarão seco, castanha-de-caju, amendoim e azeite de dendê. Denominada de carne vegetal, é indispensável no caruru à baiana. Segundo a lição de Beaurepaire-Rohan, a raiz tuberosa é também comestível. Também conhecido como *taiá*.

TAIPEIRO – Regionalismo do Nordeste. Nome dado ao prato muito cheio, com várias comidas.

{ TAMARINDO }

TALAMBICA – Regionalismo da Paraíba. Segundo L. F. R. Clerot, há duas formas de talambica: a sopa de jerimum cozido, esmagado no prato e misturado com leite e açúcar na hora de comer; e a sopa com batata-doce, feita da mesma maneira.

TALHADA – Doce feito com ovos, farinha de trigo, açúcar, amêndoas pisadas, água de flor de laranjeira, cozido ao forno e depois cortado em talhadas. Podem retornar ao forno para abiscoitar, segundo Constança Oliva de Lima.

TALHARIM – Massa de origem italiana, feita de farinha de trigo e ovos e cortada em tiras estreitas. É servida com diversos tipos de molhos.

TALHER – Utensílio usado para comer ou servir o alimento, como garfo, faca, colher etc.

TALHO – Corte que se faz em um alimento com um instrumento cortante.

TÂMARA – Fruto da tamareira (*Phoenix dactylifera*), árvore nativa do Oriente Médio e do norte da África. Alimento sagrado para os árabes, é consumido desde a Antiguidade. Os frutos nascem em cachos, são de cor marrom-escura e possuem uma polpa carnosa extremamente doce. Ingrediente tradicional nas mesas natalinas, a tâmara pode ser saboreada ao natural ou seca e faz parte de inúmeros doces, especialmente pudins, tortas, bolos e pães.

Talheres

TAMARINDO – Fruto do tamarineiro (*Tamarindus indica*), originário da Índia. Os árabes denominavam-o de *Tamr al-Hindi*, que significa "tâmara da Índia". Possui formato de vagem, revestida por uma casca não muito grossa, dura e quebradiça. Sua polpa agridoce, de textura fibrosa, deve ser deixada de molho em água e depois cozida, antes de ser usada. Utilizada no preparo de sucos, xaropes e licores.

{ TAMARUTACA }

TAMARUTACA – Designação comum aos crustáceos marinhos, da ordem dos estomatópodes, com cerca de 36 centímetros de comprimento, corpo achatado e alongado, muito semelhante à lagosta. A tamarutaca pode ser feita grelhada, cozida ou ao molho e também é conhecida como *tamaru, tamaru-do-mangue, lagosta-gafanhoto, galera, lacraia, mãe-de-aratu, mãe-de-tamaru, mãe-do-camarão, ralo, tambarutaca, tamburutaca.*

TAMBAQUI – Peixe da família dos caracídeos, muito comum nos rios amazônicos. De carne branca e carnosa, é preparado em caldeiradas, refogado em cheiro-verde, tomate, cebola, azeite, leite e coco ou castanha-do-brasil.

TAMBOEIRA – 1. Planta com crescimento atrofiado, que não se aproveita. Exemplo: milho ou mandioca. 2. Designação na Amazônia de espiga de milho choco ou com poucos grãos. Também conhecida como *taboeira* ou *pororom*.

TAMINA – 1. Etimologicamente, segundo Beaurepaire-Rohan, termo que em língua quimbunda significa tigela. 2. Por extensão, ração diária de farinha de mandioca que se distribuía a cada escravo. A tamina era a medida da ração.

TAMIS – Peneira fina utilizada para passar farináceos e obter farinha finíssima.

TAMISAR – Coar os ingredientes secos e farináceos por tamis.

Tangerina

TAMUATÁ – Peixe típico dos rios da Amazônia, de cor amarelada. Temperado com sal e limão, é cozido no tucupi com algumas folhas de chicória e alfavaca. No tamuatá no tucupi, coloca-se o imprescindível jambu. Para acompanhamento, arroz branco, farinha-d'água, e pimenta-de-cheiro a gosto. Também conhecido como *cascudo*, por causa de sua couraça.

TANGERINA – Fruto da árvore da família das rutáceas, originária da Ásia. Possui casca rugosa ou

{ TARTARUGA }

lisa e polpa alaranjada com aspecto granuloso, sabor adocicado e formato redondo. Conforme a região recebe os nomes de *mexerica*, *laranja-cravo* ou *bergamota*.

TANGUARI – Aorta do boi. Regionalismo gaúcho. J. Romaguera Corrêa informa que essa artéria é iguaria apreciada depois de cozida com os devidos temperos.

TAPIOCA – 1. Fécula extraída da mandioca. Herança indígena tupi, que significa sedimento ou coágulo. Iguaria tipicamente brasileira, também conhecida como *goma*, *polvilho*, *goma seca* ou *polvilho doce*. Beaurepaire-Rohan informa que os indígenas nativos da Amazônia dão-lhe o nome de *tapiocuí*. 2. É também um tipo de beiju, feito com goma de mandioca umedecida e temperada com sal. A goma é espalhada em uma chapa aquecida, ou pequena frigideira redonda, sem gordura. Depois de cozida, a massa pode ser recheada com coco ralado, queijo-coalho ou manteiga. Também conhecida como *beiju de tapioca*. 3. Tapioca-molhada ou ensopada é feita de goma de mandioca umedecida com leite de coco, açúcar e canela.

TAPIOQUEIRA – Mulheres que preparam e vendem a tapioca.

TAPIOQUINHA – Espécie de panqueca feita com polvilho de mandioca. Come-se quente, com manteiga, ou fria, molhada em leite de coco.

TAPIR – Mamífero herbívoro sul-americano de carne comestível, parecida com a do porco. No Brasil colonial, cronistas e viajantes citaram o consumo do tapir na culinária.

TARECO – Pequeno biscoito feito de farinha de trigo, ovos e açúcar. A massa é pingada na forma em formato discoide e assado ao forno. Popular no Nordeste, é conhecido por *biscoito paciência* na Bahia.

TARTARUGA – Povos indígenas que viviam à margem do rio Amazonas e de seus afluentes usavam a carne e a gordura da tartaruga como fonte de proteína. Esse hábito foi registrado no

{ *TARTELETE* }

século XVI por cronistas europeus. Ainda hoje, esses quelônios são consumidos pela população por conta de seu excelente sabor e variedade de uso. Suas numerosas espécies, como a jurará-açu ou cunhá-mucu (fêmea), capitari (macho), aiaça cabeçuda, entre outras, criaram um verdadeiro complexo culinário na Amazônia, que se mede pelas suas iguarias: guisado, sopa, sarapatel, paxicá, picado de peito, bifes, farofa de casco, tartaruga ao molho de tucupi etc. O muçuã (*Kinosternon scorpioides*) é uma espécie pequena, de água doce, muito consumida na região Norte. Em razão da dificuldade para abri-lo, retiravam-se suas tripas por meio de um orifício sulcado no peito. Estas, por sua vez, eram recheadas e assadas sobre o próprio casco. A jabuti-tinga (*Chelonoidis denticulata*) mede entre 70 e 80 centímetros e tem a carne considerada dura. São caçadas somente para o consumo do fígado, que é preparado assado ou guisado. Os ovos também são saboreados crus com farinha-d'água, a que chamam de quititu de mujuncê. Os animais também são consumidos cozidos, fritos ou assados no moquém e empregados na preparação da manteiga de tartaruga.

TARTELETE – Termo de origem francesa, que se refere ao diminutivo de torta. Torta individual doce ou salgada, preparada com uma base de massa, com diversos tipos de recheio.

TARUBÁ – Bebida fermentada preparada com o beiju dissolvido em água.

TARUMÃ – Arbusto arborescente cujos frutos são comestíveis e se assemelham à azeitona. Quando maduros possuem cor preta por fora e polpa branca por dentro de sabor adocicado. Utilizado para preparar doces e licores. Alberto Lofgren observou que, em São Paulo, os pescadores empregam o tarumã como isca de peixe de rio, especialmente para o lambari e a tabarana.

TASCA – Antigas tabernas, onde se serviam bebidas e comidas.

TATU – Pequeno animal da família dos desdentados, cuja carne é bastante apreciada. O mais usado na culinária brasileira é o chamado tatu-galinha pelo sabor semelhante ao dessa ave. Outras espécies de tatu são preparadas em nossa culinária citando, entre outros, o tatu-bola, o tatu-folha, o tatu-veado e o tatu-verdadeiro. Os menos apreciados são o tatupeba e o tatu-canastra, os quais, na tradição popular, são comedores de defuntos.

TEICA – Variedade de beiju.

TEMPERAR – Condimentar os alimentos com sal, cebola, alho, aipo, louro e especiarias para dar sabor. O mesmo que *adubar*.

Tatu

TEMPERO – Termo genérico com que são conhecidos os condimentos culinários, que alteram o gosto do prato original. Há os temperos simples e os preparados. Os mais conhecidos são as ervas como açafrão, rosmaninho, segurelha, tomilho, zimbro, colorau etc. Os temperos preparados são os vinagretes, molhos para salada etc.

TENAZES – Utensílio de metal usado na cozinha, composto de duas lâminas ou hastes. Pinça grande.

TENTAÇÃO – Biscoito de forno, feito com farinha de trigo, manteiga, cerveja e açúcar.

TERRINA – Termo de origem francesa, *terrine* ou *cocotte*. 1. Vasilha de barro, porcelana ou vidro refratário, de formato retangular, oval ou redondo, de tamanhos variados, própria para levar ao forno. 2. Designação da preparação de terrinas de aves, peixes e legumes.

TESTÍCULOS – Cada uma das glândulas do escroto da rês, que é utilizada para o preparo de uma iguaria chamada boi-vivo.

TEXTURA – 1. Estrutura de um alimento ou de um produto. 2. Sensação que o alimento produz ao paladar, segundo sua consistência. 3. Qualidade tátil dos alimentos.

TÍBIO – 1. Temperatura de um líquido, quando está moderada (37 °C), ou seja, nem frio e nem quente. 2. Escasso, débil.

TIBORNA – Regionalismo da Amazônia. Bebida doce produzida com a massa da mandioca e da batata-doce, longamente fervida em água e coada.

TICANGA – Bolo feito de mandioca, a que se junta castanha-do-pará ralada ou coco. Também conhecido como *ticuanga*.

TIGELA – Utensílio de barro, louça ou vidro, de formato arredondado, sem asas, de vários tamanhos, utilizado na cozinha.

TIGELADA – Nome dado ao pudim comum em certas regiões brasileiras. Conforme Constança Oliva de Lima, a tigelada de leite é um doce preparado com leite, ovos, açúcar, pão de ló ralado, ou farinha de trigo, e água de flor de laranjeira, assado em banho-maria.

TIJOLINHO – Doce de forno em forma de pequenos tijolos, feito com calda grossa de açúcar, gema de ovos, fubá mimoso, amendoim torrado e moído e canela.

TIJOLO – Doce preparado com vários frutos e assim conhecido pela sua forma. O tijolo de castanha-de-caju é famoso em toda a região Norte, feito com massa de caju, a sua castanha, xarope de açúcar, canela, cravo e pedaços de casca de laranja. Também é o doce de leite, coco, laranja ou jaca com essa forma.

Tipiti

TIMBALE – Termo de origem árabe, *atabal*, que significa tambor. Nome dado ao recipiente e ao seu conteúdo. Preparado com uma massa assada com uma variedade de recheios salgados e doces.

TIPIRATI – Farinha feita de raspas de mandioca, nas terminologias tanto tupi como guarani.

TIPITI – Espécie de prensa de origem indígena, que serve para espremer a mandioca na fabricação da farinha. Beaurepaire-Rohan ensina que é uma espécie de cesto cilíndrico, feito de taquara ou folhas de palmas, com boca estreita, que se enche de mandioca ralada para extrair líquido da massa da mandioca. Também conhecido como *tapiti*.

TIPUCA – Regionalismo da Amazônia. O último leite da ordenha da vaca, mais grosso e rico em caseína. Também conhecido como *apojo*.

TIQUIRA – Aguardente de mandioca.

TIRA-GOSTO – Termo popular para indicar os salgadinhos e petiscos saboreados como aperitivo.

TIRA-JEJUM – Nome popular do desjejum. Qualquer coisa que se ingere para quebrar o jejum.

TIRAMISÙ – Doce de origem italiana, originário de Vêneto. Preparado com camadas alternadas de biscoito embebido em café forte, creme de mascarpone e ovos, polvilhado com cacau.

TISANA – 1. Caldo restaurador para doentes. 2. Qualquer tipo de bebida obtida por infusão, maceração ou decocção de certas ervas.

TOBALADA – Variedade de linguiça feita com carne de porco. Termo hoje raramente usado, já que o vocábulo linguiça nivelou todas as variedades de embutidos de carne picada ou moída.

TOFU – Tipo de queijo de origem japonesa, feito de uma massa de farinha de soja que se solidifica mediante um gelificante, em forma de pasta branca.

TOMATE – Fruto do tomateiro, da família das salonáceas, utilizado como legume carnoso e suculento, de cor avermelhada quando maduro, de que há várias espécies com formatos entre o arredondado e o ovalado. Originário das regiões andinas da América do Sul, foi encontrado pelos colonizadores espanhóis, porém, no México. Sua cor era amarela e do tamanho do tomate cereja. Foi levado para a Espanha, mas até o século XVII era cultivado unicamente com fins ornamentais, pois era considerado

{ TOMATE CONCASSÉ }

letal à saúde. Designado pelos italianos de *pomo d'oro* ou *pomodoro*, e pelos franceses de *pomme d'amour* [maçã do amor]. Há várias espécies: tomate cereja, italiano, caqui, entre outros. Consumido ao natural, em saladas, ou em molhos.

TOMATE CONCASSÉ – Expressão de origem francesa cujo significado é "reduzido a pequenos fragmentos". Tomates cortados em pequenos cubos, refogados em azeite de oliva ou óleo, com cebola e alho picados, louro, salsinha e cebolinha. Pode ser utilizado como complemento de diversos pratos.

TOMILHO – Condimento vegetal de propriedades aromáticas. É utilizado fresco ou seco, no preparo de marinadas, assados, grelhados, guisados, molhos etc.

TORNEAR – Técnica francesa que consiste em dar aos tubérculos e hortaliças formatos diversos, especialmente batatas e cenouras.

TORO – Regionalismo da Paraíba. Nome com que no litoral se designa o cuscuz do Norte.

TORRÃO DE AÇUCAR – Açúcar compactado em tabletes.

TORRAR – Corar a superfície do alimento, pela aplicação de calor direto, ao forno, na torradeira ou sobre brasas.

TORRESMO – Resíduos consistentes de banha de porco derretida, ou seja, consiste de toucinho cortado em pequenos pedaços que são fritos até ficarem crocantes. É utilizado como condimento de feijão, para fazer o famoso pão de torresmo, ou pode ser consumido como aperitivo e servir como acompanhamento de vários pratos, entre eles a feijoada.

Torta

TORTA – Designação comum à massa assada, com ou sem cobertura, que pode ser salgada ou doce. Distinguem-se muitas variedades de massas e recheios, por exemplo, cremes, frutas, camarão, palmito etc.

{ TRIGO }

TORTEIRA – Recipiente de cerâmica, folha de flandres etc., em que se assam as tortas.

TOSTAR – Ato de assar ou fritar, deixando a superfície do alimento dourada.

TOUCINHO – Gordura de porco com o couro, de amplo uso na culinária, costuma ser comercializado fresco, salgado ou defumado.

TOUCINHO DO CÉU – Torta de origens portuguesa e espanhola, preparada com gemas de ovos, calda de açúcar e farinha de amêndoa.

TOURNEDOS – Prato de origem francesa. Consiste em um pedaço de filé-mignon cortado redondo, menor que o medalhão, envolto em bacon.

TRACAJÁ – Variedade de quelônio de água doce da família dos pleomedusídeos, típico da região Norte. De cor azul-escura e manchas amarelas, sua carne é consumida cozida ou assada no próprio casco. Também conhecido como *bracajá*. Proibido seu consumo pelo Ibama, exceto quando for fornecido por criadouros autorizados oficialmente.

TRAGACANTO – Arbusto espinhoso, nativo da Ásia. Fornece a goma adraganta, mucilaginosa e farinácea, utilizada na doçaria e para espessar sorvetes.

TREMOÇO – Leguminosa, cuja semente de cor amarela é bastante apreciada como guloseima salgada, principalmente para acompanhar a cerveja ou o chope gelados. É consumido em conserva.

TREMPE – I. Armação de ferro, em forma de arco, que se assenta em três pés e sobre o qual se coloca a panela ao fogo. 2. Também é o nome dado à chapa do fogão.

TRIGO – Cereal da família das gramíneas do gênero *Triticum*, nativa dos vales dos rios Tigre e Eufrates. Há referências de que

271

{ **TRINCHAR** }

começou a ser cultivado no período Neolítico, há 4 mil anos a.C. O trigo foi alimento dos faraós e acredita-se que o primeiro pão data da Idade da Pedra, sem fermento, preparado com água e farinha. O trigo é largamente utilizado na culinária e na fabricação de pães, biscoitos, bolos, tortas etc.

TRILHA – Peixe de água salgada com até 40 cm de comprimento, cor avermelhada, carne branca. Pode ser preparado inteiro, assado, frito ou grelhado. Por causa de suas espinhas é mais frequente ser servido em filés.

TRINCHAR – Técnica utilizada desde a Idade Média, trata-se de arte em que um especialista, "o trinchador", ou mesmo o anfitrião, utilizava um "trinchante" (conjunto de garfo e faca maiores que os comuns) para cortar pedaços de aves, caças e outros animais apresentados inteiros, servidos aos convivas nos banquetes da nobreza europeia.

TRINCHO – 1. Prato que serve para trinchamento de aves. 2. Parte da ave que se pode facilmente trinchar.

TRIPA – 1. Intestino de animal que se emprega para preparar embutidos. 2. Guisado feito com o chamado bucho da vaca.

TRITURADOR – Eletrodoméstico com pequenos cortadores cuja função é triturar os alimentos.

TRITURAR – Reduzir o alimento em pequenos fragmentos, sem transformar em pó.

TRIVIAL – Pratos que compõem o cardápio diário das refeições caseiras.

TRUFA – Cogumelo tuberoso, que se desenvolve debaixo da terra, de diferentes qualidades. Em Perigord (França), encontra-se a trufa preta, de tamanho variável, A trufa branca de Piemonte (Itália) é de aroma marcante e combina com massas, risotos e ovo frito. A caça às trufas tanto em Perigord como em Piemonte é feita por cachorros adestrados. A trufa é um dos alimentos considerados mais nobres e caros, por isso é chamada de "diamante da terra".

TRUTA – Peixe da família dos salmonídeos, encontrado em rios de água fria no Hemisfério Norte, no Atlântico Norte e no norte da Europa. A truta foi introduzida no Brasil, sobretudo, nos rios de planalto das regiões Sudeste e Sul. Adultos, esses peixes migram para o mar onde se alimentam e voltam para desovar na água doce. A carne é branca, preparada assada ou frita, geralmente servida com molho de manteiga e alcaparras.

TRUTA SALMONADA – Na Europa e na Ásia, há um outro tipo de truta (*S. trutta*), comum em regiões montanhosas, conhecida como truta salmonada. Introduzida na América e no Brasil, produzida em criadouro, sua carne é da cor do salmão, daí o nome truta salmonada.

TUBÉRCULO – São as raízes mais grossas de certas plantas que também são usadas na alimentação, como a batata, o inhame, a mandioca etc.

TUCUMÃ – Fruto do tucumanzeiro, uma palmeira nativa da Amazônia, extremamente rico em vitamina A. Mede normalmente de 4 a 6 centímetros, tem casca amarelo-esverdeada, bem como polpa amarela e fibrosa; de sua semente se extrai óleo usado na culinária e da palmeira se obtém palmito comestível. Também conhecido como *tucum*.

TUCUNARÉ – Peixe de rio, do Amazonas, da família dos ciclídeos, muito apreciado na culinária da região Norte. Pode ser preparado frito, ensopado, à escabeche etc.

TUCUPI – É o suco extraído da mandioca brava, de origem indígena. Depois de descascada, a mandioca é ralada e espremida no tipiti. O caldo resultante deve descansar para que o amido (goma) se separe do líquido (tucupi). O caldo amarelo, de acidez pronunciada, é cozido por muitas horas para eliminar o ácido cianídrico (tóxico). Antes de ser aproveitado na culinária, é preciso coá-lo e fervê-lo novamente. Depois, é temperado com sal, alho, chicó-

{ TUCUPI DE SOL }

ria, alfavaca e pimenta-de-cheiro. No preparo do pato selvagem, depois de assado no fogão de pedra, os indígenas o cozinhavam no tucupi. Trata-se de um ingrediente essencial na preparação de uma infinidade de pratos do Norte. Há algumas variedades de tucupi, conforme o modo de preparo: a. tucupi pixuna (tucupi escuro), o caldo natural da mandioca é cozido duas vezes ao fogo e engrossado para adquirir uma cor escura; b. tucupica, quando se junta ao tucupi massa de tapioca levando ao fogo para engrossar; c. tucupi quinhãpira, de gente valente, composto de pimenta ardida, sal e folhas tenras de mandioca. Come-se com peixe ou carne, e é utilizado para conservar o pescado ou a caça de um dia para o outro, semelhante à vinha-d'alhos; d. tucupi caissuma, mesmo caldo do quinhãpira, só que engrossado com farinha de mandioca, cará ou outro tubérculo.

TUCUPI DE SOL – É o sumo da mandioca decantado e tempera-do com sal, alho e pimenta, engarrafado e posto ao sol durante alguns dias.

TUCUPIPORA – Iguaria que está ou esteve de molho no tucupi.

TUCURUVA – 1. Na entrada para o sertão, os bandeirantes e tro-peiros adotaram dos indígenas uma espécie de fogão, do tupi, *itaku'ruba*, feito de três cupinzeiros abandonados, montados no chão, dispostos em triângulo, sobre o qual colocavam a panela de ferro para preparar o alimento, atiçando fogo embaixo dos cupinzeiros. Também conhecido como *tacuruba*. 2. Na região amazônica, a tacuruva é uma espécie de fogão constituído de três pedras.

TUMBANÇA – Regionalismo do Ceará que designa bebida à base do mosto do caju, rapadura, farinha de mandioca e castanha-de--caju. Também conhecido como *chibança*.

TURU – Verme que vive dentro das raízes nos mangues, que é consumido pelos ribeirinhos no Norte.

TUTANO – Substância de cor esbranquiçada ou amarelada, que se encontra no interior dos ossos das reses, e que faz parte de algumas receitas culinárias. Também conhecido como *medula*. Tutano com rapadura é preparado com rapadura ralada e tutano de boi, pisados com a mão de pilão. Considerado no Nordeste prato de "sustância".

TUTTI-FRUTI – 1. Frutas misturadas. 2. Sorvete que contém pedacinhos de frutas.

TUTU – Prato típico de Minas Gerais preparado com feijão refogado com gordura de porco, toucinho e, em seguida, engrossado com farinha de mandioca, e servido com pedaços de linguiça. Em algumas regiões do país chama-se *pamonã*, *virado* e *revirado*.

uado – Prato votivo do orixá Oxum, de origem nagô. Segundo Edison Carneiro, feito com milho torrado e moído, temperado com azeite de dendê e mel.

uçá – Nome de diversas espécies comestíveis de caranguejo dos mangues. Também conhecido como *oussá*, segundo Jean de Lery.

ucharia – Despensa. Arcaísmo sobrevivente em algumas regiões brasileiras, principalmente no Mato Grosso.

uchi – Fruto da Amazônia, de cor verde-amarelada, cuja polpa é pequena, possui sabor intenso e delicado, podendo ser utilizada no preparo de sucos, vinhos, óleos e sorvetes.

ui – Designação tupi-guarani para farinha. Na Amazônia, é usada para se referir à farinha de mandioca.

uísque – Bebida alcoólica elaborada pela destilação de cereais como cevada, centeio, trigo, milho e outros. Seu nome deriva do gaélico *uisce beatha*, "água da vida"; em inglês, sua grafia pode variar: *whisky* (Reino Unido) ou *whiskey* (Estados Unidos e Irlanda). A cor amarelada do uísque é obtida pela conservação em tonéis de carvalho. Contém alto teor de álcool, que varia entre 37% e 47%.

umari – Fruto comestível, de gosto considerado enjoativo. Comum no sertão do Nordeste brasileiro, o umari é consumido cozido ou em mingaus.

{ UMBU }

UMBU – Do tupi *y'mbu*, significa "árvore que dá de beber", alusão aos tubérculos grandes desta planta que, nas raízes, armazena água. Fruto do umbuzeiro (*Spondias tuberosa*), típico do Nordeste, de cor esverdeada, forma ovalada, envolto em uma casca e polpa verde-clara, quase aquosa, de sabor agridoce quando maduro, com um caroço apenas. Consumido ao natural, em doce cristalizado, em calda ou em sorvetes. Sua raiz é conhecida por batata-do-umbu, cafofa ou cunca. Desta também pode se extrair uma farinha comestível. Fruto tão considerado que no Nordeste havia a Festa do Umbu, na aldeia de Brejo das Pedras, segundo Gilberto Freyre. Também conhecido como *imbu* e *seriguela*.

UMBUZADA – Doce feito com o sumo do umbu bem maduro, leite, açúcar ou rapadura. É também conhecida como *imbuzada*.

UNGUI – Termo que significa "tutu comido com farinha de mandioca ou milho", segundo A. J. de Sampaio.

UNTAR – Besuntar ou lambuzar aplicando óleo ou matéria gordurosa, como manteiga ou margarina. Serve tanto para o recipiente onde será preparado o alimento, evitando que ele grude durante o cozimento, quanto no próprio preparo, como no da carne, para não ressecar.

URUCUM – Semente do urucuzeiro, de cor alaranjada, o urucum é usado pelos indígenas das Américas para proteger o corpo das picadas de insetos. Costuma também ser empregado como condimento e colorante em certas iguarias, como carne e arroz. Também conhecido como *urucu*.

Urupema

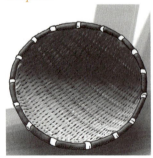

URUMBEBA – Variedade de cacto que se usa para confecção de doces, segundo Constança Oliva de Lima. Também conhecido como *cumbeba*.

URUNDUNGO – Pimenta, no linguajar crioulo de São João da Chapada (MG).

URUPEMA – Nome dado a uma espécie de peneira para beneficiar a massa de farinha de mandioca e outros fins.

UVA – Fruto da videira, a uva é classificada de acordo com o tipo de uso: como fruto de mesa, comestíveis; para a produção de vinhos, sucos, vinagres e licores; para fins industriais; ou para passas. Tem numerosas aplicações na doçaria, no preparo de geleias, compotas, bombons etc.

UVAIA – Planta da família das mirtáceas, seus frutos são pequenos e comestíveis.

Uva

UVA-PASSA – Designação para uvas desidratadas. Na maioria dos casos, as frutas secas são obtidas pela exposição prolongada ao sol, muitas vezes no próprio vinhedo. Esse processo, que remonta à Antiguidade, tem como resultado a conservação da uva, entre outros benefícios. Nem todas as espécies são apropriadas para tal uso; entre as mais indicadas encontram-se as uvas de Corinto, que são pequenas e negras, sem sementes, comumente usadas em confeitaria. Elas têm esse nome em referência à cidade grega onde se efetuava seu comércio intensivo há mais de 2 mil anos.

VACA ATOLADA – Prato típico do Vale do Paraíba, preparado com costela de vaca temperada. Primeiro, a carne é cozida com bastante caldo. Depois, é levada para assar até dourar, em uma assadeira entremeada com banana-nanica madura.

VACA PARIDA – É corruptela da fruta *bacupari* no Vale do Paraíba, segundo Gentil de Camargo.

VAGEM – Originária da América Central, é um legume de feijão-verde utilizado cozido em saladas, sopas, guisados ou em conserva. Também conhecida como *bago*.

VARADO – Esfomeado, faminto. Regionalismo gaúcho.

VATAPÁ – O mais discutido prato brasileiro, grande contribuição da cozinha africana, apresenta-se com numerosas variações no seu preparo. Beaurepaire-Rohan diz que o vatapá consiste em uma papa de farinha de mandioca, adubada com azeite de dendê, gengibre, coentro, sal, leite de coco e pimenta, tudo isso misturado com carne ou peixe. Para Nina Rodrigues, a farinha de arroz também é utilizada juntamente com o camarão pisado e a galinha, além de amendoim. A receita clássica do vatapá, a do vatapá de galinha, nos foi deixada por Manuel Querino: "Morta a galinha, depenada, lavada com limão e água, é partida em pequenos pedaços que são depositados na panela e temperados logo com vinagre, alho, cebola, e sal, tudo moído com machucador de madeira, em

Vagem

{ VEADO }

prato fundo [...]. Moem-se os camarões em porção, cebola, pimenta malagueta em pequeno pilão [...]. Quando a panela estiver a ferver deitam-se o azeite de cheiro e o leite grosso do coco".

VEADO – Caça de que há várias espécies no Brasil. Costuma ser preparado guisado ou assado.

VEGETALINA – Nome de gordura vegetal extraída do coco; comum na Bahia.

VELHO – 1. Sobra de comida, em Goiás, conforme registro de Bariani Ortencio. 2. Nome dado à refeição do peão retardatário, ou seja, aquele que campeia as arribadas durante a viagem da boiada.

VENTRECHA – 1. Posta de peixe, localizada imediatamente após a cabeça. 2. Iguaria preparada com a barrigada do pirarucu fresco. Costuma ser assada na grelha com molho de limão, pimenta e sal, acompanhada de farinha-d'água torrada.

VERDETE – Espécie de camada de cor verde (zinabre) formada nos utensílios de cobre usados na cozinha. Era preciso permanente vigilância contra o verdete em virtude de seu alto teor tóxico.

VERMELHO – Peixe de coloração vermelha, comum no Atlântico tropical, sobretudo no litoral do Ceará e do Rio Grande do Norte. Pode ser preparado no forno, no sal grosso etc.

VEROCA – Doce preparado com gemas de ovos, farinha de trigo, manteiga, coco ralado e açúcar, assado e banhado em calda em ponto de fio.

VIDRADO – Tipo de calda grossa na qual se banham doces, conferindo-lhes aspecto de vidro.

VIEIRA – Molusco marinho bivalve de sabor apreciado, costuma ser consumido salteado, grelhado, ao creme e em sopas. O famoso prato francês *coquille-de-Saint-Jacques* é preparado na própria casca da vieira, que é coberta com creme, salpicada com queijo gruyère, misturada com farinha de rosca e, depois, gratinada.

VIENENSE – Bolinhos preparados com massa de pão de ló, cortados ao meio, recheados com creme de baunilha e salpicados com açúcar.

VIGONGO – Torresmo, em linguajar crioulo de São João da Chapada (MG).

VINAGRE – Vinho de uva ou de frutas fermentadas que serve para tempero, muito usado na culinária. É o produto da fermentação acética dos vinhos e de outros fermentados alcoólicos com a consequente formação de ácido acético.

VINAGREIRA – 1. Arbusto da família das malváceas, originário da África Oriental, disseminado nos países tropicais e subtropicais. Muito difundida no Nordeste, a vinagreira tem folhas dentadas, de sabor ácido, que são utilizadas na culinária para o preparo de vários pratos, como o arroz de cuxá, no Maranhão. O fruto é vermelho escuro ou branco (na variedade alba, azedinha-de-guiné) e com ele se fazem geleias e xaropes. Também conhecida como *caruru-da-guiné*, *azeda*, *quiabo-de-angola* (MG), *quiabo-róseo*, *quiabo-roxo* (SP) e *caruru-azedo* (PA). 2. Recipiente onde se guarda o vinagre.

VINAGRETE – Molho preparado à base de vinagre, azeite e sal, a que se pode acrescentar cebola, tomate, salsa, pimenta e outros condimentos. É muito utilizado para acompanhar saladas, legumes, carnes e peixes.

VINGANGA – Arroz, segundo o dialeto crioulo de São João da Chapada (MG).

VINHA-D'ALHOS – Tempero de origem indiana, trazido pelos portugueses ao Brasil. Utilizada para carnes, aves, caças e peixes, a vinha-d'alhos é constituída de vinagre, alho, sal, pimenta e cheiros. Em lugar de vinagre pode-se usar limão.

VINHO – Produto da fermentação de frutas pisadas, ou especificamente da uva, com grau al-

Vinho

coólico. Além do ortodoxo, feito da uva, encontramos vinhos de açaí, buriti, patauá, tarumã, cajuin, casca de laranja, abacaxi, manga etc.

VIRA-VIRA – Bebida alcoólica preparada com cachaça e leite de coco. Também conhecida como *leite de camelo.*

VIRADO À PAULISTA – 1. Prato típico da cozinha paulista preparado com feijão e farinha de mandioca, acompanhado de costelinha de porco, linguiça, ovo frito e arroz. 2. Nome dado a determinados pratos que obedecem a mesma técnica de preparo, como o tutu mineiro. Entre eles, temos também o virado de frango, de caranguejo, de milho-verde e de vagens. O mesmo que *pamonã*, segundo Beaurepaire-Rohan.

VÍSCERAS – Órgãos internos de animais utilizados na culinária, também conhecidos por *fressuras* ou *bofes.*

VITAMINA – 1. Nome dado às substâncias presentes em alimentos essenciais ao funcionamento do metabolismo. 2. Bebida nutritiva preparada com frutas, aveia ou legumes batidos no liquidificador, com adição de algum líquido: leite, iogurte ou suco.

VITELA – Carne muito tenra do bezerro macho abatido com cerca de quatro meses.

VITINGA – Espécie de farinha, conforme A. J. de Sampaio.

VIÚVA – Nome que se dá à lagosta dos recifes de Pernambuco. Também conhecida como *viúva-de-cabo-verde.*

VIUVADA – 1. A. J. de Sampaio define como meninico, almoço fresco ou de fato. 2. Em algumas regiões do Norte, a viuvada é um guisado de vísceras frescas condimentadas.

VOL-AU-VENT – Iguaria de massa folhada em formato redondo que, depois de assada, é recheada com creme de camarões, galinha, *champignon* etc., e leva uma tampa da mesma massa.

XAROPE – Nome dado à calda rala de açúcar a que se juntam sucos de frutas ou essências. Também conhecido como *capilé*.

XEQUETÊ – Bebida de origem africana feita artesanalmente para as festas pernambucanas em homenagem a Xangô, a partir de especiarias como cravo, canela e erva-doce, misturadas com amendoim, castanha-de-caju, cachaça, açúcar, limão e pitanga. Seu preparo segue a forma tradicional de se fazer o *bate-bate*. Os ingredientes ficam em processo de maturação por três dias para apurar o gosto. O xequetê é considerado uma bebida forte, chamada popularmente de *levanta-saia*.

XERÉM – 1. Milho pilado grosso. 2. Prato tradicional no Nordeste, preparado com grãos de milho quebrados no moinho ou pilão e, depois, cozidos em água e sal. Costuma ser servido com galinha guisada ou leite. Também conhecido como *arroz de pobre*.

XERETA – Milho triturado que se prepara e se come da mesma maneira que o arroz.

XINXIM – 1. Prato típico da culinária baiana. Guisado de galinha preparado com camarões secos batidos no pano, gengibre ralado, azeite de dendê, cebola, pimenta, sementes de abóbora ou de melancia torradas (não obrigatoriamente) e coentro. Serve-se com arroz branco e farinha de mandioca. Também pode ser feito com carne do sertão ou bofe.

{ XIXÁ }

2. Pode-se referir também ao xinxim de folha de mostarda, que se cozinha adicionando o alvo da pipoca e o azeite de dendê.

XIXÁ – Espécie vegetal característica da Mata Atlântica cujo nome, originário do tupi, significa "fruto semelhante ao punho fechado". Seus frutos são avermelhados quando maduros, parecidos com um trevo com quatro ou cinco cápsulas, cada uma contendo de cinco a oito sementes ou amêndoas que podem ser consumidas ao natural ou torradas. Também conhecida como *amêndoa-do-cerrado*, *castanha-de-macaco* ou *mandovi*.

XURU CASTANHA – Árvore da Amazônia, apresenta fruto lenhoso, de formato cilíndrico de até 18 centímetros, dotado de opérculo (tampa) e sementes, que possuem de 5 a 6 centímetros de comprimento, são comestíveis e muito saborosas.

Z

ZABAIONE – Creme de origem italiana, preparado com gema de ovos, açúcar e vinho Marsala, em banho-maria. Sua textura é densa e espumosa.

ZABELÊ – Ave silvestre brasileira, atualmente ameaçada de extinção, da família dos tinamídeos. Habita a caatinga e as matas do Nordeste e de Minas Gerais e pode medir até cerca de 40 centímetros. É uma subespécie do jaó-do-litoral – ave encontrada predominantemente no Sudeste e no Sul –, do qual difere principalmente por ter uma coloração mais pálida. Segundo Câmara Cascudo, sua carne é apreciada por sua delicadeza.

ZÁHTAR – Mistura árabe de sumagre, sementes de gergelim e tomilho seco, usada como tempero em pratos salgados.

ZEQUINHA – Nome dado a um doce do Vale do Paraíba, conforme Gentil de Camargo.

ZESTE – Termo francês que se refere à parte externa da casca das frutas cítricas – como limão e laranja –, que concentra o perfume e o óleo aromático. A película delgada deve ser retirada com um descascador apropriado ou faca, de forma a não remover a parte branca e amarga da casca. É utilizado como aromatizante em salgados e doces.

ZIMBRO – Arbusto cujas bagas carnosas e resinosas, de cor negra, sabor ardente e excitante são usadas como condimento em marinadas, cozidos

Zimbro

{ ZORÔ }

de carne de porco, carnes defumadas, de caça, patês e picles. As bagas do zimbro também são utilizadas na preparação do gim e da genebra.

ZORÔ – Iguaria de origem africana preparada com camarões e mulato-velho (bagre salgado) aferventados, maxixe, jiló ou quiabo cortados em rodelas, refogados em azeite com cebola, salsa e pimenta-do-reino.

ZURRAPA – Designativo de vinho ou qualquer bebida de má qualidade, segundo A. J. de Sampaio.

Referências bibliográficas

AMARAL, A. *O dialeto caipira*. São Paulo: Casa Editora o Livro, 1920.

ARROYO, L. *A carta de Pero Vaz de Caminha*: ensaio de informação à procura de constantes válidas de método. São Paulo: Edições Melhoramentos em convênio com o Instituto Nacional do Livro – MEC, 1971.

_____. *O tempo e o modo*. São Paulo: Comissão Estadual de Literatura, 1963.

BANDEIRA, M. Cronicas da Província do Brasil. Rio de Janeiro: Editora Civilização Brasileira. S.A., 1937.

BASTOS, W. L. Alimentos de receita folclórica I. *Gazeta Comercial*. Belo Horizonte: 9 dez. 1973.

BEAUREPAIRE-ROLHAN, H. *Diccionário de vocábulos brazileiros*. Rio de Janeiro: Imprensa Nacional, 1889.

BEDEL, A. *Tratado Completo da Fabricação de Licores*. Rio de Janeiro: Livraria Garnier, 1903.

BLAKE, S. *Diccionário bibliográphico brasileiro*. Rio de Janeiro: Thypografia Nacional, 1900.

BLUTEAU, R. *Vocabulário Portuguez e latino*: retomado e acrescentado por Antonio de Moraes Silva, natural do Rio de Janeiro. Coimbra: Officina de Simão Thaddeo Ferreira, 1780.

BRANDÃO, D. *A Cozinha Bahiana*, Edição Livraria Universitária, 1948.

BRILLAT-SAVARIN, J. A. *A fisiologia do gosto*. Rio de Janeiro: Salamandra, 1989.

CALLAGE, R. *Vocabulário gaúcho*. 2.ed. Porto Alegre: Edição da Livraria do Globo, 1928.

CAMBA, J. *La casa de Luculo o el arte de comer*. Barcelona: Editorial Vergara, 1962.

CARDIM, F. *Tratados da Terra e Gente do Brasil*. São Paulo: Companhia Editora Nacional, 1939.

{ REFERÊNCIAS BIBLIOGRÁFICAS }

CARNEIRO, E. Vocabulários Negros da Bahia. *Revista do Arquivo Municipal*, v.XCIX, Departamento de Cultura, São Paulo, 1944.

CARVALHO, J. M. *Diccionario Português das Plantas, Arbustos...* Lisboa: Oficina de J. M. de Campos, 1817.

CARVALHO, M. *A Nobre Arte de Comer*. São Paulo: Companhia Editora Nacional, s.d.

CASCUDO, L. C. *Dicionário do Folclore Brasileiro*. 1.ed. Rio de Janeiro: Instituto Nacional do Livro, Ministério da Educação e Cultura, 1954.

———. *História da alimentação no Brasil*. 3v. São Paulo: Companhia Editora Nacional, 1963.

———. *Jangada*. Rio de Janeiro: Ministério da Educação e Cultura. Serviço de Documentação, 1957.

———. *Prelúdio da Cachaça. Etnografia, História e Sociologia da aguardente no Brasil*. Rio de Janeiro: IAA, 1968.

CASTRO, E. *Geografia Linguística e Cultura Brasileira*. Rio de Janeiro: Gráfica Sauer, 1937.

CASTRO, J. *Documentário do Nordeste*. São Paulo: Editora Brasiliense, 1957.

———. *Ensaios de Biologia Social*. São Paulo: Editora Brasiliense, 1957.

———. *Geografia da Fome*. Rio de Janeiro: Edições O Cruzeiro, 1948.

CHAGAS, J. *De Bond* (Aspectos da Civilização Brasileira). Lisboa: Parceria A. M. Pereira, 1897.

CHERMONT, V. M. *Glossário Paraense / Col. de Vocábulos Peculiares a Amazônia e especialmente à Ilha de Marajó*. Universidade Federal do Pará, 1968.

CLEROT, L. F. R. *Vocabulário de Termos Populares e Gíria da Paraíba*. Rio de Janeiro: Gráfica Riachuelo Editora,1959.

CONSTANCIO, F. S. N*ovo Dicionario Portatil das Linguas Portugueza e Franceza*. B. L. Garnier, 1874.

CORRÊA, J. R.; CORUJA, A. A. P.; MORAES, L. C.; CALLAGE, R. *Vocabulário Sul-Rio-Grandense*. Porto Alegre: Echenique & Irmão, 1898.

CORREA, M. P. *Dicionário das Plantas úteis do Brasil e das exóticas cultivadas*. 6v. Rio de Janeiro: Imprensa Nacional, 1978.

CORTEZ, J. *Fysiognomia, e Vários Segredos da Natureza*. Tradução Antonio da Silva de Brito. Lisboa: Oficina de Francisco Borges de Sousa, 1792.

COSTA E SÁ, R. *Influência do elemento afro-negro da obra de Gil Vicente*. São Paulo: Editora Saraiva, 1948.

COSTA, F. A. P. Vocabulário Pernambucano. *Revista do Instituto Arqueológico, Histórico e Geográfico Pernambucano*. Recife, 1937.

{ REFERÊNCIAS BIBLIOGRÁFICAS }

COSTA, F. *Vocabulário Analógico*. São Paulo: Companhia Melhoramentos, 1933.

COSTA, M. T. A. *Noções de Arte Culinária*. 6.ed. São Paulo: Oficinas Gráficas Cardoso Filho & Cia., 1923.

COZINHEIRO Brasileiro. São Paulo: Livraria Magalhães, 1920.

DONA BENTA. *Comer Bem*. 48.ed. São Paulo: Companhia Editora Nacional, 1960.

DONA STELA. *Comer melhor*. Rio de Janeiro: Editora Civilização Brasileira, 1965.

DUARTE, P. *Variações Gastronômicas*. Lisboa: Seara Nova, 1944.

DUMAS, A. *Le grand diccionaire de cuisine*. Paris: Editions Pierre Grobel, 1958. [Ed. bras.: *Grande dicionário de culinária*. Rio de Janeiro: s.l., s.d.]

DURÃO, L. *Tratado de Cozinha e Copa*. Lisboa: João Romano Torres Cia. Editores, 1912.

EDMUNDO, L. *O Rio de Janeiro no Tempo dos Vice-Reis*. 1.ed. Rio de Janeiro: Imprensa Nacional, 1932.

FICALHO, C. Garcia da Orta e o seu tempo: reprodução fac-similada da 1ª. Edição. Introdução de Nuno de Sampayo. Lisboa: Imprensa Nacional, Casa da Moeda, 1983.

_____. *Plantas Úteis da África Portuguesa*. 2.ed. Lisboa: Agência Geral das Colônias, 1947.

FIGUEIREDO, C. Novo Diccionário da Lingua Portuguesa. Lisboa: T. Cardos & Irmão, 1913.

FIGUEIREDO, G. *Comidas, Meu Santo*. Rio de Janeiro: Editora Civilização Brasileira, 1964.

FREIRE, L. (org.). *Seleta da Língua Portuguesa*. Rio de Janeiro: Civilização Brasileira, 1934.

FREYRE, G. *Assucar*. Rio de Janeiro: Livraria José Olympio Editora, 1939.

_____. *Casa Grande & Senzala*. Rio de Janeiro: Livraria José Olympio Editora, 1943.

_____. *Manifesto Regionalista de 1926*. Recife: Editora Região, 1952.

FRIEIRO, E. *Feijão, Angu e Couve*. Ensaio sobre a Comida dos Mineiros. Belo Horizonte: Centro de Estudos Mineiros, Edição da Universidade Federal de Minas Gerais, 1966.

GALENO, J. *Poesia*: Juvenal Galeno. Editora Agir, 1959. (Nossos Clássicos, 34).

GANDAVO, P. M. *Tratado da Terra do Brasil*. Belo Horizonte: Editora Itatiaia; São Paulo: Editora Universidade de São Paulo, 1980.

GARCIA, R. Dicionário de Brasileirismos (Peculiaridades Pernambucanas). *Revista do Instituto Histórico e Geográfico Brasileiro*, v.LXXVI, Parte I, Imprensa Nacional, Rio de Janeiro, 1915.

{ REFERÊNCIAS BIBLIOGRÁFICAS }

GOMES, A. F. *Um Tratado de Cozinha Portuguesa do Século XV.* Rio de Janeiro: Instituto Nacional do Livro, Ministério da Educação e Cultura, 1963. (Série Dicionário da Língua Portuguesa, Textos e Vocabulários).

HISTÓRIA *das Plantas Alimentares e de Gozo do Brasil.* Rio de Janeiro: Eduardo & Henrique Laemmert, 1874.

HOENE, F. C. *O que Vendem os Hervários da Cidade de São Paulo.* São Paulo: Casa Duprat, 1920.

HOLANDA, S. B. *Caminhos e Fronteiras.* Rio de Janeiro: Livraria José Olympio Editora. 1957.

IZZO, E. C. La cuisine exotique. Paris: Robert Laffont, 1965.

JAPUR, J. *Cozinha Tradicional Paulista.* São Paulo: Folc-Promoções, 1963.

LERY, J. Historia de Uma Viagem Feita à Terra do Brasil. Rio de Janeiro Tipografia Laemmert, 1889.

LÉVI-STRAUSS, C. *Antropologia Estrutural I.* Rio de Janeiro: Tempo Brasileiro, 1967.

LIMA, C. O. *Doceira Brasileira.* 8.ed. Rio de Janeiro: Laemmert & Cia., 1893.

LIMA, C. *Tachos e panelas*: historiografia da alimentação brasileira. Recife: Editora da Autora, 1999.

LISARD, A. *Manual Prático da Cozinheira.* 6.ed. Lisboa: Livraria Popular de Francisco Franco, s.d.

LOBO, H. G. *Receitas da Bahia.* São Paulo: Companhia Editora Nacional, 1959.

LOFGREN, A. Ensaio para uma Synonimia dos Nomes Populares das Plantas Indígenas do Estado de São Paulo. *Boletim da Comissão Geográfica e Geológica São Paulo*, n.10, São Paulo, 1895.

MACEDO, J. M. *Memórias da Rua do Ouvidor.* Rio do Janeiro: H. nier, Livreiro-Editor, 1903.

MACHADO, A. M. O Negro e o Garimpo em Minas Gerais. Rio de Janeiro: Livraria José Olympio Editora, 1943.

MAIA, A. S. [Padre]. *Apontamentos sôbre Culinária ou Confecção de Pratos de Comida Caseira.* Luanda, 1961.

MAIOR, M. S. *Comes e bebes do Nordeste.* Recife: Fundação Joaquim Nabuco, Editora Massangana, 2004.

MARROQUIM, M. *A Língua do Nordeste.* São Paulo: Companhia Editora Nacional, 1945.

MATA, A. A. Contribuição ao estudo do vocabulário amazonense. *Revista do Instituto Histórico e Geográfico do Amazonas*, a.6, v.6, n.1-2, 1937-1938.

{ REFERÊNCIAS BIBLIOGRÁFICAS }

MENDONÇA, R. *A influencia africana no portugues do Brasil.* 2.ed. São Paulo: Companhia Editora Nacional, 1935.

MERCADAL, J. G. *La Cocina y la Mesa en la Literatura.* Madrid: Taurus Ediciones, 1962.

MIRANDA, V. C. *Glossário Paraense.* Livraria Maranhense, 1905.

MONTEIRO, M. Y. Alimentos preparados à base de mandioca. *Revista Brasileira de folclore,* a.III, n.5, Edições Governo do Amazonas, jan.--abr. 1963.

MORAES, N. J. *Flores Históricas.* Porto: Livraria Minerva, 1887.

MORAES, R. *O Meu Dicionário de Cousas da Amazonia.* Rio de Janeiro: Alba Oficinas Gráficas, 1931.

MORAIS, L. C. *Vocabulário Sul-Riograndense.* Porto Alegre: Livraria do Globo, 1935.

MOTA, O. *Horas Filológicas.* São Paulo: Companhia Editora Nacional, 1937.

O COZINHEIRO Econômico das Famílias. Rio de Janeiro: Francisco Alves & Cia., 1911.

O COZINHEIRO Imperial. 6.ed. Rio de Janeiro: Eduardo & Henrique Laemmert, 1874.

OLIVEIRA, H. V. *Systema de Materia Medica Vegetal Brasileira.* Rio de Janeiro: Eduardo e Henrique Laemmert, 1854.

OLIVEIRA, N. M. *Folclore brasileiro: Piauí.* Rio de Janeiro: Funarte, 1977.

OLIVEIRA, S. A. *Expressões do Populário Sertanejo* (Vocabulário e Superstições). São Paulo: Editora Civilização Brasileira, 1940.

ORICO, O. *Vocabulário de Crendices Amazônicas.* São Paulo: Companhia Editora Nacional, 1937.

ORTENCIO, W. B. *A Cozinha Goiana.* Rio de Janeiro: Brasilart Editores, 1967.

PARANHOS, M. *Coisas do Mar.* Rio de Janeiro: José Alvaro Editor, 1963.

PECKOLT, T.; PECKOLT, G. *História das Plantas Alimentares e de Gozo do Brasil.* Rio de Janeiro: Eduardo & Henrique Laemmert, 1874.

_____.; _____. *História das Plantas Medicinais e Úteis do Brasil.* Rio de Janeiro: Tipografia Laemmert & Cia., 1888.

PEIXOTO, A. *Missangas.* São Paulo: Companhia Editora Nacional, 1931.

PENNA, M. *Notas sôbre Plantas Brasileiras.* Rio de Janeiro: Publicação de Araujo Penna Filhos, 1921.

PERDIGÃO, D. *O que se deve comer:* adaptação ao sistema de alimentação vegetariana para uso dos brasileiros. São Luís/MA: J. Pires, 1918.

{ REFERÊNCIAS BIBLIOGRÁFICAS }

PEREGRINO JUNIOR. *Alimentação e Cultura*. Rio de Janeiro: Serviço de Alimentação da Previdência Social, [195?].

PEREIRA DA COSTA. Vocabulário Pernambucano. Recife: Imprensa Oficial, 1937. Separata do v.XXXIV da *Revista do Instituto Arqueológico Histórico e Geográfico Pernambucano*.

PEREIRA, H. *Pequena Contribuição para um Dicionário de Plantas Úteis do Estado de São Paulo* (Indígenas e Aclimadas). São Paulo: Tipografia Brasil de Rothschild & Cia., 1929.

PEREIRA, J. A. [Embrapa Meio-Norte]. *O Arroz Vermelho Cultivado no Brasil*. Lisboa: Pereira, 1901.

PESSANHA, S. *Doçaria Popular Portuguesa*. Lisboa: Gabinete de Etnografia da Fundação Nacional para a Alegria do Trabalho, 1957.

PIMENTEL, A. *Espelho de Portugueses*, s.d.

_____. *O que Anda no Ar*. Lisboa: Empresa Literária de Lisboa, 1881.

PIRES, C. *As Estramboticas Aventuras de Joaquim Bentinho* (O Queima Campo). 2.ed. São Paulo: Imprensa Metodista, 1938.

QUARESMA, A. *O Cozinheiro e doceiro popular*. Rio de Janeiro: Quaresma & Cia. Livreiro-Editores, 1922.

QUERINO, M. *A Arte Culinária na Bahia*. Prefácio de Bernardino José de Sousa. Salvador: Livraria Progresso Editora, 1957.

_____. *Costumes Africanos no Brasil*. Prefácio e Notas de Artur Ramos. Rio de Janeiro: Civilização Brasileira S. A. Editora, 1938.

RAIMUNDO, J. *O Elemento Afro-Negro na Língua Portuguesa*. Rio de Janeiro: Renascença Editora, 1933.

REGO, A. J. S. *Diccionario do doceiro brasileiro*. 3.ed. Rio de Janeiro: editado por J. G. de Azevedo, 1892.

REYES, A. *Memorias da Bodega y Cocina*. México: Fondo de Cultura Economica, 1953.

RIBEIRO, E. *O Doce Nunca Amargou*. Coimbra: Imprensa da Universidade de Coimbra, 1928.

RIBEIRO, J. A. M. R. *Culinária Vegetariana, Vegetalina e Menús Frugívoros*, 4.ed. Porto: Machado & Ribeiro, 1923.

RIBEIRO, J. O Elemento Negro. Rio de Janeiro:Reco Editora, s.d. (Biblioteca Histórica).

ROCHA, J. *Doces e Manjares*. Rio de Janeiro: Tipografia do Anuário do Brasil, 1922.

RODRIGUES, N. *Os Africanos no Brasil*. 3.ed. Revisão, notas e prefácio de Romero Pires. São Paulo: Companhia Editora Nacional, 1945.

ROQUETE PINTO, E. *Rondonia*. São Paulo: Companhia Editora Nacional, 1938.

_____. Prefácio. In: *Estudos Afro-Brasileiros*. Rio de Janeiro: Ariel Editora, 1935.

{ REFERÊNCIAS BIBLIOGRÁFICAS }

RUBIM, B. C. *Vocabulário Brasileiro*. Rio de Janeiro: Empresa Tipográfica Dous de Dezembro de Paula Brito, 1853.

SÁ, R. C. *Influência do Elemento Afro-Negro na Obra de Gil Vicente*. São Paulo: Saraiva S.A. Livreiros Editores, 1948.

SALLES, A. P. *Doceiro Nacional*. 4.ed. Rio de Janeiro: H. Garnier, Livreiro-Editor, 1895.

_____. *O Cozinheiro Nacional*. 3.ed. Rio de Janeiro: B. L. Garnier, Livreiro-Editor, s.d. [Segundo Sacramento Blake, que identificou o autor da obra, a 1.ed. é de 1899.]

SALVADOR, V. [Frei]. Historia do Brasil: 1500-1627. 7.ed. Belo Horizonte: Editora Itatiaia; São Paulo: Ed. Da Universidade de São Paulo, 1982.

SAMPAIO, A. F. *Volúpia a Nova Arte: a Gastronomia*. Porto: Domingos Barreira Editor, 1940.

SAMPAIO, A. J. *A Alimentação Sertaneja e do Interior da Amazônia* (Onomástica da Alimentação Rural). São Paulo: Companhia Editora Nacional, 1944.

SANTO-THYRSO. *De Rebus Pluribus*. 2.ed. Paris, Lisboa: Livrarias Aillaud e Bertrand, 1923.

SARAMAGO, A.; MADEIRA, J.; VALE, C. R.; FIALHO, M. *Gastronomia e vinhos do Alentejo*. Lisboa: Assírio & Alvim, 2000.

SENNA, E. *O Velho Comércio do Rio de Janeiro*. Rio de Janeiro: Livraria Garnier Irmãos, s.d.

SERRAINE, F. *Dicionário de Termos Populares registrados no Ceará*. Rio de Janeiro: Organização Simões Editora, 1959.

SETTE, M. *Arruar*. 2.ed. Rio de Janeiro: Livraria Editora da Casa do Estudante, 1947.

SILVA, C. B. *Manual de Confeitaria*. Paris: Livraria J. P.Aillaud, Guillard & Cia., 1866.

SILVA, S. *Flores do Alimento*. São Paulo: Empresa das Artes, 1997.

SILVEIRA, A. *Consultor agrícola*. 2.ed. aumentada. Belo Horizonte: Imprensa Official do Estado de Minas Geraes, 1918.

SILVEIRA, P. *A Cozinha Baiana*: seu Folclore e suas Receitas. Salvador: Fundação Gonçalo Muniz, 1955.

SOUSA, G. S. *Tratado Descritivo do Brasil em 1587*. Rio de Janeiro: Typographia Universal de Laemmert, 1851.

SOUSA, J. [Frei]. Vestígios da Língua Arábica em Portugal. Lisboa: Academia Real das Ciencias de Lisboa, 1830.

SOUSA, J. R. Comida de Santo e Oferendas. Rio de Janeiro: Edição do Autor, 1962.

{ REFERÊNCIAS BIBLIOGRÁFICAS }

SPIX, J. B.; VON MARTIUS, C. F. P. *Viagem pelo Brasil*: 1817-1820. Belo Horizonte: Ed. Itatiaia; São Paulo: Editora da Universidade de São Paulo, 1981.

TESCHAUER, C. *Avifauna e flora*. Porto Alegre: Livraria do Globo, 1923.

_____. *Novo Vocabulário Nacional*: III Série. Porto Alegre: Livraria do Globo, 1929.

_____. *Poranduba Riograndense*. Porto Alegre: Livraria do Globo, 1929.

THEVET, A. [Frei]. *Singularidades da França Antártica a que Outros Chamam América*. Prefácio, tradução e notas do prof. Estevão Pinto. São Paulo: Companhia Editora Nacional, 1944.

VALLANDRO, A. *Doces de Pelotas*. Prefácio da Athos Damaceno. Porto Alegre: Editora Globo, 1959.

VAN TOL, P. L. *Criação Racional de Abelhas*. 7.ed. São Paulo: Edições Melhoramentos, 1964.

VERISSIMO, J. *A pesca na Amazônia*. Rio de Janeiro: Livraria Clássica de Alves & Cia., 1895.

_____. *Scenas da Vida Amazônica*. Primeiro Livro. Lisboa: Livraria Editora de Tavares Cardoso & Irmão, 1886.

VIANA, H. *A cozinha baiana*: seu folclore e suas receitas. Salvador: Fundação Gonçalo Muniz, 1955.

VIANNA, S. *Caderno de Xangô*. Salvador: Livraria Editora Bahiana, 1939.

VIARD E FOURET, M. M. *Le Cuisinier royal, ou l'art de fait la cuisine, la pâtisserie et tout ce qui concerne a l'office, pour toutes les fortunes*. Paris: J.-N. Barba, 1822.

WIED NEUWIED, M. [príncipe]. *Viagem ao Brasil*. 2.ed. São Paulo: Companhia Editora Nacional, 1958.

Índice remissivo[*]

A

aaru, 1
abacate, 1
abacaxi, 1
abacé, 2
abafador, 2
abafar, 2
abajeru, 148
abalá, 2
abará, 2
abarem, 3
abatiapé, 27
abatiguaniba, 2
abatimirim, 27
abati-uaupé, 27
abatizes, 191
abatumado, 3
abazo, 20
abeberar, 3
abelha-da-terra, 160
aberém, 3
abio, 3
abiurana, 3
abóbora, 3
abóbora-d'água, 230
aboborar, 3

abobrada, 3
abobrinha, 4
à bolonhesa, 4
abrazô, 20
abricó, 4, 107
abricó-do-pará, 4
abrideira, 4
abrojo, 4
abrolho, 4
abrótea, 4, 34
abunã, 4
abuso, 5
acaçá, 5
açafrão, 5
açafrão-da-índia, 104
açafrão-da-terra, 104
açafrão-do-campo, 5
açafrão-do-mato, 5
açaí do sul, 154
açaí, 5
açaí-do-pará, 6
acajá, 66
acalenta-menino, 6
acamonia, 15
acarajé, 6
acari, 6
acayá, 66

---

[*] Em negrito, estão as entradas principais do dicionário e, em corpo normal, ficam os termos relacionados nos verbetes.

{ ÍNDICE REMISSIVO }

acelga, 6
acém, 7, 11
acepipes, 7
acerola, 7
achar, 7
acidez, 7
ácido tartárico, 101
acidulado, 7
açorda, 7
açougue, 7
açúcar de baunilha, 8
açúcar, 8
adelgar, 8
adem, 9
adiafa, 9
ado, 9
adobe, 9
adobo, 9
adoçante, 9
adoçar, 9
à dorê, 9
adubar, 267
adubo, 9
adum, 9
aferventar, 9
afiambrado, 9
afogado, 9, 244
afrontado, 10
afurá, 10
agachada, 199
agbé, 10
agbô, 10
agigi, 10
agraço, 10
agrião, 10
agrião-do-brasil, 159
agrião-do-pará, 159, 185
agridoce, 10
água de flor, 11

água de pão, 211
água mulsum, 151
água, 10
aguada, 11
agua-fresca, 11
aguardente, 11, 55, 63
aguassu, 33
aguinonia, 11
agulha, 7, 11
aguxó, 11
aiareba, 11
aibi, 11
aiereba, 11
aïoli, 12
aipim, 174, 177
aipo, 12
airoba, 12
ajantarado, 12
ajapá, 12
ajará, 12
ajarobá, 11
ajuru, 148
à la carte, 12
alacir, 12
alambique, 12
alatria, 15
albacora, 13
albardar, 13
albarrada, 13
albume, 13
alcachofra, 13
alcachofra-de-jerusalém,
13
alcaçuz, 13
alcadafe, 14
alcadefe, 14
alcamonia, 15
alcaparra, 14
alcaravia, 14

{ ÍNDICE REMISSIVO }

alcatra, 14
alcatre, 14
alcatruz, 14
alcomonia, 14
alcorce, 15
al dente, 15
alecrim, 15
alecrim-de-são-José, 45
alecrim-joão-gomes, 45
aleróis, 15
aletria, 15
alface, 15
alfarroba, 16
alfavaca, 16, 179
alfavaca-cheirosa, 179
alfelia, 16
alféloa, 16
alfenim, 16
alfitete, 16
algodão, 17
algodão-doce, 17
alguidar, 17
alheira, 17
alho, 17
alho-poró, 17
alixia, 169
almeirão, 17
almíscar, 18
almocinho, 18
almoço, 18
almoco-fresco, 18
almofariz, 18
almofia, 18
almojávena, 18
almôndega, 18, 118
almotolia, 19
aloió, 7
alourar, 19
alperce, 107

alterado, 19
aluá, 10, 19, 29, 76, 192
alvacora, 13
amaciar, 19
amalá, 19
amanhar, 231
amargo, 89
amassar, 20
âmbar, 20
ambrosia, 20
ambrozô, 20
amêijoa, 20
ameixa, 20
ameixa-amarela, 200
amêndoa, 20
amendoada, 20
amêndoa-de-espinho, 220
amêndoa-do-cerrado, 286
amendoim, 21
amendoim-de-árvore, 82
amido, 21
amiga, 21
à milanesa, 21
à moda, 21
amoníaco, 21
amora, 21
amori, 22, 167
amorosos, 22
anajá, 155
ananás, 22
anchova, 22
ancorote, 99
anderesa, 22
andu, 22
aneto, 22
angola, 41
angu de negra mina, 23
angu, 23
anguite, 23

299

{ ÍNDICE REMISSIVO }

anguzada, 23
anguzó, 23
anguzô, 23
anho, 23
aninha, 63
anis, 118
anis-estrelado, 23
anta, 24
antepasto, 24
ao ponto, 24
apeguava, 44
à parmegiana, 24
aperitivo, 24
apimentar, 24
apito, 21
apojo, 24, 269
aponom, 24
aposta, 25
apressadas, 25
apurar, 25
aquecer, 25
aquilo que sobra, 101
arabu, 4
araçá, 25
araçá-goiaba, 144
araçaguaçu, 144
araçaíba, 144
araçá-mirim, 144
aracu, 166
arado, 25
araruta, 25
araticum, 25
araticum-manso, 146
aratu, 26
aratuzada, 26
araú, 74
arcanjo, 26
ardoso, 26
argolinha, 26

ariá, 26
aribé, 26
ariu, 26
aroeira, 26
aroma, 26
aromático, 26
aromatizar, 27
arraia, 27
arreigada, 27
arripunar, 27
arrocho, 27
arroz, 27
arroz de carreteiro, 27
arroz de cuxá, 28
arroz de hauçá, 28
arroz de (com) pequi, 28
arroz de leite, 28
arroz de pobre, 285
arroz de viúva, 28
arroz-doce, 28
arroz mexido, 28
arroz vermelho, 29
arrumadinho, 29
artelete, 29
aruá, 19, 29
aruanã, 29
arubé, 29
arudé, 26
arumé, 29
aspargo, 30
assado, 30
assado de couro, 30
assado no barro, 30
assar, 30
assopros, 30
assoprozinhos, 30
ata, 137
atapu, 59
atar, 31

{ ÍNDICE REMISSIVO }

atilho, 31
atorado, 25
atum branco, 13
atum brasileiro, 13
aturá, 31
auassu, 33
aveação, 31
aveia, 31
aviú, 31
avocado, 31
azeda, 283
azedinha, 31
azedinho, 49
azedo, 32
azeite, 32
azeite de cheiro, 32
azeite de dendê, 32
azeite doce, 32
azeitona, 32
azul marinho, 32

B

babá, 33
babaçu, 33
baba de moça, 33
babão, 33
babosa, 33
babugem, 34
baby-beef, 34
bacaba, 34
bacabada, 34
bacalhau, 34
bacalhau brasileiro, 4, 34,
    226
bacalhoada, 34
bacapari, 34
bacari, 201

bacon, 34
bacorim, 35
bacorinho, 35
bacu, 35
bacupari, 35
bacuri, 35
badejo, 35
badofe, 35
badorar, 36
badulaque, 36
bafo, 36
bagaço, 36
bago, 281
bagre, 36
baguaçu, 33
bagulho, 36
baiacu, 36
baiana, 47, 122
baião de dois, 37
bala, 37
balaio, 37
baleia, 37
bambá, 37
banana, 38
banana-caturra, 38
banana-comprida, 39
banana-curta, 39
banana-d'agua, 38
bananada, 38
banana-da-terra, 39
banana-de-são-tomé, 38
banana-do-brejo, 39
banana-do-paraíso, 39
banana-pacova, 39
banana-roxa, 39
bananinha, 39
bandeja, 39
bandolim, 13
bandulho, 40

301

{ ÍNDICE REMISSIVO }

banha, 40
banho-maria, 40
baquidi, 40
barbacoa, 40
barbacuá, 40
barbaquá, 40
barbecue, 40
bardar, 40
barquetes, 40
barrar, 40
barreado, 40
barrigada, 41
baru, 41
basilicão, 179
basílico, 179
batata, 41
batata-baroa, 177
batata-ceará, 185
batata-de-arroba, 185
batata-de-puri, 185
batata-doce, 41
batata-do-reino, 42
batata-do-umbu, 278
batata frita, 42
batata-inglesa, 41
batata-portuguesa, 42
batata-roxa, 42
bate-bate, 42, 285
batedeira, 42
bater, 42
bater a carne, 42
bateria, 42
batetê, 42
batida, 42
batiputá, 43
batuíra, 199
baunilha, 43
baunilha-do-cerrado, 43
baunilha-do-pará, 43

bauru, 43
bebinca, 43
bechamel, 43
beguaba, 43
beguava, 44
beguira, 44
beguiri, 44
beijaçu, 77
beijinho, 44
beijo de estudante, 52
beijo de moça, 44
beiju, 44
beiju assu, 45
beiju de tapioca, 265
beiju malcasado, 45
beilhó, 131
beinham, 45
beira seca, 45
bejerecum, 218
beju, 45
bejula, 45
beldroega, 45
beléu, 46
belezinha, 46
belhó, 131
bembé, 19, 45
bem-casado, 46
bende, 238
bendó, 238
berbigão, 46
bergamota, 265
berinjela, 46
berinjela-branca, 162
bertalha, 46
bertália, 291
besuntar, 47
beterraba, 47
betre, 200
beurre-noir, 47

{ ÍNDICE REMISSIVO }

bexamela, 43
biaribá, 47
biaribi, 47
bibi, 47
bicarbonato de amônia, 47
bicarbonato de sódio, 47
bicha, 63
biché, 47
bicho–de–coco, 48
bicho–de–taquara, 48
bicudo, 199
bicuiba redonda, 201
bife à parmegiana, 48
bife de tartaruga, 48
bijajira, 48
biju, 45
bijungarias, 48
bilha, 48
bilimbi, 48
biotônico, 49
biqueiro, 49
biribá, 49
biri–biri, 49
biroró, 49
biscoito, 49
biscoito de goma, 49
biscoito paciência, 265
bisque, 49
bisteca, 49
blini, 50
bloco de foie gras, 132
bobó, 50
bobó de vinagreira, 50
bocaiuva, 50
bocurva, 201
bode, 50
bodó, 51
bofes, 284
bogô, 51

boia, 51, 180
boi ralado, 51
boi–vivo, 51
bolacha, 49
bola de carabará, 51
boleador, 51
bolinho, 51
bolinho de chuva, 52
bolinho de estudante, 52
bolinho de goma, 52
bolinho de pobre, 52
bolo, 52
bolo cru, 105
bolo de arroz, 52
bolo de batata-doce, 52
bolo de macaxeira, 52
bolo de milho-verde, 52
bolo de rolo, 52
bolo pé de moleque, 53
bolo podre, 53
bomba, 53, 80
bombinha, 53
bombó, 53
bom-bocado, 53
bombom, 53
bona-chira, 53
boneca, 54
bonito, 54
bonn, 54
borboleta, 44
borra, 54
borragem, 54
botarga, 54
bouillabaisse, 54
bouillon, 54
bouquet garni, 54
bracainha, 54
bracajá, 271
brachola, 55

303

{ ÍNDICE REMISSIVO }

branco, 55
branco e preto, 55
brando, 55
branquear, 55
branquinha, 55
braseiro, 55
brasileiras, 55
bredo, 55
brejaúva, 56
bresaola, 56
brevidade, 56
breza, 56
brigadeiro, 56
brioche, 56
bró, 56
broa, 57
broca, 57
brochete, 57
brocoió, 57
brocojó, 57
brócolis, 57
brócolos, 57
brodo, 57
broinha, 57
brote, 58
broto de bambu, 58
brunoise, 58
bruschetta, 58
bucha, 58
buchada, 58
bucho, 59
búfalo, 59
buré, 59, 213
buritirana, 59
buritizada, 59
butiá, 59
búzio, 59

C

caá, 61
cabá, 61
cabaça, 61
cabaú, 8, 61, 187
cabeça de porongo, 103
cabelo de anjo, 15
cabelo louro, 61
cabelouro, 61
cabeluda, 61
cabeludeira, 61
cabeludinha, 61
cabidela, 61
cabiú, 62
caboré, 62
cabreia, 63
cabreúva, 62
cabrito, 62
cabriúva, 62
caburé, 62
caça, 62
caçaba, 62
caçabe, 62
caçamba-do-mato, 83
cação, 34, 62
caçarola, 62
caçarola italiana, 62
cacau, 62
cacau-do-maranhão, 82
cacau-selvagem, 82
cacetinho, 131
cachaça, 11, 63
cachaça de cabeça, 224
cachacinha, 63
cachichi, 63
cachimbo, 63
cachingó, 63
cachiri, 64

{ ÍNDICE REMISSIVO }

cachorro-quente, 64
cachumbi, 64
caetê, 64
caetetu, 64, 86
café, 64
café da manhã, 64
café-do-pará, 197
café tropeiro, 65
cafeteira, 65
cafofa, 65
cágado, 12
cagaita, 65
caiabana, 65
caiaué, 65
caiauê, 65
caiçama
caicué, 65
caiçuma, 66
caimito, 65
caipirinha, 65
cairi, 66
caissuma, 66
caititu, 66
cajá, 66
cajá-mirim, 66
cajá-pequeno, 66
cajarana, 66
caju, 66
cajuacu-vermelho, 67
cajuada, 67
cajuí, 67
cajuína, 67
cajurana, 67
cajuzinho, 68
cal, 68
calcatripa, 4
calcitrapa, 4
calda, 68
caldear, 68

caldeirada, 68
caldo, 68
caldo de cana, 68, 141
caldo verde, 68
calimbá, 68
calta, 69
calumbá
camapum, 69
camarão, 69
camaroada, 69
camarupin, 71
cambica, 69, 198
cambira, 69
cambito, 70
camboa, 70
camboim, 70
cambona, 70
cambraia, 63
cambucá, 70
cambuci, 70
cambuí, 70
cambuí amarelo, 70
cambuquira, 71
camorupim, 71
camulaia, 63
camurupim, 71
cana-de-açúcar, 71
canafístula, 182
canafístula-de-igapó, 182
canapé, 71
canastra, 71
canchear, 71
cândida, 63
candimba, 72
canela, 72
canelone, 72
cango, 72
canguara, 63
caninha, 63

305

{ ÍNDICE REMISSIVO }

canja, 72
canjebrina, 72
canjica, 72
canjiquinha, 73
canjirão, 73
canudinho, 73
capanga, 73
capão, 73
capeba, 73
capeba-cheirosa, 200, 223
capela, 73
capeleti, 73
capetão, 74
capiau, 74
capilé, 74, 285
capincho, 74
capirotada, 74
capitão, 74
capitari, 74
capivara, 74
capoeira, 134
caponata, 75
capote, 140
cappuccino, 75
caqui, 75
cará, 75
caracu, 75
caraguatá, 75
carajé, 75
carambola, 75
caramboleira-amarela, 49
caramburu, 19, 76
caramelizar, 76
caramelo, 76
caramujo, 76
carandá-guaçu, 59
carandaí-guaçu, 59
caranguejada, 26, 76
caranguejar, 76

caranguejo, 76
caranguejo-mulato-da-terra,
148
carantuã, 76
carapau, 88
caratuá, 76
caravonada, 76
carboidratos, 76
carcará de macaxeira, 77
cardamomo, 77
cardápio, 77
cardo, 77
cardo-estrelado, 4
cari, 6
caribé, 77
caribó, 77
caridade, 77
caril, 77
carimã, 78
carioquinha, 78, 131
carne, 78
carne de fumeiro, 78
carne de fumo, 78
carne de lata, 78
carne de matruco, 78
carne de sol, 79
carne de vento, 79, 157
carne do ceará, 79, 157
carne do Seridó, 79, 157
carne do sertão, 79, 157
carne do sul, 79
carne esfoladiça, 79
carne estufada, 79
carne fria, 79
carne moqueada, 79
carne na banha, 78
carne-seca, 79, 157
carne vegetal, 80, 83, 262
carne verde, 80

306

{ ÍNDICE REMISSIVO }

carolina, 53, **80**
carolo, 80
carpaccio, 80
carqueja, 80
carré, 80
carretilha, 80
cartoccio, 80
cartola, 81
caruaru, 158
caruru, 81
caruru-azedo, 283
caruru-da-guiné, 283
caruru de folhas, 10
caruru-de-porco, 81
caruru-do-pará, 81
caruru dos meninos, 81
caruru-miúdo, 55
casadinho, 81
cascudo, 264
caseína, 81
casquinha, 82
cassata, 82
casserole, 62
cassoulet, 82
cassuanga, 82
castanha, 82
castanha-da-praia, 82
castanha-da-sapucaia, 83
castanha-de-macaco, 83
castanha-do-brasil, 83
castanha-do-maranhão, 82
castanha-do-pará, 82
castanha sapucaia, 255
castelo, 83
catete, 66
cateto, 66
catimpuera, 45, 83
catoté, 33, 93
catulé, 33, 93

cauába, 83
cauim, 83
caúna, 83
caúna-amargosa, 83
cavacas, 83
cavala, 84
cavaquinha, 84
caviar, 84
caxiri, 84
caxiri de beiju, 211
caxixe, 90
cebola, 84
cebolinha, 84
ceia, 84
cenoura, 85
cenrada, 85
centáurea-calcitrapa, 4
centeio, 85
cercefi, 253
cereal, 85
cerefólio, 85
cereja doce, 143
cereja, 85
cernambi, 44
cerveja, 85
cevada, 86
cevadeira, 86
cevador, 86
cevadura, 86
chá, 86
chá-da-índia, 86
chá de burro, 190
chá paulista, 16
chaira, 86
chalota, 86
chambaril, 87, 181
chambiritó, 87
champanha de cordão, 142
champanhe, 87

307

{ ÍNDICE REMISSIVO }

champignon, 94
chamuscar, 87
chantili, 87
chapelar, 87
charapa, 87
charcutaria, 136
charlote, 87
charque, 79, 88, 153, 157
charque de pirarucu, 34
charqueada, 252
chateaubriand, 88
chave, 88
chebé, 88
chegadim, 88
cheiro-verde, 88
chequeté, 88
cheribão, 162
chibança, 88, 274
chibato, 88
chibé, 158
chicharro, 88
chicória, 88
chicória crespa, 89
chila, 89
chimarrão, 89
chincho, 89
chinois, 89
chipitrago, 89
chispé, 89
chocho, 32
chocolate, 89
chope, 89
chouriço, 90
choux, 80
chuan, 90
chuchu, 90, 186
chucrute, 90
chupa, 90
chupa-chupa, 90

churrasco, 90
churrasco no couro, 91
churrasquear, 91
chutney, 91
cidra, 91
cidrão, 91
cinamomo, 91
ciriguela, 257
citromel, 91
claras em neve, 92
clarete, 92
clarificar, 92
coador, 92
coajerucu, 218
coalhada, 92
coalheira, 92
coalho, 92
coar, 92
cobu, 92
cocada, 92
cocção, 93
cocção ao vapor, 93
cocho, 93
coco, 93
coco-babão, 93
coco-de-cachorro, 162
coco-de-macaco, 33
coco-de-palmeira, 33
coco-pindoba, 33
côdea, 93
codorna, 93
codorniz, 94
coelho, 94
coentrada, 94
coentro, 94
cogumelo, 94
cogumelo porcini, 94
cogumelo shimeji, 94
cogumelo shitake, 94

{ ÍNDICE REMISSIVO }

coirama, 94
colchão de noiva, 94
colher, 95
colher bailarina, 95
colorau, 95
comari, 95
combinar, 95
come e cala, 95
comer, 176
comer de arremesso, 95
comer de gaveta, 95
comida de santo, 96
comida malfeita, 185
comida, 180
comidas bárbaras, 96
cominho, 96
compota, 96
concha, 96
conchambrança, 97
condimento, 97
confeito, 97
congelar, 97
congonha, 97, 119
congonha-do-mato, 83
congonha-do-rio, 83
conhaque, 97
conquem, 97
conserva, 97
consomê, 98
constipar, 98
contrafilé, 98
copa, 98
copo, 98
copra, 98
coquetel, 98
coquinho, 56, 149
corá, 104
coração-magoado, 41
corante, 98

corar, 98
cordeiro, 98
cordeiro-mamão, 23
corote, 99
corredor, 99
corroló, 99
cortalha, 122
corta-massa, 99
corte, 99
costilhar, 99
cotó, 99
cotreia, 99
court-bouillon, 99
couve, 99
couve-de-bruxelas, 100
couve-flor, 100
couvert, 100
covilhete, 100
coxinha, 100
coxito, 100
cozedura, 93
cozer, 93
cozido, 100
cozimento, 93
cozinhador, 100
craguatá, 75
cravejar, 101
cravo-da-índia, 101
creme, 101
creme ácido, 101
cremor de tártaro, 101
crepe, 212
créscimos, 101
cristalizar, 101
crocante, 101
croissant, 102
croquete, 51, 102
croûton, 102
cruá, 102

309

{ ÍNDICE REMISSIVO }

crueira, 102
cúbio, 102
cubu, 216
cuca, 102
cuchara, 102
cucumbe, 102
cuês, 102
cui, 103
cuia, 103
cuiabano, 103
cuipé, 103
cuipeva, 103
culatra, 103
cumbari, 95
cumbe, 63
cumbeba, 278
cumbuca, 83, 103
cumbuca-de-macaco, 83
cunca, 103, 278
cunhamuçu, 103
cupim, 262
cupuaçu, 103
curadá, 104
curau, 104, 213
curcuma, 104
curiacuca, 104
curimã, 262
curimatá, 105
currumbá, 254
curry, 78
curtir, 105
curuba, 105
cuscuz, 105
cuscuzeiro, 105
cutela, 106
cutia, 106
cutitirubá, 106
cutu, 106
cuxá, 28

D

damasco, 107
danada, 63
datil, 149
debulhar, 107
decantar, 107
decoada, 85
decocção, 107
decomê, 107
decomer, 107
dedo-de-moça, 107
defumar, 108
degustação, 108
delícia, 108
dendê, 65, 108
dendém, 108
dengué, 108
denguê, 108
derreter, 108
descachaçar, 108
descansar, 108
descaroçar, 108
descongelar, 109
desenformar, 109
desengordurar, 109
desfeita, 109
desfeito, 109
desfiar, 109
desjejum, 109
desmamada, 109
desmancha, 109
desmanivar, 109
desossar, 109
dessalgar, 110
destilação, 110
devorar, 110
diacidrão, 110
diafa, 9

{ ÍNDICE REMISSIVO }

dietético, 110
digestivo, 110
dill, 23
diluir, 110
diluto, 110
diplomata, 110
dissolver, 110
dobrada, 59
dobradinha, 111, 59
doburú, 111
doçaria, 111
doce de leite, 111
doce de pimenta, 136
douradinha, 111
dourado, 111
dourar, 111
dovró, 111
drinque, 112
drupa, 112

E

ebe-xiri, 113
ebó, 113
ebulição, 113
echalota, 86
éclair, 80
ecô, 113
ecuró, 113
ecuru, 113
edé, 113
efó, 113
efun-oguedê, 114
eguedé, 114
egusi, 114
eifum, 114
ejá, 114
embamata, 114

embeber, 114
emburi, 59
embutido, 114
empachar, 114
empada, 115
empadão goiano, 115
empalhar, 115
empanada, 115
empanar, 115
empanturrar, 114
empelo, 115
empolar, 115
empratar, 115
empunadilha, 115
emulsionar, 115
encalir, 115
encantiar, 116
encorpar, 116
endívia, 116
endro, 23
enfarinhar, 116
enfeitar, 116
engano, 116
engrolar, 116
engrossar, 116
enrestado, 116
enrizar, 117
ensopado, 117
entalar, 117
entezar, 117
entrada, 117
entrecosto, 117
entremear, 117
entremeio, 117
entrepernas, 117
entriva, 117
envidraçar, 117
eô-fundum, 117
eô-fupá, 118

311

{ ÍNDICE REMISSIVO }

equenefa, 118
erã-eicoici, 118
erã-paterê, 118
erã-polu, 118
erva, 118
erva-cidreira, 118
ervas de provence, 119
erva-de-santa-maria, 185
erva-doce, 118
erva-mate, 118
ervas finas, 119
ervilha, 119
ervilha de sete anos, 22
escabeche, 119
escalado, 119
escaldado, 119, 228
escaldar, 120
escalfar, 120
escalope, 120
escamar, 120
escarola, 116, 120
escarolado, 120
escarolador, 120
escarolar, 107
escarramão, 120
escoar, 120
escolfo, 120
escoteiro, 120
escumadeira, 120
esfiha, 121
esgalamido, 121
espaguete, 121
esparregado, 121
especiaria, 121
especione, 121
espera-marido, 121
espessantes, 122
espeto, 57, 122
espicha, 122

espicho, 122
espinafre, 122
espinhaço, 122
esponja, 122
espumadeira, 121
espumone, 122
esquecido, 122
esquentar, 123
essência, 123
essência de amêndoa, 123
essência de baunilha, 123
essência de menta, 123
estamenha, 123
estragão, 123
estrogonofe, 123
estufado, 123

F

faca, 125
faceira, 125
falsa-imburana, 154
fandenqueca, 125
farinha, 125
farinha de mandioca, 125
farinha de milho, 126, 197,
222
farinha de pão, 126
farinha de rosca, 126
farinha de trigo, 126
farinhada, 125
farinheira, 126
farnel, 243
farofa, 126
farofa amarela, 189
farofa de bolão, 127
farofa de farinha-d'água, 127
farófia, 127

{ ÍNDICE REMISSIVO }

fartalejo, 127
farte, 127
fartel, 127
fartem, 127
farto, 127
fast-food, 127
fatança, 127
fatia, 127
fatia-dourada, 241
fatias de parida, 241
fato, 127
fava, 127
fava verdadeira, 127
fécula, 128
fedegoso, 128
fedegoso-verdadeiro, 128
feijão, 128
feijão das onze, 128
feijão-de-azeite, 128
feijão de coco, 128
feijão-de-corda, 129
feijão-de-leite, 129
feijão-de-praia, 235
feijão de preguiça, 129
feijão-fradinho, 129
feijão-guandu, 22
feijão-macáçar, 129
feijão-tropeiro, 129
feijão-verde, 129
feijoada, 129
feijoada do Pará, 178
feitoria, 129
felô, 16
feno-grego, 130
fermentação, 130
fermento, 130
fermento biológico, 130
fermento químico, 130

fervido, 130, 232
fervidos, 130
fiambre, 130
fidéu, 130
fígado, 130
figança, 131
figo, 131
filão, 131
filé, 131
filhós, 131
filhote, 131
filo, 132
fios de ovos, 132
flambar, 132
flocos, 132
focaccia, 132
fofa, 132
fogão, 132
foie-gras, 132
folhado, 245
folhados, 133
folhoso, 170
fome, 133
fondue, 133
forma, 133
formitura, 133
forno, 133
fosfatina, 134
fouet, 134
framboesa, 134
frangipana, 134
frango, 134
frango ao molho pardo, 140
frango caipira, 134
frango capão, 134
frangolho, 134, 213
franguear, 135
frapê, 135
frege, 135

313

{ ÍNDICE REMISSIVO }

frege moscas, 135
frescal, 135
fressuras, 284
fricandó, 135
fricassé, 135
frigideira, 135
frigideira de umbigo, 135
frios, 136
fritada, 135
fritalhada, 136
fritangada, 136
frito, 136
frito de vaqueiro, 136
fritura, 136
fruita, 136
fruta, 136
fruta-da-condessa, 137
fruta-do-conde, 136
fruta-pão, 137
frutas cristalizadas, 137
frutas secas, 137
fruto-de-morcego, 223
frutos do mar, 137
frutose, 137
fuá, 138
fubá, 138
fumbamba, 148
fumeiro, 138
funcho, 118
fundo, 138
funghi secchi, 138
furá, 138
furrundu, 138
furrundum, 138
fuzili, 138

G

gabiroba, 147
gaiamu, 148
galera, 264
galeto, 139
galfarro, 139
galgo, 139
galheteiro, 139
galinha, 139
galinha caipira, 140
galinhada, 139
galinha-d'água, 141
galinha-da-guiné, 140
galinha-d'angola, 140
galinha de cabidela, 140
galinha de capoeira, 140
galinhola, 140
galopeado, 140
gambá, 140
gamela, 140
ganache, 140
ganso, 141
garaguá, 218
garam masala, 78
garapa, 19, 68, 141
garoupa, 141
garra, 141
gaspacho, 141
gastronomia, 141
gastrônomo, 141
gelatina, 142
geleia, 142
geleia real, 142
gelo, 142
gema, 142
gemada, 142
gengibirra, 142
gengibrada, 237

{ ÍNDICE REMISSIVO }

gengibre, 142
gergelim, 143
germe de trigo, 143
gérmen de trigo, 143
giaça branca, 143
gigô, 143
ginger beer, 86
ginja, 143
girassol, 143
glaçar, 143
glacê, 143
glicose, 144
glúten, 144
godilhão, 144
goiaba, 144
goiabada, 144
goiamu, 148
goiti, 204
goma, 144, 265
goma seca, 265
gonguinha, 145
gordura, 145
gordura hidrogenada, 145
gordura trans, 145
gorgonzola, 145
gororoba, 145
gourmand, 145
gral, 18
gramixó, 145
granito, 145
granjeia, 145
granola, 146
grânulos, 146
grão-de-bico, 146
grão-de-cavalo, 220
grão-de-galo, 97, 149
gratinar, 146
gravatá, 75
graviola, 146

grelha, 146
grelhar, 146
grelo, 147
grissini, 147
grolado, 147
gronga, 147
grude, 147
grumixama, 147
grumixameira, 147
grumo, 144
guabiju, 147
guabiroba, 147
guacamole, 148
guaiabé, 39
guaiamum, 148
guaimbé, 148
guajeru, 148
guajiru, 148
guamixã, 147
guando, 22
guandu, 22
guapeba, 148
guapeva, 148
guapurunga, 148
guaquica, 148
guaraná, 148
guarará, 149
guarda-comida, 221
guariba, 83
guariroba, 149
guarnição, 149
guaru, 149
guembê, 148
guererê, 149
guisado, 149
gujará, 12
gula, 149
gureri, 149
gurrupiá, 149

315

{ ÍNDICE REMISSIVO }

gurumixama, 147
gurupema, 150
gustemas, 150

H

haddock, 151
hambúrguer, 151
harengue, 151
hidromel, 151
hissopo, 152
homus, 152
hors-d'oeuvre, 152
hortaliça, 152
hortelã, 152
hortelã-do-mato, 214
humulucu, 128

I

iabá, 153
iabassê, 153
iaçá, 153
iapuá, 153
ibeguiri, 153
ibira, 218
ibixuma, 128
ibixuna, 128
içá, 153
içara, 154
ierê, 154
igaçaba, 154
imbu, 66, 278
imburana, 154
imburana-de-cheiro, 154
imburana-vermelha, 154
imbuzada, 278

inaiá, 154
inajá, 155
inambu, 155
inambuquiçaua, 12
inamu, 155
indungá, 155
infunde, 155
infusão, 155
ingá, 155
ingrediente, 155
inhambu, 155
inhame, 155
inhame-da-china, 75
injara, 156
in natura, 156
iogurte, 156
ipadu, 156
ipeté, 156
ipetê, 156
ipupiara, 218
iru, 156
isca, 156
iurará, 156

J

jabá, 79, 153, **157**
jaborandi-manso, 200
jabotiputá, 43
jabuti, 157
jabuticaba, 157, 176
jabuticaba do campo, 176
jabuticaba do cerrado, 176
jaca, 157
jaca-de-pobre, 146
jaca-do-pará, 146
jacaré, 158
jacruaru, 158

{ ÍNDICE REMISSIVO }

jacu, 158
jacuaru, 158
jacuba, 158
jacuruaru, 158
jamaqui, 159
jambo, 159
jambolão, 159
jambo-vermelho, 159
jambu, 159
jambuaçu, 159
jamelão, 159
jaó, 174
jaraboá, 159
jaracatiá, 159
jaraqui, 159
jardineira, 160
jareré, 161
jasmim, 160
jataí, 160
jati, 160
jaticum, 160
jatobá, 160
jaú, 160
javali, 161
javevó, 161
jembê, 161
jeneúna, 182
jenipapada, 161
jenipapo, 161
jenjibirra, 142
jequitaia, 162
jerebita, 63
jereré, 161
jeribazeiro, 149
jerimum, 3, 162
jerivá, 149, 162
jerivazeiro, 149
jeropiga, 162
jetica, 41

jiboia, 162
jiboiar, 162
jiguitaia, 162
jiló, 162
jimbelê, 72, 213
jiquitaia, 162
jirau, 162
jitaí, 160
juá, 163
juçara, 154
juliana, 163
jundiá, 36
jupará, 163
juquiri, 163
jurará, 156
jurará-açu, 74
jurubeba, 163
jururá, 156
jussara, 154

L

labaça, 165
lacraia, 264
lagão, 165
lagarto, 165
lagarto paulista, 217
lagosta, 165
lagosta-da-pedra, 166
lagosta-gafanhoto, 264
lagosta-sapata, 165
lagostim, 165
lambada, 63
lambão, 165
lambareiro, 166
lambari, 166
lambari-do-sul, 221
lambu, 155

{ ÍNDICE REMISSIVO }

lameiro, 166
lampreia, 166
lanche, 166
lapear, 166
laranja, 166
laranja-cravo, 265
laranjada, 167
laranjinha, 167
lardeadeira, 167
lardear, 167
lardo, 167
lasanha, 167
laticínio, 167
latipá, 22, 167
lava-pratos, 128
lechia, 169
legumes, 167
leitão, 168
leite, 168
leite condensado, 168
leite de camelo, 284
leite evaporado, 168
lelê, 239
lentilha, 168
letria, 15
levedação, 130
levedo, 169
levedura, 130
lichia, 169
licor, 169
lima, 169
limão, 169
limão-do-pará, 49
limonada, 169
língua, 170
língua de mulata, 170
língua-de-vaca, 55, 182
linguado, 170
linguiça, 170

linhaça, 170
lisa, 114
lisação, 170
livrelho, 170
livro, 170
lombinho, 170
lombo, 171
losna, 171
louro, 171
lubaça, 171
lula, 171
luminária, 171

M

maçã, 173
macaco-da-noite, 163
maçal, 173
macambira, 173
maçapão, 173
macapatá, 173
maçaranduba, 174
macaxeira, 174, 177
macédoine aux fruits, 174
macedônia, 174
macerar, 174
machucho, 90, 186
machuchu, 90
macis, 174
macucauá, 174
macuma, 174
madureba, 63
maduro, 174
mãe-benta, 174
mãe-de-aratu, 264
mãe-de-tamaru, 264
mãe-do-camarão, 264
maioba, 128

{ ÍNDICE REMISSIVO }

maionese, 175
maisena, 175
malampança, 176
mal-assada, 175
malcasado, 175
malcassá, 175
malte, 175
mamangá, 128
mamão, 176
mamão-bravo, 159
mamaurana, 159
mambeca, 176
maminha, 176
mamorana, 82, 159
manampança, 176
manapança, 176
manapar, 176
manapuçá, 176
manauê, 181
mandapuça, 176
mandi, 176
mandioca, 174, 176
mandioca puba, 177
mandiocaba, 177
mandioquinha, 177
mandoline, 177
mandovi, 286
mandubi, 177
manema, 177
manga, 177
mangaba, 177
manganguera, 178
mangarataia, 142
mangarito, 178
mangue-vermelho, 178
manguito, 178
mangusta, 178
maniçoba, 178
manicuera, 178

manipeba, 179
manipueira, 179
maniva, 179
manjar-branco, 179
manjericão, 179
manjerioba, 128
manjerona, 180
manjuba, 180
manoel sem jaleco, 180
manta, 180
manteiga da terra, 180
manteiga de cozinha, 180
manteiga de gado, 180
manteiga de garrafa, 180
manteiga de tartaruga, 180
manteiga, 180
manuê, 181
mão de vaca, 181
mapará, 181
maracotão, 181
maracujá, 181
marajá, 181
maranho, 182
marapatá, 182
margarina, 182
maria-farinha, 182
maria-gomes, 182
maria-isabel, 182
maria-mole, 182
marimari, 182
marinada, 182
marinar, 183
marinheiro, 26, 183
mariola, 183
mariquinha, 183
marisco, 183
marisco-das-pedras, 189
marmelada, 183
marmelo, 183

{ ÍNDICE REMISSIVO }

marmita, 183
marmita-de-macaco, 83
marroco, 184
marroque, 184
martelo, 184
marufo, 184
marumbava, 184
marundaí, 184
marvada, 63
marzipã, 173
massa, 184
massa grossa, 131
massa podre, 185
massamorda, 185
massoca, 185
mastigo, 185
mastruço, 185
mata-bicho, 63
mata-fome, 185
matalotagem, 97, **185**
matambre, 185
mata-pasto, 128
mataru, 185
mata-velha, 205
mate, 97, 119
matear, 186
matetê, 186
matolão, 186
matruco, 186
matupiri, 221
maturi, 67, **186**
matutage, 186
maxim, 186
maxixada, 186
maxixe, 90, **186**
mbeu, 187
medalhão, 187
média, 131
medida, 187

medula, 275
mel, 187
mel de caju, 73
mel de engenho, 187
mel de furo, 187
mel de tanque, 61, 187
mel de toucinho, 187
meladinha, 187
meladinha-verdadeira, 214
melado, 187
meladura, 187
melancia, 188
melancia de porco, 89
melão, 188
melão-caboclo, 102
mel-de-pau, 187
melícia, 188
melindre, 188
mendobim, 21
meninico, 188
menu, 77
merenda, 97, 166
merengue, 188
meringa, 189
merluza, 189
meu-consolo, 63
mexerica, 265
mexido, 189
mexilhão, 189
mexilhão-das-pedras, 189
mexiriboca, 189
miamiami, 189
miapiata, 189
miapita, 189
miduba, 189
mijadra, 189
mil-folhas, 190
milho, 190
milho-d'água, 27

{ ÍNDICE REMISSIVO }

milícia, 188
mindubim, 21
mineiro com botas, 191
minestrone, 191
mingau, 191
mingau de couve, 37
miolo, 191
miúdos, 191
mixira, 191
moca, 192
moçambique, 44
mocanga, 195
mocó, 192
mocororó, 10, **192**
mocotó, 192
moer, 192
moganga, 195
mojanguê, 192
mojica, 192
mojicar, 192
moleja, 193
molho, 193
molho de arubé, 193
molho de cumari, 193
molho de guloso, 166
molho escabeche, 119
molho nagô, 193
molho pardo, 140
molocum, 193
molusco, 193
mondubim, 21
montagne, 194
moqueada, 37
moquear, 116, **194**
moqueca, 194
moqueca capixaba, 194
moqueca de folha, 194
moquém, 194
moranga, 195

morango, 195
morcela, 170, **195**
morcilha, 195
morilha, 195
moringa, 195
mortadela, 196
mortificado, 196
mostarda, 196
mosto, 196
mousse, 133, **196**
muamba, 196
muçarela, 196
muçu, 196
muçuã, 196
mucujê, 197
mucunã, 197
mucunzá, 197
mucuri, 197
muffins, 197
mugunzá, 197
muguzá, 197
mujanguê, 197
mujeca, 192
mujica, 192
mundaús, 228
mungunzá, 72, **197**
munho, 197
munzuá, 198
muqueca, 194
muquém, 195
murici, 198
muriti, 59
muritim, 59
murta, 198
muruti, 59
mutreita, 198
muxiba, 198

{ ÍNDICE REMISSIVO }

N

nabo, 199
naco, 199
nagô, 199
naja, 155
nambu, 155
nandu, 199
nandú-ema, 199
não-me-toque, 199
narceja, 199
nata, 200
néctar, 200
nectarina, 200
nego-bom, 200
negrinho, 56
nêspera, 200
neve, 200
nhambu, 159
nhandi, 200
nhoque, 200
nonato, 201
novilho, 201
noz, 201
noz-moscada, 201
noz-moscada-do-brasil,
   201
nugá, 201
nutriente, 201

O

oba, 203
obeguiri, 203
ochito, 203
oficinas, 203
oguedê, 203
oguxó, 11

oió, 203
oiti, 203
oiti-coró, 204
oiti-da-praia, 204
óleo, 204
óleo de oliva, 32
óleo de palma, 32
olha, 204
oliveira, 204
oloniti, 204
olubó, 204
omalá, 204
omelete, 204
omolocum, 204
omulucu, 205
onguro, 205
onjeguê, 205
ópio-do-pará, 65
oputá, 205
ora-pro-nóbis, 205
orear, 205
orégano, 205
oregão, 205
orerá, 205
origone, 205
ossemá, 206
ossobuco, 206
ostra, 206
ostra-de-pobre, 189
otombô, 206
oussá, 277
ova, 206
oveiro, 206
ovelha, 206
ovo, 207
ovos moles, 207
oximel, 207
oxinxin, 207
oxoxó, 207

P

pá, 209
paca, 209
pacicá, 209
paçoca, 130, **209**, 249
pacova, 39, **210**
pacovão, 210
pacu, 210
pacuri, 35
padaria, 210
padu, 156
paella, 210
paellera, 210
paiauaru, 211
paio, 210
pajamarioba, 128
pajuarú, 210
palafrão, 211
palangana, 211
paleta, 209
palha-branca, 33
palhete, 92
palmeira-dos-brejos, 59
palmeira-indaiá, 155
palmito, 211
palmito-de-chão, 155
palmito-doce, 154
palmito-juçara, 154
pamonã, **211**, 275, 284
pamonha, 211
pamonha com galinha de capoeira, 211
pamonha de acaçá, 5
pamonha de mandioca puba, 181
panada, 211
panar, 211
panceta, 212

panela, 212
panelada, 212
panetone, 212
panificação, 212
panificadora, 210
panquê, 212
panqueca, 212
pantagruélico, 212
pão, 212
pão ázimo, 213
pão careca, 131
pão de biscoito, 184
pão de forma, 213
pão de ló, 213
pão de miga, 213
pão de milho, 213
pão de sal, 131
pão dos índios, 213
pão duro, 213
pão jacó, 131
papa, 213
papa-chibé, 213
papa-xibé, 213
papel-alumínio, 213
papel-manteiga, 214
papel vegetal, 214
papilhota, 214
papilote, 214
papo de anjo, 214
papoula, 214
páprica, 214
paracari, 214
paramarioba, 128
parati, 63
paraty, 214
parfait, 133, **214**
pargo, 215
parinari, 214
pariparoba, 73

{ ÍNDICE REMISSIVO }

parmegiana (à), 215
parmesão, 215
parrilla, 215
passa, 215
passa moscatel, 215
pasta, 215
pasta de gergelim, 215
pastel, 215
pasteurizar, 215
pastilha, 216
patê, 133, 216
paterê, 118
patira, 66
pato, 216
pato no tucupi, 216
patureba, 216
pau-a-pique, 216
pau-de-embira, 218
pau de macarrão, 248
pau-do-índio, 216
paulista, 217
pavesa, 217
paxicá, 209
pé de moleque, 217
pé duro, 134
pé sujo de terreiro, 134
pecari, 237
pectina,
pedra de ralar, 217
pedra e cal, 217
peguaba, 44
peito de forno, 217
peixada, 217
peixe, 218
peixe-boi, 218
peixeira, 218
pejerecum, 218
pelar, 219
pelota, 219

pemba, 219
peneira, 219
peneirar, 219
penicar, 219
pepino, 219
peptógeno, 219
pequeca, 219
pequerim, 220
pequi, 219
pequiá, 220
pequira, 44
pera, 220
perdigão, 220
perdiz, 220
perlucho, 220
pernil, 220
perrixil, 220
peru, 220
pêssego, 221
pesto, 221
peta, 221
peté, 156
petisco, 221
petisqueira, 221
petisqueiro, 221
piaba, 166, 221
piabanha, 226
piava, 221
picadinho, 221
picado, 222
picanha, 222
picatoste, 222
piché, 222
picles, 222
picuá, 222
picuí, 222
pijerecum, 218
pilado, 222
pilão, 222

324

{ ÍNDICE REMISSIVO }

pilé, 222
pimenta, 222
pimenta-da-jamaica, 223
pimenta-de-gentio, 218
pimenta-do-mato, 218
pimenta-do-mato, 223
pimenta-do-reino, 223
pimenta-do-sertão, 218
pimenta-dos-índios, 200
pimenta malagueta, 223
pimentão, 224
pimenta-rosa, 26
pimenta-vermelha, 108
pimpinela, 224
piña, 22
pindaíba, 218
pindaíba-vermelha, 223
pindaíva, 218
pindaúba, 218
pindaúva, 218
pindó, 149
pindoba, 33
pinga, 63
pinga da cabeça, 224
pingadeira, 224
pinha, 137
pinhão, 224
pintado, 224
pintado na telha, 224
pintão, 224
pionomo, 224
pipoca, 225
piqui, 220
piquiá, 220
piquira, 225
piracuí, 225
piraém, 225
piramutá, 225
pirão, 225

pirapitinga, 226
pirarucu, 226
pirarucu grelhado ou na brasa, 226
pirarucu no leite de coco, 226
pirerecum, 218
piruá, 225, 226
pirulito, 226
pistache, 227
pitada, 227
pitança, 227
pitanga, 227
pitéu, 227
pitica, 38
pitimboia, 227
pitiú, 227
pitomba, 227
pitombo, 227
pitora, 227
pitu, 228
pixé, 228
pizza, 228
poca, 116
poché, 228
podrigar, 228
poia, 228
poiá, 228
polenta, 228
polme, 228, 233
polpa, 229
polpe, 229
polvilhar, 229
polvilho, 144, 229, 265
polvilho doce, 265
polvo, 229
ponche, 229
ponto, 229
popelina, 230

{ ÍNDICE REMISSIVO }

poqueca, 194, **230**
poquinha, 116
porco, 230
porco-do-mato, 237
porco no rolete, 230
porongo, 89, **230**
pororom, 264
porpeta, 18
porunga, 231
posta, 231
prajá, 231
pralina, 231
pralinê, 231
prato, 231
prazeres, 231
preá, 231
predileto, 231
prensa, 27, **231**
preparar, 231
presa, 232
presunto, 130, **232**
proteína, 232
provolone, 232
puba, 232
puçá, 161
púcaro, 232
puchero, 232
pudim, 232
pupunha, 233
purê, 213, **233**
puri, 233
pururuca, 233
pururucar, 98
puxa-puxa, 16, **233**, 235

Q

quarentão branco de arranca, 235
quartinha, 235
quebra-quebra, 235
quebra-queixo, 235
quefir, 235
queijada, 235
queijadinha, 171, **235**
queijão, 236
queijo, 236
queijo coalho, 236
queimadinho, 236
queimado, 236
queixada, 237
quelônio, 237
quenga, 237
quentão, 237
quente, 237
queque, 237
quererê, 237
quero, 149
quiabada, 237
quiabo, 238
quiabo-de-angola, 283
quiabo-róseo, 283
quiabo-roxo, 283
quibabá, 238
quibe, 238
quibebe, 238
quiçamã, 238
quicé, 238
quiche, 238
quidobo, 196
quilo, 238
quimama, 239
quimanga, 239
quimano, 239

{ ÍNDICE REMISSIVO }

quimbembê, 239
quimbombo, 19, **239**
quimo, 239
quinana, 239
quindim, 239
quingombó, 238
quingombô, 239
quinhãpira, 239
quinho, 239
quipoqué, 239
quirera, 239
quitanda, 240
quitandê, 240
quititu de mujuncê, 266
quitute, 240
quituteiro, 240
quixaba, 240
quizibu, 240

R

rã, 241
rabada, 241
rabadilha, 241
rabanada, 241
rabanete, 241
rábano, 241
rábano-rústico, 242
rábão, 242
rabo-de-cavalo, 242
rabo de galo, 242
raclete, 242
rafael, 242
ragu, 242
raiva, 242
raiz-forte, 242
ralador, 243
ralar, 243

ralo, 264
ramequim, 243
rancho, 243
rapadura, 243
rasga-mortalha, 199
raspa, 243
raspa-raspa, 243
ratafia, 243
raú, 48
ravigote, 244
ravioli, 244
rebuçado, 244
recheio, 244
redenho, 244
redução, 244
refogado, 9, **244**
refolego, 245
refolhado, 245
refratário, 245
refrescar, 245
refrigerante, 245
regime, 245
reminhol, 245
remolada, 245
repolho, 245
requeijão, 246
rescaldo, 246
ressalgada, 246
ressuar, 246
réstia, 246
restilho, 246
resto, 101
resumo, 246
retalhar, 246
revirado, 211, 275
reviro paraguaio, 246
reviro, 246
ricota, 246
rigatoni, 247

327

{ ÍNDICE REMISSIVO }

rim, 247
ripeira, 154
risoto, 247
rissole, 247
robalo, 247
rocambole, 247
rochina, 248
rolete, 248
rolo, 248
romã, 248
romeu e julieta, 248
rominhol, 245, 248
roquefort, 248
rosbife, 248
rosca, 248
rosmaninho, 15
rosmarinho, 15
roupa-velha, 249
roxo, 249
rubacão, 37

S

sabongo, 251
saca-puxa, 251
saca-rolhas, 251
sacarose, 251
sagu, 251
sal, 251
sal grosso, 251
sala, 252
salada, 252
saladeiro, 252
salamandra, 252
salame, 252
sal-amoníaco, 252
salgadinhos, 252
salgar, 252

salmão, 252
salmoura, 253
salpicão, 253
salpreso, 253
salsa, 253
salsão, 12
salsaparrilha, 253
salsicha, 253
salsichão, 253
salsifi, 253
salteadeira, 253
saltear, 253
saltimboca a la romana, 253
sálvia, 254
samangaiá, 254
sambiguira, 254
sambongo, 254
sanduíche, 254
sangradouro, 254
sangria, 110, 254
sapateira, 84, 165
sapatinho, 44
sapecar, 254
saporema, 213
sapota-do-solimões, 254
sapoti, 255
sapucaia, 255
sapucaia-vermelho, 83
saputá, 255
saputi, 255
sarapatel, 255
sarapó, 255
sardela, 255
sardinha, 255
sarnambi, 20
sarrabulho, 255
saúva, 153
segurelha, 16, 255

{ ÍNDICE REMISSIVO }

sembereba, 255
semeida, 256
sêmola, 256
semolina, 256
sequilho, 256
seridó, 256
seriguela, 256
sernambi, 20, 44
serraia, 256
serralha, 256
sertã, 256
seruaia, 182
sésamo, 143
sesta, 256
sevar, 256
shoyu, 256
silveira, 256
sinhazinha, 63
sinimbu, 256
siri, 257
siricaia, 257
sobejo, 101
sobre-costilhar, 99
sobremesa, 257
soja, 257
sola, 257
sonho, 257
sopa, 257
sopa de cavalo cansado,
    257
sopa dourada, 258
soquete, 258
soro, 258
sorva, 258
sorvete, 258
strudel, 258
suã, 258
suari, 220
subiu e desceu, 259

suco, 259
suflê, 259
sular, 259
súplicas, 259
surrão, 259
surubi, 259
surubim, 34, 259
sururu, 259
sururuca, 260
suspiro, 260

T

tabasco, 261
tabefe, 261
taboeira, 264
tabu, 261
tabule, 261
tacacá, 261
tacho, 262
tacuru, 262
tacuruba, 274
tafiá, 262
tahini, 262
taiá, 262
taiada, 262
tainha, 262
taioba, 262
taipeiro, 262
taititu, 66
talambica, 263
talhada, 263
talharim, 263
talher, 263
talho, 263, 7
tâmara, 263
tamarindo, 263
tamaru, 264

329

{ ÍNDICE REMISSIVO }

tamaru-do-mangue, 264
tamarutaca, 264
tambaqui, 264
tambarutaca, 264
tamboeira, 264
tamburutaca, 264
tamina, 264
tamis, 264
tamisar, 264
tamuatá, 264
tanajura, 154
tangerina, 264
tanguari, 265
taperebá, 66
tapichi, 201
tapioca, 144, 265
tapiocuí, 265
tapioqueira, 265
tapioquinha, 265
tapir, 24, 265
tapiti, 269
tarapitinga, 226
tararucu, 128
tareco, 265
tartaruga, 265
tartelete, 266
tarubá, 266
tarumã, 266
tasca, 266
tateto, 66
tatu, 266
teica, 267
teimosa, 63
teiú, 158
temperar, 267
tempero, 97, 267
tenazes, 267
tentação, 267
terra-nova, 41

terrina, 267
terrine, 133
testículos, 267
textura, 267
tíbio, 267
tiborna, 268
ticanga, 268
ticuanga, 268
tigela, 268
tigelada, 268
tijolinho, 268
tijolo, 268
tijolo doce, 243
timbale, 268
timbu, 140
tinguariba, 63
tipirati, 268
tipiti, 27, 268
tipuca, 269
tiquara, 158
tiquira, 45, 63, 269
tira-gosto, 269
tira-jejum, 269
tiramisù, 269
tisana, 269
titela, 25
tiuba, 63
tobalada, 269
tofu, 269
tomate, 269
tomate concassé, 270
tomilho, 270
topinambur, 13
tornear, 270
toro, 270
torrão de açúcar, 270
torrar, 270
torresmo, 270
torta, 270

{ ÍNDICE REMISSIVO }

torteira, 271
tostar, 271
toucinho, 271
toucinho do céu, 271
tournedos, 271
tracajá, 271
tragacanto, 271
trago, 63
trapitinga, 226
tremoço, 271
trempe, 271
trigo, 271
trilha, 272
trinchar, 272
trincho, 272
tripa, 272
triturador, 272
triturar, 272
trivial, 272
trufa, 272
truta, 273
truta salmonada, 273
tubérculo, 273
tucum, 273
tucumã, 273
tucunaré, 273
tucupi, 179, 273
tucupi de sol, 29, 274
tucupipora, 274
tucuruva, 274
tumbança, 274
turu, 274
tutano, 274
tutti-fruti, 275
tutu, 275

U

uado, 277
uajuru, 148
uaraná, 148
uarubé, 29
uauaçu, 33
uca, 63
uçá, 277
ucharia, 277
uchi, 277
ui, 277
uísque, 277
umari, 277
umbu, 278
umbuzada, 278
ungui, 278
untar, 278
uruá, 29
uruanã, 29
urucu, 278
urucum, 278
urumbeba, 278
urundungo, 278
urupema, 279
uva, 279
uvaia, 279
uva-passa, 279

V

vaca atolada, 281
vaca parida, 281
vacari, 201
vagem, 281
valentão, 6
vanilina, 43
vaqueira, 185

{ ÍNDICE REMISSIVO }

varado, 281
vatapá, 281
veado, 282
vegetalina, 282
velho, 282
ventrecha, 282
verdete, 282
vermelho, 282
vermiceli, 15
veroca, 282
vicuiba, 201
vidrado, 282
vieira, 282
vienense, 283
vigongo, 283
vinagre, 283
vinagreira, 283
vinagrete, 283
vinganga, 283
vinha-d'alhos, 283
vinho, 283
virado à paulista, 284
virado, 211, 275
vira-vira, 284
vísceras, 284
vitamina, 284
vitela, 284
vitinga, 284
viúva, 171, 284
viuvada, 284
viúva-de-cabo-verde, 284

vol-au-vent, 284
vôngole, 20, 46

X

xarope, 285
xequetê, 285
xerém, 285
xereta, 285
xinxim, 285
xixá, 286
xuru castanha, 286

Y

yauarauá, 218

Z

zabaione, 287
zabelê, 287
záhtar, 287
zequinha, 287
zeste, 287
zimbro, 287
zorô, 288
zurrapa, 288

SOBRE O LIVRO

Formato: 16 x 23 cm
Mancha: 9,9 x 17,6 cm
Tipologia: Bembo Std 11/13
Papel: Off-set 90 g/m² (miolo)
        Cartão Supremo 250 g/m² (capa)
1ª *edição*: 2013

EQUIPE DE REALIZAÇÃO

Capa e Editoração Eletrônica
Estúdio Bogari

Edição de Texto
Frederico Tell Ventura (Copidesque)
Mariana Pires e Camilla Bazzoni (Revisão)

Assistência Editorial
Alberto Bononi

Impressão e Acabamento

FARBE DRUCK
gráfica e editora ltda.